高等职业教育城市轨道交通类新形态一体化教材

浙江省普通高校"十三五"新形态教材

U0685544

城市轨道交通车辆电气控制

主编
付杰

副主编
臧胜超

CHENGSHI

GUIDAO

JIAOTONG

CHELIANG

DIANQI

KONGZHI

课程思政
示范课程
配套教材

中国教育出版传媒集团

高等教育出版社·北京

内容简介

　　本书为课程思政示范课程配套教材,亦为浙江省普通高校"十三五"新形态教材。全书共分为六个项目,内容包括城市轨道交通车辆概述和城市轨道交通车辆控制系统电子电路认知、牵引系统控制、制动系统控制、辅助供电系统控制、网络系统控制。本书力求通过图文并茂、讲解细致的知识与技能内容帮助读者了解城市轨道交通车辆的电气控制系统构成及基本概念,掌握城市轨道交通车辆电气系统控制基本原理,了解城市轨道交通主要车辆电气系统的日常维护等专业知识、提升实际操作能力。

　　本书配套丰富的微课、电子课件、习题等相关课程资源,可在爱课程(中国大学 MOOC)(https://www.icourse163.org/vemooc)搜索课程名称进行查阅。

　　本书可作为高等职业教育城市轨道车辆应用技术专业及中等职业教育城市轨道交通车辆运用与检修专业的配套教材,也可供从事城市轨道交通机电技术、城市轨道交通供配电技术等相关专业的技术或管理人员参考,还可作为城市轨道交通运营类企业的培训教材。

　　授课教师如需要本书配套的教学课件等资源,可发送邮件至邮箱gzjx@ hep.edu.cn索取。

图书在版编目(CIP)数据

　　城市轨道交通车辆电气控制/付杰主编;臧胜超副主编.---北京:高等教育出版社,2022.11

　　ISBN 978-7-04-059027-2

　　I.①城… Ⅱ.①付… ②臧… Ⅲ.①城市铁路-铁路车辆-电气控制-高等学校-教材 Ⅳ.①U239.5

　　中国版本图书馆 CIP 数据核字(2022)第 131353 号

Chengshi Guidao Jiaotong Cheliang Dianqi Kongzhi

策划编辑	吴睿韬	责任编辑	吴睿韬	封面设计	姜　磊	版式设计	杜微言
责任绘图	杨伟露	责任校对	王　雨	责任印制	刘思涵		

出版发行	高等教育出版社	网　　址	http://www.hep.edu.cn
社　　址	北京市西城区德外大街 4 号		http://www.hep.com.cn
邮政编码	100120	网上订购	http://www.hepmall.com.cn
印　　刷	佳兴达印刷(天津)有限公司		http://www.hepmall.com
开　　本	850mm×1168mm　1/16		http://www.hepmall.cn
印　　张	15.5		
字　　数	390 千字	版　　次	2022 年11月第 1 版
购书热线	010-58581118	印　　次	2022 年11月第 1 次印刷
咨询电话	400-810-0598	定　　价	42.80 元

本书如有缺页、倒页、脱页等质量问题,请到所购图书销售部门联系调换

前言

城市轨道交通是现代城市交通的发展方向,是建设绿色城市、智能城市的有效途径,具有节能、省地、运量大、全天候、无污染(或少污染)、安全等特点,属绿色环保交通体系。其分类有地铁系统、轻轨系统、单轨系统、有轨电车、磁浮系统、自动导向轨道系统、市域快速轨道系统等。在新一轮科技革命和产业革命浪潮的推动下,我国城轨交通建设步入快速发展阶段,推进城轨信息化、发展智能系统、建设智慧城轨是开创交通强国建设新局面的重要契机。

本书以《国家职业教育改革实施方案》为背景,依据职业院校教材建设规划、对接国家专业教学标准与城市轨道交通行业职业技能标准,同时为适应新时代城市轨道交通行业技术技能人才培养的新要求,将城市轨道交通行业的新技术、新规范引入到教材内容中,体现城市轨道交通前沿的创新成果和经验。本书内容设计以城市轨道交通车辆检修工、列车驾驶员等岗位能力为依据,以工作过程为导向,对接职业工作岗位要求,将城市轨道交通车辆控制系统模块化为六个项目:概述、车辆控制系统电子电路认知、牵引系统控制、制动系统控制、辅助供电系统控制、车辆网络系统控制。六个项目共包括23个具体工作任务,从易至难、由简到繁全面介绍了车辆控制系统电子电路中的常用车辆电力电子器件、车辆电源变换电路控制系统、车辆继电器控制系统等;牵引系统控制中的列车唤醒与激活控制、受电弓电气系统控制、高压箱电气系统控制、牵引逆变器及牵引电机电气系统控制;制动系统控制中的列车供风系统控制、EP2002制动系统控制等;辅助供电系统控制中的辅助逆变器、蓄电池系统等系统控制;网络系统控制中的TCN列车通信网络系统、列车控制和管理系统、乘客信息系统等。

本书以落实立德树人为根本任务,将课程思政元素融入教材编写中且突出职业教育的实践性,注重实用性,理论与实践相结合,符合技术技能人才成长规律和学生认知特点。在内容编排上,重点突出、梯度清晰,图、文、表并茂,形式生动活泼新颖,每个项目由"项目体系""学习重点""任务导入""知识准备""任务实施""任务拓展""任务评价"几个模块构成,配有训练习题及信息化资源,有效辅助读者加深对城市轨道交通车辆电气控制系统的认知和理解。本书基于产教融合的校企合作平台,融入轨道交通专业骨干教师多年的教学经验和企业导师的工作实践经验,注重在知识准备和任务拓展模块中引入城市轨道交通行业新技术、新规范及轨道交通行业工匠事迹,激发读者学习城市轨道交通车辆相关专业知识的兴趣与热情。

本书由浙江交通职业技术学院付杰主编,山东职业学院臧胜超任副主编,参加编写的还有张涛、郭雅茹、王震、许文超、段修平、范佳斐、郑大明。具体编写分工为:浙江交通职业技术学院付杰负责本书的总体设计,统稿并校核全书,设计并完成线上资源(微课、课件、习题、企业案例等),编写了项目一、三;浙江交通职业技术学院张涛与山东职业学院郭雅茹编写了项目二,山东职业学院王震及杭州市地铁集团有限责任公司范佳斐编写了项目四,浙江工业职业技术学院许文超与浙江交通职业技术学院郑大明编写了项目五,山东职业学院段修平编写了项目六,山东职业学院臧胜超对项目二、四、六进行了审阅校对。中车青岛四方车辆研究所有限公司李生军和浙江交通职业技术学院白继平任主审,提出修改意见。除此之外,教材成稿后送审了城市轨道交通运营企业相关专家,获得宝贵的完善建议,在此表示衷心感谢。

在本书的编写过程中,参考了很多专家关于城市轨道交通车辆的书籍、最新文献资料等,注重引用城市轨道交通企业的最新技术数据和图片,得到许多城市轨道交通行业专家的大力支持和热情帮助,谨在此表示衷心的感谢!但是城市轨道交通车辆技术装备日新月异,各城市轨道交通车辆都有各自的特点,教材所涉及的知识很难达到齐全,且由于编写时间仓促,编者经验和水平有限,书中存在疏漏和不足之处在所难免,在此敬请读者谅解,恳请多提宝贵意见并批评指正,我们将十分感谢。

编　者

2022.4

目 录

项目1
城市轨道交通车辆控制系统概述

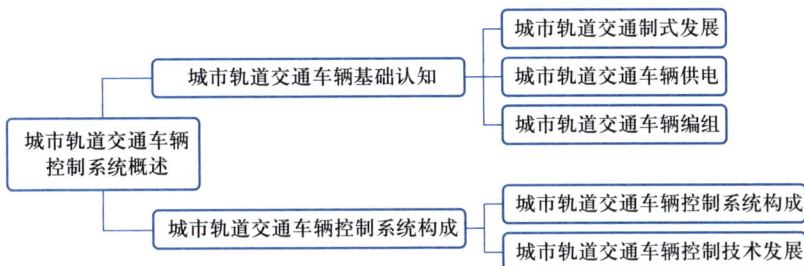

【项目体系】

【学习重点】

1. 了解我国城市轨道交通系统的种类。
2. 了解城市轨道交通车辆的供电制式。
3. 掌握 6 编组城市轨道交通列车的编组方式。
4. 掌握车辆编号、车辆电气柜分布及编号规则。
5. 掌握城市轨道交通车辆控制系统的构成。
6. 了解城市轨道交通车辆控制技术发展方向。

任务 1　城市轨道交通车辆基础认知

任务导入

　　城市轨道交通是城市公共交通的核心之一,具有节能、省地、运量大、全天候、无污染(或少污染)、安全等特点,属于绿色环保交通体系。随着新一轮科技革命和产业革命的发展,目前城市轨道交通已经步入了信息化、智能化的阶段,成为城市交通的"主动脉"。

　　城市轨道交通车辆电气控制系统是城市轨道交通车辆的重要组成部分,它是列车能够安全运行的保障,能够为列车提供牵引力及电制动力,控制和监测列车完成正常的启动、运行和停车,同时对列车上所有用电设备进行供电及控制。

通过对本任务的学习,我们需要达成的目标:① 了解城市轨道交通的分类及城市轨道车辆的供电制式;② 掌握6编组城市轨道交通列车的编组方式;③ 掌握车辆编号、车辆电气柜分布及编号规则。

知识准备

1.1　城市轨道交通制式发展

城市轨道交通系统按照 CJJ/T 114—2007《城市公共交通分类标准》可分为七种制式,分别为地铁系统、轻轨系统、单轨系统、现代有轨电车系统、磁浮系统、市域快速轨道系统和自动导向轨道系统(APM)。随着新技术、新工艺的不断发展,未来还会出现新的城市轨道交通制式。

1. 地铁系统

地铁是城市轨道交通的先驱与骨干,通常设于地下结构内,也可延伸至地面或高架桥上,一般适用于特大城市、大城市中心城区,提供高强度、大运量、快捷客流运输服务。其优点为运量大、速度快,缺点是建设工期长、造价高。目前国内地铁系统主要有 A 型车和 B 型车。A 型车如上海第一条地铁——上海地铁 1 号线,于 1993 年 5 月 28 日开始试运营;B 型车是我国应用最广的地铁车型,多数城市的地铁路线采用的为该车型列车,如西安地铁 2 号线、杭州地铁 2 号线等。

2. 轻轨系统

轻轨系统的线路通常设于地面或高架桥上,也可延伸至地下结构内。轻轨采用高架线路时占地面积大、需要拆迁范围广,还需要占用部分城市道路且对城市景观有一定影响,一般适用于不满足地铁建设要求,但出行需求集中的大中型城市交通走廊。代表线路如长春轻轨 4 号线,其采用 C 型轻轨电动列车。

3. 单轨系统

单轨系统分为悬挂式与跨座式,悬挂式单轨系统的车体悬挂在单根轨道梁上,目前国内商务应用较广。跨座式单轨的车体跨骑在单根轨道梁上,典型线路是重庆轨道交通 2 号线,其于 2004年 11 月开通,是中国第一条跨座式单轨线路。单轨系统地形适应能力强,占地小、噪声低、建造工期短、经济性强、编组灵活。适用于大城市轨道交通的延伸或补充、中等城市骨架交通走廊快捷运输以及旅游景区与大学园区内的运输服务。

4. 现代有轨电车系统

现代有轨电车系统属于中低运量城市轨道交通系统。我国近年来实施的现代有轨电车项目一般在城市新区运行,并尽量设置较高的独立路权。此类系统在运能、速度等方面均低于其他类型的城市轨道交通制式,同时需要占用城市道路路面车道,对既有道路交通影响较大,且伴有一定噪声。成都有轨电车蓉 2 号线为采用钢轮钢轨的 100% 低地板现代有轨电车,首开段于 2018年 12 月开通运营。

5. 磁浮系统

磁浮系统分为高速磁浮系统与中低速磁浮系统,上海 2003 年开通的磁浮线路属于高速磁浮列车线路。高速磁浮因造价高昂而难以推广。中低速磁浮是我国具有自主知识产权的新技术,也是目前城市轨道交通中最先进的技术。中低速磁浮具备噪声低、环保性能好、线路适应性强、乘坐舒适、运行安全可靠、建设与维护成本低、运营效益好等特点。长沙磁浮快线采用的即为中低速磁浮,于 2016 年 5 月开通运营,是中国首条拥有完全自主知识产权的中低速磁浮铁路。

6. 市域快速轨道系统

市域快速轨道系统通常应用于城市中心区到对外综合交通枢纽、外围新城/市镇之间的客运交通,主要满足市域范围长距离快捷的出行需求。北京地铁机场线是北京市第一条市域快速轨道线路,于 2008 年 7 月 19 日开通运营。

7. 自动导向轨道系统

自动导向轨道系统的车辆运行和线路车站可以采用计算机来进行控制,能实现全自动化和无人驾驶,适用于城市机场专用线和城市中客流相对集中的点对点运输线路。广州地铁 APM线,是采用橡胶轮胎的 2 节编组列车运营线路,于 2010 年 11 月 8 日开通运营,是广州地铁首条建成运营的自动导向轨道系统线路。

由于篇幅有限,本书主要以地铁系统为主进行阐述。

🎞 微课

城市轨道交
通制式分类

1.2　城市轨道交通车辆供电

城市轨道交通车辆是以电力为能源的电动车组,列车在运行过程中不断从牵引网上获取电能,用于维持列车正常运行。一个安全可靠的供电系统,是保证轨道交通安全运营的首要条件。目前全世界的轨道交通系统中,除了少量采用橡胶轮系统、单轨系统之外,绝大部分轨道和车辆均采用钢轮钢轨结构。城市轨道系统的车辆供电电压制式主要有直流 600 V、直流 750 V、直流 825 V 和直流 1 500 V 等几种。直流 600 V 制式多见于"二战"前英、美等国家修建的一些城市轨道交通系统,直流 825 V 主要见于苏联诸成员国,后期各国建成的城市轨道交通车辆受电电压制式多在直流 750 V 和直流 1 500 V 两种制式中选用。我国国家标准GB/T 10411—2005《城市轨道交通直流牵引供电系统》规定了直流 750 V 和直流 1 500 V 两种电压制式,见表 1-1。

表 1-1　城市轨道交通牵引供电系统应采用的直流标称电压及波动范围　　　　　　V

系统标称电压	系统最低电压	系统最高电压
750	500	900
1 500	1 000	1 800

对应于这两种供电制式,车辆的受流方式主要为受电弓式和集电靴式,相应的车辆供电方式为接触网和第三轨供电方式。

1. 接触网供电方式

接触网供电方式中接触网设置在车辆的走行轨上方,沿走行轨中心呈"之"字形走向铺设,距轨面最小高度约 4.04 m。动力电源电流由变电所送到接触网,经受电弓引流到车辆内部,电流经车辆牵引系统送入牵引电动机,驱动车辆运行。驾驶员通过操纵司机室控制器或者采用列车自动驾驶模式改变牵引电动机的运行速度。最终电流经过轮对、钢轨回流到变电所,形成闭合回路,其供电示意图如图 1-1 所示。这种供电方式适用于电压较高,但电流相对较小的直流 1 500 V电压供电,采用这种供电方式的车辆最高运行速度可超过 120 km/h。对于在地面上行驶的小运量轻轨车辆在线路不能完全封闭时也常常采用这种供电方式,此时供电电压也可采用直流 750 V。

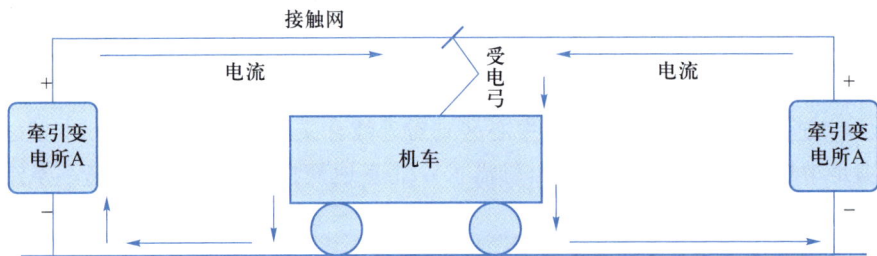

图 1-1 接触网供电示意图

对应用接触网为车辆供电的方式,在城市轨道交通系统的车辆顶部需设置受电弓,用于将接触网高压电引入车内电气控制系统。受电弓可采用单臂受电弓,也可采用双臂受电弓,如图 1-2 和图 1-3 所示。现阶段双臂受电弓因其结构的复杂性高、维护性差已被淘汰,主流受电弓为单臂受电弓。

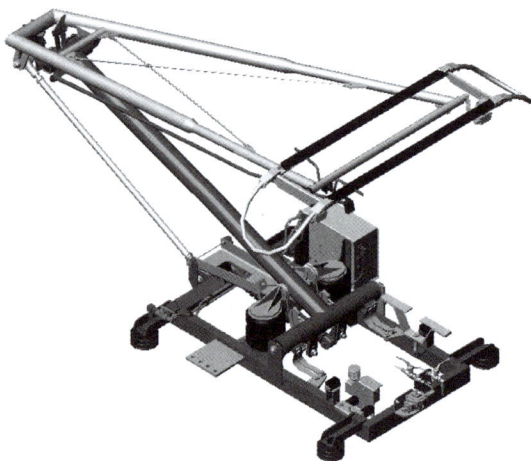

图 1-2 单臂受电弓

图 1-3 双臂受电弓

2. 第三轨供电方式

城市轨道交通第三轨供电方式相对应的车辆受流器为集电靴,集电靴安装于车辆转向架。第三轨设置在车辆的走行轨旁,供电电压多采用直流 750 V,但也有某些城市采用较高的直流供电电压,如西班牙巴塞罗那地铁就采用了直流 1 200 V 作为供电电压。根据集电靴和第三轨配合的方式,有上接触式、下接触式和侧接触式等。

上接触式,取流靴从上压向第三轨轨头,第三轨顶面受流。我国 1969 年开通的北京地铁采用的是上接触式。侧接触式就是第三轨轨头端面朝向走行轨,取流靴从侧面受流,重庆市的跨座式单轨车辆就采用侧面接触式取流,其取流靴装在转向架下部。下接触式的第三轨的轨头朝下,对人员安全性好,有益于防止下雪和冰冻造成的取流困难。广州地铁是国内首先采用第三轨直流 1 500 V 供电系统的城市轨道交通运营单位,比如,广州地铁 4 号线、5 号线、6 号线等采用下接触式。如图 1-4 和图 1-5 所示为城市轨道交通车辆供电第三轨和转向架上的集电靴。

为了满足车辆在车间检修的需要,城市轨道交通车辆还配备了车间电源插座,把地面的直流 1 500 V/750 V 电源通过车间电源插座接入后,给列车辅助电源系统供电,检修人员可上车顶进行检查作业。

图 1-4　城市轨道交通车辆供电第三轨

图 1-5　转向架上的集电靴

1.3　城市轨道交通车辆编组

　　城市轨道交通车辆普遍采用的动车组编组形式:6 辆编组的有"4 动 2 拖",4 辆编组的有"2 动 2 拖"或"3 动 1 拖",3 辆编组的有"2 动 1 拖"等。为了便于进行车辆的管理和维护,一般车辆制造商和运营公司会对车组里的单车节进行分类:Tc(拖车)、Mp(动车)、M(动车)或 A(拖车)、B(动车)、C(动车)。

1. 列车编组

　　在城市轨道交通车辆中,将动车和拖车通过车钩连接而成的一个相对固定的车节编组称为一个单元,一列车可以由一个或几个单元编组而成。如图 1-6 所示,一列 6 节编组列车由两个单元组成,每个单元又由 Tc、Mp、M 构成。列车单元可以依靠自己的动力移动,但仅限于在低速和非运营情况下。

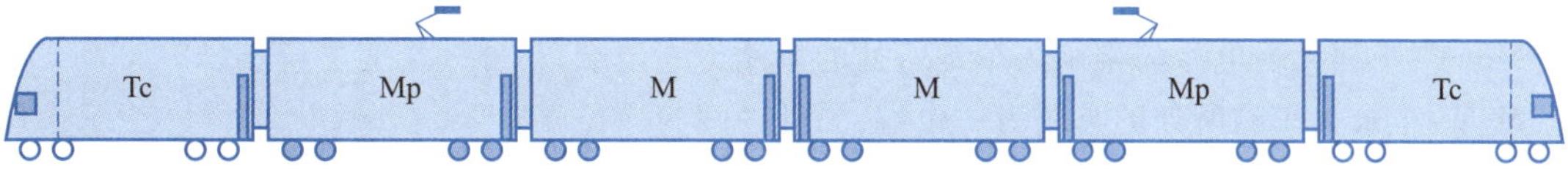

图 1-6　6 节编组列车

列车编组形式为:

$$+Tc * Mp * M = M * Mp * Tc+$$

其中:

Tc:带司机室的拖车　　　　　+:全自动车钩

Mp:带受电弓的动车　　　　　=:半自动车钩

M:不带受电弓的动车　　　　　*:半永久牵引杆

　　列车两端的自动车钩可实现与另一个列车自动车钩的机械、电路、气路自动连接,一般用于列车运营中的故障救援或无动力拖行。

2. 列车编号规则

　　列车每节车辆编号由"线路号+车组号+车辆序号"共 6 位数字组成。线路号为两位数,1 号线为"01",2号线为"02";中间3位代表车组号,按每列车生产出厂顺序编号,第1列车为"001",第2列车为"002"……依次编号;车辆序号位于最后一位,从下行方向端算起,依次编号为1、2、3、4、5、6。例如,某轨道交通1号线第8列车的6节车的编号依次为:010081、010082、010083、010084、010085、010086,如图1-7所示。

图1-7 列车编号

列车左、右侧的定义为:面朝本单元司机室,左手方向为车辆左侧,右手方向为车辆右侧。

列车端位定义,如图1-8所示:每个可动单元中的每节车辆分为"一位端""二位端"。

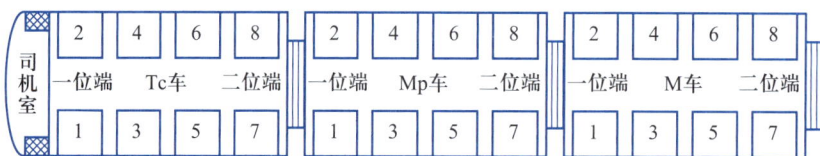

图1-8 车辆端位定义

Tc车:全自动车钩所处的车端为一位端,另外一端为二位端;

Mp车:车顶无受电弓的半永久车钩所处的车端为一位端,另外一端为二位端;

M车:半永久车钩所处的车端为一位端,另外一端为二位端。

3. 车辆电气柜编号规则

随着城市轨道交通车辆技术的迅猛发展,车辆控制中开始引入网络控制,但是由于硬线控制具有的极高可靠性和可维护性,在城轨车辆电气控制系统中仍然大量采用硬线电路来实现其牵引、制动等控制功能。城轨车辆一般采用直流110 V控制电路,来源于蓄电池充电机供电的非永久110 V列车线和蓄电池供电的永久110 V列车线,涉及的继电器分布在车辆电气柜中,如图1-9所示。

以某地铁车辆为例,列车一个单元共有8个电气柜,具体编号规则如下:

Tc车司机室设置四个电气柜,分别为CLEC(司机室左侧电气柜)、CREC(司机室右侧电气柜)、SEC2L(客室二位端左侧电气柜)和SEC2R(客室二位端右侧电气柜)。

其中,C—司机室;L/R—左侧/右侧;EC—电气柜;S—客室;EC—电气柜;2—二位端;L/R—左侧/右侧。

M车/Mp车二位端分别设置两个电气柜,分别为SEC2L(客室二位端左侧电气柜)和SEC2R

图 1-9　车辆电气柜

（客室二位端右侧电气柜）。

在 CLEC 电气柜中包括车载控制单元 CC 柜、车载控制模块 VCMe、事件记录模块 ERMe、通信模块 RCMe。在 CREC 电气柜中包括旁路开关、继电器、司机室交换机 SW、车载接口服务器 WLANS、司机广播主机、媒体服务器等。SEC2L 电气柜内设备包括客室广播分机 SPC、媒体网关 MGW、中继器模块 REP、数字量输入输出模块、继电器等。SEC2R 电气柜中包括客室空调控制盘和紧急通风逆变器。

地铁列车一个单元的电气柜分布如图 1-10 所示。

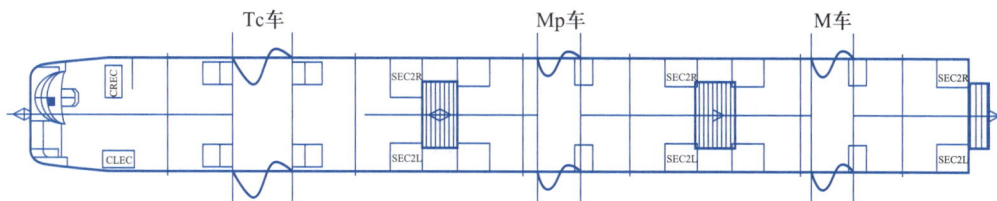

图 1-10　地铁列车一个单元的电气柜分布

任务实施

1. 请比较城市轨道交通接触网供电与第三轨供电方式的特点。

2. 进入实训室,请进行车辆编号的识别;进入车辆内部,请讲出车内所有电气柜的编号。

任务拓展

新技术引入——新型供电制式的研究

在以钢轨为回流网的供电制式下,牵引回流将通过钢轨进入道床形成杂散电流。杂散电流会对钢轨、整体道床结构钢筋、隧道结构钢筋、桥梁钢筋以及地铁沿线的金属设备产生腐蚀,进而影响地铁各建筑结构和金属设备的使用寿命。

为此,新的研究提出了一种四轨供电技术,也称为网轨混合型供电。该系统是在三轨供电系统的基础上发展起来的,受电轨和回流轨采用相同类型的钢铝复合轨,受电轨负责向列车不间断地提供电能,回流轨与变电所负极相连,形成一个完整的供电回路。地铁直流牵引四轨供电系统由于回流轨彻底与道床等其他设施绝缘,不存在杂散电流的腐蚀等问题,如图 1-11 所示。

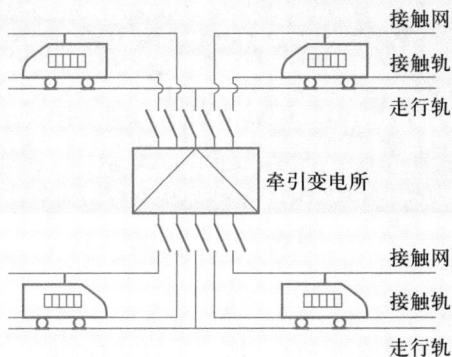

图 1-11　网轨混合型供电制式示意图

正常情况下,采用直流 1 500 V 接触网向列车提供电能,牵引电流经接触轨返回牵引变电所。当直流 1 500 V 接触网故障时,改由直流 1 500 V 接触轨受电,走行轨作为回流网将牵引电流送回牵引变电所。

该供电系统除了彻底解决杂散电流对金属结构的腐蚀之外,还可提高供电的可靠性。直流 1 500 V 网轨混合型牵引供电制式史无前例地实现了牵引网的备用。传统轨道交通牵引网均无备用,一旦出现故障,必须停电抢修,严重影响市民出行,若列车停靠在两个站点区间内,救援疏散工作会非常困难。直流 1 500 V 网轨混合型牵引供电制式在接触网发生故障时,为确保行车安全,可暂由接触轨代替接触网供电,采用走行轨回流,虽然带来杂散电流腐蚀的问题,但时间短暂,影响很小。

目前该供电制式存在的难点主要在于四轨供电制式车辆的国产化以及现有技术条件下盾构隧道工程实施对接触网、接触轨安装空间的要求。

任务评价

项目名称	城市轨道交通车辆控制系统概述		学生姓名	
任务名称	城市轨道交通车辆基础认知		分值配比	考核得分
评价要点	1. 说出我国常用的两种车辆供电电压制式以及相对应的供电方式		20	
	2. 列出 6 编组城市轨道交通车辆的编组方式,并说明其含义		20	
	3. 说出 6 位车辆编号的含义		20	
	4. 说出车辆一位端、二位端以及左右侧的定义方式		20	
	5. 以一个单元为例,说出车厢电气柜的分布和编号规则		20	

学习心得

教师评价

教师签名:

任务 2　城市轨道交通车辆控制系统构成

任务导入

　　城市轨道交通车辆最根本的任务是进行运输,而完成运输任务的关键则是车辆运行速度的调节和控制。城市轨道交通车辆电气控制系统作为车辆的一个重要系统,其作用是根据运营系统给出的命令,对车辆各功能子系统进行调控,完成牵引控制、制动控制、辅助电源控制等功能。

　　通过对本任务的学习,需要达到的目标:① 掌握城市轨道交通车辆控制系统的构成;② 了解城市轨道交通车辆控制技术发展方向。

![知识准备图标] **知识准备**

2.1 城市轨道交通车辆控制系统构成

城市轨道交通车辆控制系统主要由牵引控制系统、制动控制系统、辅助供电系统、网络控制系统、车门控制系统等部分组成,如图 1-12 所示。

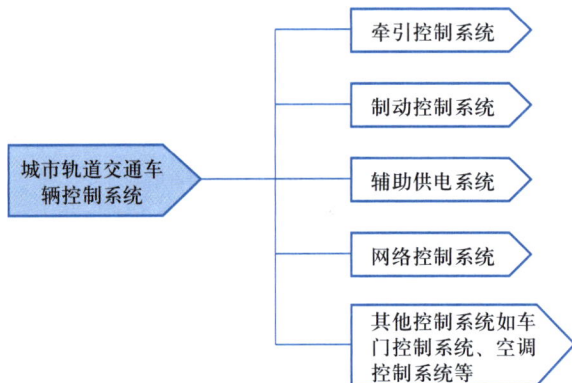

```
                                    ┌─────────────┐
                                    │ 牵引控制系统 │
                                    └─────────────┘
                                    ┌─────────────┐
                                    │ 制动控制系统 │
                                    └─────────────┘
┌──────────────┐                    ┌─────────────┐
│ 城市轨道交通车 │────────────────────│ 辅助供电系统 │
│ 辆控制系统    │                    └─────────────┘
└──────────────┘                    ┌─────────────┐
                                    │ 网络控制系统 │
                                    └─────────────┘
                                    ┌──────────────────┐
                                    │ 其他控制系统如车   │
                                    │ 门控制系统、空调   │
                                    │ 控制系统等        │
                                    └──────────────────┘
```

图 1-12 城市轨道交通车辆控制系统构成

1. 牵引控制系统

牵引控制系统用于将高压直流电输入牵引逆变箱,再将其转化为三相交流电,驱动转向架上的牵引电动机工作,并参与列车的制动控制。根据牵引控制各类系统的不同特点,可以从牵引电动机的种类、牵引电动机供电配置、牵引电动机的控制方式三方面对牵引系统进行分类。常见的分类方式根据牵引电动机类型的不同分为直流传动牵引系统和交流传动牵引系统。直流传动牵引系统的牵引电动机采用直流电动机,在早期的地铁车辆上广泛应用。交流传动牵引系统的牵引电动机多采用三相交流异步电动机。城市轨道交通车辆对牵引传动系统的稳定性、安全性以及可靠性要求较高,轨道车辆主牵引传动系统的运行能力必须能够满足站间距短、中间停靠站多、站间运营时间短的要求,并具有较强的短时过载、断续工作能力。

在牵引控制系统中,按实现的功能来分,可分为激活控制电路、受电弓等初始条件控制电路、牵引控制电路、安全监控电路等组成部分,这些电路不能机械地进行分割,而应系统地、具有层次地组合在一起形成整体电路,以有效实现列车牵引制动及监控等控制功能。

2. 制动控制系统

制动控制系统与牵引控制系统都是城市轨道交通车辆控制的核心部分,制动是城市轨道交通车辆安全运行的可靠保障。目前城市轨道交通车辆均采用以电制动为主、空气制动为辅的空—电联合制动。包括三种不同的制动工况,即电阻制动、再生制动和空气制动。电阻制动与再生制动均属于电制动范畴,它们都是让列车的动轮带动动力传动装置(牵引电动机),使其产生逆作用,将列车的动能转变为电能,再变成热能消耗掉或反馈回电网的制动方式。当电制动失效时,空气制动可独立发挥作用,自动弥补电制动的不足从而确保车辆的安全减速和停车。城市轨道交通车辆中空气制动按照电气指令的不同,目前常见的是数字式电气指令制动系统和模拟式电气指令制动系统。按照制动时列车动能转移方式的不同可以分为摩擦制动和动力制动(电制动);按制动总体控制方式分为车控、架控、轴控三种形式。本书在项目四中将分别详细讲解车控式 KBGM 制动系统以及架控式 EP2002 制动系统。

3. 辅助供电系统

城市轨道交通车辆的辅助供电系统主要负责除牵引系统主电路之外其余用电装置的供电工作,照明、牵引/制动控制装置的控制电源、空调通风装置、通信信号装置等都依靠辅助供电系统来工作。辅助供电系统主要由辅助逆变器、蓄电池充电机和蓄电池三部分构成,分为直流供电系统和交流供电系统两部分,直流供电系统为列车提供直流 110 V、直流 24 V 电源,交流供电系统为列车辅助设备提供三相交流 380 V 电源、单相交流 220 V 等电源。

4. 网络控制系统

列车网络控制系统是城市轨道交通车辆电气系统的一种控制电路。它是随着微电子技术及分布式现场总线技术发展而逐渐发展起来的,在城市轨道交通车辆电气控制系统中发挥着越来越重要的作用。列车网络控制系统是一种总线控制的方法,总线控制是基于计算机技术的控制,利用列车通信网络实现对各个车载计算机单元的集散式控制、监测和管理。

5. 车门控制系统

车门控制系统用于实现对各客室门的控制和车门状态的监测。控制的单元为门控器,一般一节车辆有 8 个车门,每个车门上方设置一个门控器,用于驱动车门开关并监督车门状态。一节车的 8 个门控器中,有 2 个主门控器(MDCU),另外 6 个是从门控器(LDCU)。从门控器通过 CAN 总线与主门控器相连,主门控器通过多功能车辆总线(MVB)网络与车辆控制单元进行信息交换,以传输车门的不同状态和即时诊断信息,门控器连接示意图如图 1-13 所示。

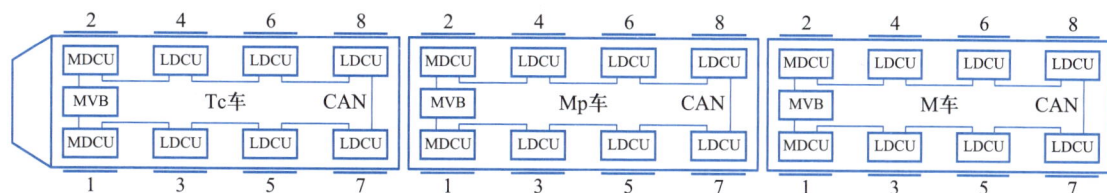

图 1-13　门控器连接示意图

2.2　城市轨道交通车辆控制技术发展

城市轨道交通车辆作为城市公共交通的旅客运载工具,不仅要保证车辆运行的安全、准点和快速。还要具备为乘客提供良好服务的条件,使乘客乘车舒适、方便,同时还要考虑对城市景观和环境的影响。电气牵引等控制技术作为城市轨道交通车辆运行的重要基础技术,其应用发展的重要性不言而喻。

国内第一条地铁线路于 1969 年 10 月在北京开通运营,为第一代地铁技术的典型代表。其电气牵引系统采用了直流牵引电动机和简单的调速装置,不仅体积庞大,而且功率密度低,需要换向器,维护工作量大;制动系统采用模拟制动,控制精度不高;多种列车网络总线、网络拓扑结构并存,缺少统一的国际标准约束,且不能实现互联互通,统一性与实时性都较差。20 世纪初第二代地铁车辆牵引系统技术采用交流异步电动机和交流传动系统逆变器,有着电能反馈效率高、牵引控制便捷、转向架结构简单、牵引和制动效果好、防控转和防滑性功能完善等优势。且大量采用通信速率低的网络总线结构,实时性、标准化有很大进步,但是可靠性和通信速率还需进一步提高。随着新材料、新技术、新结构的发展,低能耗、轻量化的第三代地铁车辆技术如全碳纤维地铁车辆等随之诞生,车辆综合技术性能和系统技术水平逐步升级,未来将向列车智能化、节能环保、综合舒适性的方向发展。

1. 平台化、网络化

城市轨道车辆电力牵引技术的应用是以通信技术、控制技术和保障技术为基础的,全面保障了系统安全、运行稳定,协调城市轨道交通车辆的速度、控制与安全。当前轨道交通车辆电气牵引的控制是基于计算机控制系统,通过计算机网络技术、传感技术等,实现对车辆运行情况的实时监控,同时在控制中心便能依靠信息化控制对整个轨道交通系统进行整体或局部控制。同时还能实现自检自控,最大限度地保障系统稳定运行。随着互联网时代的到来,计算机网络技术对轨道交通行业的影响也越来越大,计算机网络技术与车辆牵引制动控制的深度融合已是必然趋势。具备网络功能的车辆牵引控制系统,对车辆进行综合管控,能够确保城市轨道交通运输情况完全按照预期和规划实现,并能对实际运行中有悖于规划和计划的部分进行调整与改善。其中平台化指以互联网为基础,准确把握市场发展趋势,了解主要用户需求,从而利用平台优势,有针对性地打造更能为用户提供优质服务的高效牵引控制系统平台,进一步优化轨道交通车辆的牵引控制。

2. 信息化、智能化

城市轨道交通电气控制系统经过近年来的快速发展,对应的列车编组方式更为丰富多变,这使得轨道交通管理难度陡然增大。在未来的城市轨道交通车辆牵引控制中,在保障车辆安全运行的前提下,不能再局限于速度、控制、安全等传统要求,而是要更多地考虑牵引控制的整体管理需求,构建高度自动化、智能化的牵引控制系统,基于信息监测、管理实现对车辆的合理牵引控制,智能化调整牵引速度。由此可见,未来轨道交通车辆的电气牵引技术必然会与信息技术、人工智能技术等相结合,从而基于重联控制信息、状态监视信息、状态诊断信息、逻辑控制信息等实现自动化、智能化牵引。

3. 模块化、标准化

努力打造具有中国特色、基于中国标准、生态环境文明的智慧城轨交通体系是逐步实现智慧城轨技术标准的国际化前提。在城市轨道交通车辆运行系统持续完善优化、智能化水平不断提升的发展情况下,城市轨道交通车辆电气牵引控制也必然会向模块化、标准化方向发展。将电气牵引技术融入标准化模块中,能够大幅提升电气牵引系统的稳定性、安全性与可靠性,有利于城市轨道交通车辆基于全寿命周期内的运维管理,从而降低车辆维保成本,提高车辆利用率。

任务实施

1. 分组讨论城市轨道交通车辆控制系统的构成和功能。
2. 能知道未来城市轨道交通车辆的发展方向有哪些。
3. 以小组为单位调研智慧地铁所具有的新技术有哪些,形成调研报告。

🔵 任务拓展

新技术引入——新一代碳纤维地铁车辆

随着城市轨道交通新材料、新技术的快速发展,车身轻量化材料是重要的应用趋势。碳纤维具备"外柔内刚"的特性,外壳坚硬又兼有纺织纤维的柔软,质量比金属铝轻,但强度却高于钢铁,并且具有耐腐蚀、高模量的特性,通常被称为"新材料之王",是新一代增强纤维,常常被用于国防军工和民用领域。

碳纤维复合材料在轨道列车应用上主要集中在车体、转向架、车外设备、内装四个方面。新一代全碳纤维列车的出现将引领列车驶入更加绿色智能的"新时代",是未来列车的主流,如图 1-14 所示。与传统的地铁相比,其最大的特点就是重量更轻、更节能,所采用的碳纤维技术,使整个车身减重了 13%;运行速度也大大提高了,常规地铁行驶速度是 90 km/h,而碳纤维地铁车辆行驶速度可达到 140 km/h;节能方面,比起传统列车,新一代碳纤维列车可节能 15% 以上;再加上采用无人驾驶技术,更节省了人力成本。虽然这辆碳纤维地铁列车造价较高,但后期维护的费用较低,碳纤维复合材料具有优异的耐疲劳、耐候、耐腐蚀性能,可有效保证列车在 30 年服役期内不发生疲劳、腐蚀等造成的失效,减少了对车辆的维护量,因此能够降低车辆全寿命周期成本。

图 1-14　新一代全碳纤维列车

🔵 任务评价

项目名称	城市轨道交通车辆控制系统概述		学生姓名	
任务名称	城市轨道交通车辆控制系统构成		分值配比	考核得分
评价要点	1. 说出城市轨道交通车辆控制系统由哪些部分组成		20	
	2. 牵引与制动系统发挥的作用有哪些		20	

续表

任务名称	城市轨道交通车辆控制系统构成	分值配比	考核得分
评价要点	3. 城市轨道交通车辆牵引制动技术经历了哪些技术发展过程	30	
	4. 说出辅助供电系统的作用	20	
	5. 城市轨道交通车辆控制技术发展方向有哪些	20	

学习心得

教师评价

教师签名：

中国速度

中国城市轨道交通的世界地位

中国城市轨道交通发展经历了四个阶段：分别为 20 世纪 60 年代前的有轨电车阶段，20 世纪 80 年代前的初建阶段，20 世纪 90 年代的发展阶段，21 世纪高速发展阶段。我国有轨电车是最早出现的城市轨道交通系统，北京的有轨电车早在 1900 年就出现了。后来，城市轨道交通缓慢发展，上海、沈阳、天津、哈尔滨陆续修建了有轨电车。有轨电车虽然为市民出行带来了方便，但其自身存在一定缺陷，如轨道影响翻修路面和市政建设，容易造成交通拥堵、速度慢、噪声大等。新中国第一个五年计划期间，长达 23.2km 的北京地铁 1 号线于 1969 年正式通车，标志着中国第一条地铁线路开通运营。进入 20 世纪 90 年代，为适应城市快速发展的需要和缓解城市交通紧张的状况，我国加大了对城市交通基础设施建设的投入，上海、广州、深圳、大连开始了轨道交通项目的建设。自此，中国城市轨道交通进入了快速发展阶段。据中国城市轨道交通协会数据，截至 2020 年年底，中国大陆地区（不含港澳台）共有 45 个城市开通城市轨道交通运营线路 244 条，总长度达 7 969.7 km。

从国家层面来看，中国城市轨道交通运营里程位居全球第一。2019 年全球城轨交通运营里程排名靠前的国家有中国、德国、美国、俄罗斯、波兰、法国、日本、韩国、英国、西班牙等。其中，中国城市轨道交通总里程为 6 730.27 km，通车里程远高于其他国家；德国城市轨道交通里程达到 3 615.1 km，排名全球第二；其次是美国和俄罗斯，其城市轨道交通里程分别为 1 331.8 km 和 1 122.9 km，分别位列第三、第四位。从城市层面来看，2019 年，世界上具备地铁线路网络规模化运营的主要城市中，上海以 801.3 km 运营里程位居世界第一；其次是北京，其城市轨道交通的运营里程达到 775.6 km;俄罗斯首都莫斯科、韩国首都首尔和中国广州的城市轨道交通运营里程均在 500 km 以上,分别为 578.3 km、527.6 km 和 501 km,分列全球第三、第四、第五位。总体来看,中国共有 6 个城市进入全球城市城轨交通运营里程排名前十,可以看出中国城市的城市轨道交通发展要明显快于世界其他城市。

项 目 小 结

　　城市轨道交通是全面开启建设社会主义现代化强国的重要支撑,是建设现代化经济体系的先行领域,也是建设交通强国和智慧城市的重要组成部分。目前城市轨道交通系统制式可分为地铁系统、轻轨系统、单轨系统、现代有轨电车系统、磁浮系统、市域快速轨道系统和自动导向系统(APM)。本书以地铁系统为主进行阐述。

　　我国的城市轨道交通车辆主要有直流 750 V 和直流 1 500 V 两种电压制式,其对应的供电方式为第三轨和接触网方式,受流方式主要有集电靴式和受电弓式。城市轨道交通车辆尤其地铁车辆普遍采用动车组的编组形式,常见的有"4 动 2 拖"的 6 编组列车。车辆电气控制系统是城市轨道交通车辆的重要组成部分,是列车安全运行的保障,为列车提供牵引力及电制动力,控制和监测列车完成正常的启动、运行和停车,同时对列车上其他用电设备进行供电及控制。它主要由牵引控制系统、制动控制系统、辅助供电系统、网络控制系统、车门控制系统等部分组成。

　　在新一轮科技革命和产业变革的浪潮推动下,我国城轨交通行业的信息化建设已步入快速发展阶段,城市轨道交通车辆综合技术性能和系统技术水平逐步升级,未来将向智慧城轨、智能化列车、绿色环保、综合舒适性的方向发展。

习题与思考

一、单选题

1. 城市轨道系统的车辆供电电压制式中,没有(　　　)。

A. 直流 110 V 　　　　　　　　　　B. 直流 600 V

C. 直流 750 V 　　　　　　　　　　D. 直流 1 500 V

2. 根据国家标准,城市轨道交通牵引供电系统若采用直流 1 500 V 的标称电压,则最大波动值不能超过(　　　)。

A. 1 500 V 　　　　　　　　　　　B. 1 650 V

C. 1 800 V 　　　　　　　　　　　D. 2 000 V

3. 第三轨供电的方式中,第三轨通常设置在(　　　)。

A. 走行轨中间 　　　　　　　　　　B. 走行轨正上方一定高度

C. 走行轨底下 　　　　　　　　　　D. 走行轨旁

4. 城市轨道交通 6 节编组列车的编组式中,"Mp"表示(　　　)。

A. 司机室 　　　　　　　　　　　　B. 带受电弓的动车

C. 带司机室的动车 　　　　　　　　D. 不带受电弓的动车

5. 车辆编号一共 6 位,其中表示线路号的是(　　　)。

A. 第一位 　　　　　　　　　　B. 前两位

C. 第 3、第 4、第 5 位 　　　　　D. 最后一位

二、多选题

1. 我国国家标准规定城市轨道交通直流牵引供电应采用的电压制式是(　　　)。

A. 直流 1 500 V 　　　　　　　　B. 直流 600 V

C. 直流 750 V 　　　　　　　　　D. 直流 825 V

2. 若采用直流 750 V 第三轨供电,下列哪些供电电压值是符合电压波动范围的(　　　)。

A. 500 V 　　　　　　　　　　　B. 700 V

C. 900 V 　　　　　　　　　　　D. 1 000 V

3. 车辆编号 010086 可以传达哪些信息(　　　)。

A. 它是 1 号线的车 　　　　　　B. 属于 1 号线的第 8 列车

C. 是 1 号线的第 86 节车 　　　　D. 是该列车的第 6 节车

三、判断题(对的在括号中打"√",错的打"×")

1. 接触网供电的电压制式必须采用直流 1 500 V。(　　　)

2. 集电靴安装于转向架上。(　　　)

3. 辅助逆变箱可为列车牵引电机提供三相交流电,驱动电动机。(　　　)

4. 制动电阻的功能是在接触网网压饱和时,将车辆电制动产生的电能通过制动电阻消耗,转化为热能散发到大气中。(　　　)

四、讨论题

1. 请写出城市轨道交通 6 编组列车的编组式,并解释各个符号的含义。

2. 请说明车辆一位端、二位端的定义。

3. 请解释一个列车单元内车厢电气柜的分布和编号规则。

4. 请简述城市轨道交通车辆主要有哪些电气设备,并简要说明它们的功能。

项目2
城市轨道交通车辆控制系统电子电路认知

【项目体系】

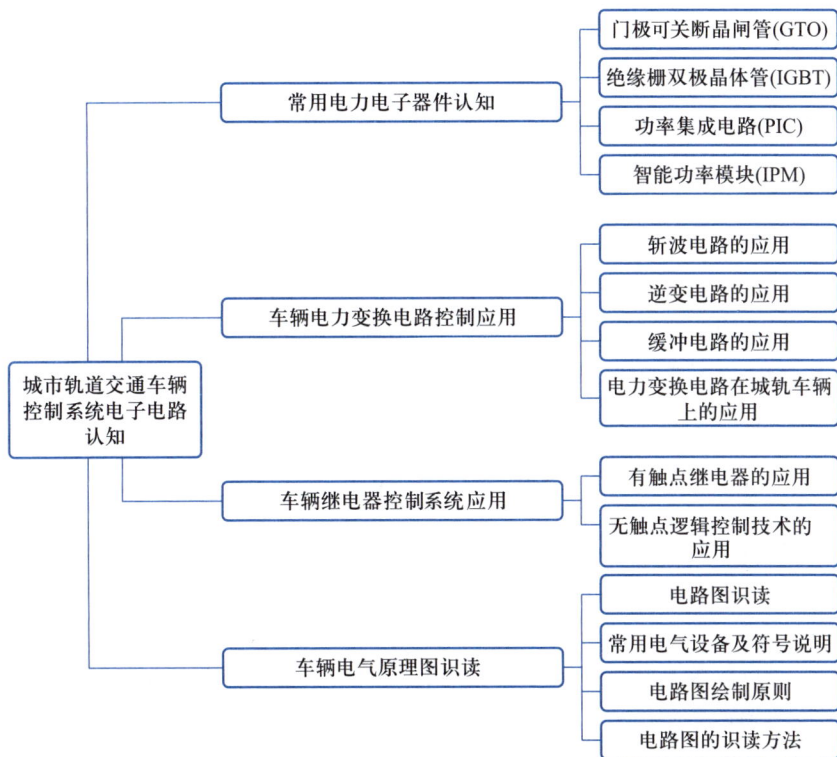

```
城市轨道交通车辆
控制系统电子电路
认知
├── 常用电力电子器件认知 ──┬── 门极可关断晶闸管(GTO)
│                          ├── 绝缘栅双极晶体管(IGBT)
│                          ├── 功率集成电路(PIC)
│                          └── 智能功率模块(IPM)
│
├── 车辆电力变换电路控制应用 ──┬── 斩波电路的应用
│                              ├── 逆变电路的应用
│                              ├── 缓冲电路的应用
│                              └── 电力变换电路在城轨车辆
│                                   上的应用
│
├── 车辆继电器控制系统应用 ──┬── 有触点继电器的应用
│                            └── 无触点逻辑控制技术的
│                                 应用
│
└── 车辆电气原理图识读 ──┬── 电路图识读
                         ├── 常用电气设备及符号说明
                         ├── 电路图绘制原则
                         └── 电路图的识读方法
```

【学习重点】

1. 了解常用电力电子器件结构、工作原理及主要特性。
2. 识记斩波电路与逆变电路的工作原理。
3. 理解斩波电路与逆变电路在城轨车辆中的应用。
4. 理解并掌握有触点继电器控制及无触点逻辑控制的原理、特点及在城轨车辆中的应用。

5. 掌握电路图识读方法,会分析基本的电路图。

任务 1　常用电力电子器件认知

任务导入

电力电子器件(Power Electronic Device)又称为功率半导体器件,是可直接用于主电路中,实现电能变换和控制的大功率电子器件(通常指工作电流为数十至数千安,工作电压为数百伏以上),一般工作在开关状态。

1957 年,美国通用电气公司发明了第一只晶闸管(SCR),标志着电力电子技术的诞生,正式进入了电力电子技术阶段,也就是第一代电力电子器件稳步发展的开始。

但是由于第一代电力电子器件只能控制其导通而无法控制其关断,要实现关断必须另加电感、电容和其他辅助开关器件组成强迫换流电路,这样就使得变流装置整机体积大、效率低,并且工作频率一般低于 400 Hz。

20 世纪 70 年代后期,以门极可关断晶闸管(GTO)、功率双极型晶体管(GTR)、功率场效应晶体管(Power-MOSFET)为代表的全控型器件迅速发展,第二代电力电子器件应运而生,其工作频率达到兆赫级。集成电路技术的发展促进了器件的小型化和功能集成化。这些新技术为发展高频电力电子技术提供了有利条件,推动电力电子装置朝着智能化、高频化的方向发展。

到了 20 世纪 80 年代后期,开始出现了第三代电力电子器件,主要为绝缘栅双极晶体管(IGBT),在中低频大功率电源中占据重要地位。20 世纪 90 年代,智能功率模块使功率器件的发展向大功率、高频化、高效率跨出了一大步。

电力电子器件品种繁多,有多种分类方法:

1. 按能够被控制信号控制的程度划分

(1) 不可控器件

不能用控制信号来控制其通断,因此也就不需要驱动电路。如电力二极管(SR),无法控制其导通和关断。

(2) 半控型器件

通过控制信号可以控制其导通而不可控制其关断的电力电子器件,晶闸管及其大部分派生器件均属于半控型器件。

(3) 全控型器件

通过控制信号既可以控制其导通又可以控制其关断的器件,故称自关断器件,GTO、GTR、IGBT 等都属于这一类。

2. 按电力电子器件内部电子和空穴两种载流子参与导电的情况划分

(1) 单极型器件

只有一种载流子参与导电,如功率场效应管(P-MOSFET)、静电感应晶体管(SIT)等。

(2) 双极型器件

有电子和空穴两种载流子参与导电,如 GTO、GTR 等。

（3）复合型器件

由单极型器件和双极型器件集成混合而成的器件,如绝缘栅双极晶体管(IGBT)是用单极型的 P-MOSFET 作为控制件、以双极型的 GTR 作为主导器件的复合管。

3. 按照控制端驱动电路的电信号性质划分

（1）电流驱动型

通过从控制端注入(流入)或者抽出(流出)电流来实现导通或者关断的控制。该类器件驱动功率大,驱动电路复杂,工作频率低。

（2）电压驱动型

仅通过在控制端和公共端之间施加一定的电压信号就可实现导通或者关断的控制。该类器件驱动功率小,驱动电路简单可靠,工作频率高。

电力电子器件是构成电力电子设备的核心,城市轨道交通车辆上应用电力电子器件总容量大、技术要求先进,可靠性要求高,电力电子设备的发展水平,很大程度上决定了城市轨道交通车辆电力牵引发展的技术水平。

通过对本任务的学习,需要达到的目标:① 了解电力电子器件的分类;② 掌握 GTO、IGBT 的结构及工作原理;③ 了解智能功率模块的特点。

知识准备

1.1　门极可关断晶闸管

门极可关断晶闸管(Gate Turn-Off Thyristor,GTO)是一种具有自关断能力的晶闸管,是晶闸管的一种派生器件,既可用门极正信号触发导通,又可用门极负信号触发关断,而不需要设置专门的强迫关断电路,电路简单、工作可靠、关断损耗小。因此,GTO 是一种比较理想的大功率开关器件。20 世纪 80 年代末,上海地铁 1 号线车辆上就采用当时先进的电流驱动型可关断晶闸管 GTO 来完成控制,由于其开关频率低而功率大,但耐压值高,为可靠安全工作,采用 6 脉冲控制方式,由 50Hz 变压器降压隔离、给用电设备供电。

（1）GTO 的结构

GTO 是 PNPN 四层三端的半导体器件,它内部有三个结 J_1、J_2、J_3,外部有三个端子,分别从阳极 A、阴极 K、门极 G 引出,整个管芯密封后装在散热器上。其图形符号及实物外形如图 2-1 所示。它是一种多元的功率集成器件,内部包含了数十个甚至数百个共阳极的小 GTO 单元,这些 GTO 元的阴极和门极在器件内部并联在一起,其结构如图 2-2 所示。由图 2-2(a)可见,GTO 是多元结构,它的阴极是由数百个细长的小条组成,每个阴极均被门极所包围。

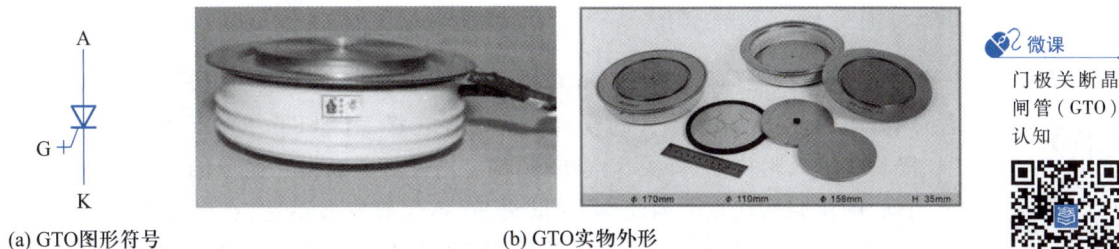

微课

门极关断晶闸管（GTO）认知

(a) GTO图形符号　　　　　　　　　(b) GTO实物外形

图 2-1　GTO 图形符号及实物外形图

(a) GTO芯片　　　(b) GTO剖面　　　(c) GTO立体结构

图 2-2　GTO 的结构

（2）GTO 的工作原理

为了说明 GTO 的工作原理，可以把中间的两层 N_1 和 P_2 分为两部分，构成一个 PNP 型晶体管和一个 NPN 型晶体管的复合管，其内部结构如图 2-3 所示，等效电路如图 2-4 所示，图中电流放大系数 $\alpha_1 = I_{C1}/I_A$，$\alpha_2 = I_{C2}/I_K$。由图 2-4 可以看出，每个晶体管的集电极电流同时是另一个晶体管的基极电流。所以，当阳极加正向电压，门极同时加正向电压（正向触发信号）时，就会形成强烈的正反馈，使 GTO 导通。GTO 导通原理与晶闸管导通原理相同，所不同的是晶闸管等效电路中两只晶体管的放大系数 $\alpha_1 + \alpha_2$ 比 1 大得多，通过导通时两只等效晶体管的正反馈作用，使晶闸管导通时的饱和程度较强，因此无法用门极负信号去关断阳极电流。GTO 则不同，总的放大系数 $\alpha_1 + \alpha_2$ 仅稍大于 1 且近似等于 1，因而处于临界导通或浅饱和状态。

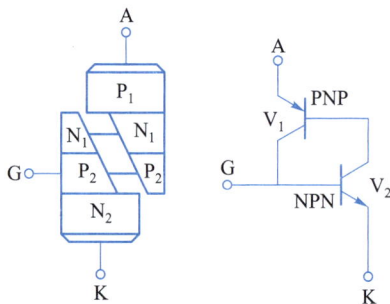

图 2-3　GTO 内部结构

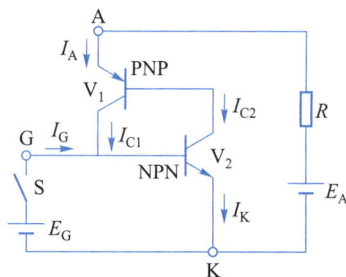

图 2-4　GTO 等效电路

当要关断 GTO 时，给门极加上负电压，晶体管 PNP 的集电极电流 I_{C1} 被抽出来形成门极负电流 $-I_G$，由于集电极电流 I_{C1} 被抽走，使晶体管 NPN 基极电流减小，进而使其集电极电流 I_{C2} 也减小，于是引起 I_{C1} 的进一步下降，如此不断循环下去，最后使 GTO 的阳极电流为零而关断。

1.2　绝缘栅双极晶体管

绝缘栅双极晶体管（Insulated Gate Bipolar Transistor，IGBT）可视为双极型电力晶体管与功率场效应晶体管的复合体。由于它将 MOSFET 和 GTR 的优点集于一身，既具有输入阻抗高、开关速度快、热稳定性好和驱动电路简单的优点，又有通流能力强、耐压高的优点。因此自 20 世纪 90 年代起发展迅速，在电极驱动、中频和开关电源以及要求快速、低损耗的领域，IGBT 有着主导地位，并很快取代之前该领

微课

IGBT 的生产过程

域内应用的 GTO。1995 年以后国内外生产的地铁或轻轨车辆辅助系统几乎都是采用 IGBT 器件。轨道交通车辆交流传动系统（VVVF）及辅助供电系统（SIV）采用 IGBT 器件替代 GTO 是电力电子技术进步的必然趋势。

（1）IGBT 的结构

N 沟道增强型绝缘双极晶体管结构如图 2-5 所示，相当于一个由场效应管 MOSFET 驱动的厚基区 GTR，简化的等效电路如图 2-6 所示，其中 VT_1 是 N 沟道型 MOSFET，VT_2 是 PNP 型 GTR，R_{dr} 是厚基区 GTR 的基区内电阻。所以 IGBT 是以 MOSFET 为驱动器件，GTR 为主导器件的达林顿电路结构器件，这种结构称 N-IGBT，即 N 沟道型的 IGBT，若用 P 沟道型 MOSFET 作为控制器件，则称为 P-IGBT 型器件。

图 2-5　N 沟道增强型绝缘栅双极晶体管结构

IGBT 图形符号如图 2-7 所示，共三个极，集电极 C，栅极 G，发射极 E。对于 P-IGBT 型器件，图形符号中的箭头方向与之相反。

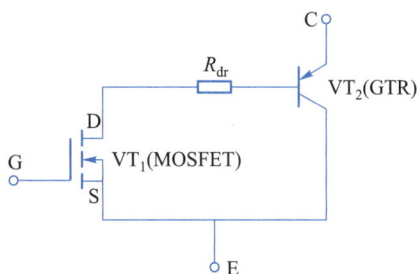

图 2-6　IGBT 的等效电路　　　　图 2-7　N-IGBT 图形符号

（2）IGBT 的工作原理

IGBT 的开关作用受栅极控制，N 沟道型的 IGBT 的栅极加正偏置并且数值上大于开启电压 U_{th} 时，IGBT 内的 MOSFET 源极与漏极之间会感应产生一条 N 型导电沟道，使 MOSFET 导通，进而 PNP 型 GTR 因基极抽出电流而导通，最终使 IGBT 导通。反之，加反向门极电压消除沟道，流过反向基极电流，会使 IGBT 关断。IGBT 的驱动方法和 MOSFET 基本相同。

1.3　功率集成电路

将输出的功率器件及其驱动电路、保护电路和接口电路等外围电路集成在一个或几个芯片上，称为功率集成电路，其典型构成如图 2-8 所示。功率集成电路 PIC（Power-IC）包括了高压功率集成电路(HVIC)、智能功率集成电路(SPIC)和功率专用集成电路。功率集成电路最重要的部分是处理大电流和高电压的功率器件。对于 PIC,有的定义规定至少能流过 1 A 电流,或输出电压大于 50 V,但大多数定义最小额定功率值必须大于 1 W(或 2 W)。

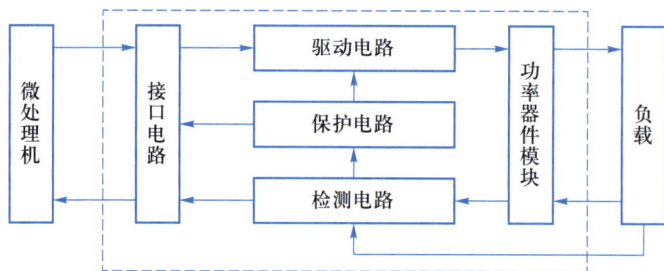

图 2-8　功率集成电路的典型构成

比起最小额定功率值来,确定 PIC 的智能化就比较困难了。所谓"智能化"是指控制功能、接口能力及对故障的诊断、处理或自保护功能。不管是单片电路还是混合电路,都具有一定的自保护功能。另外由于功率集成电路都包含在单一的封装中,因此还具有尺寸小、可靠性高、使用方便等特点。

1. PIC 的分类与发展

PIC 是电力半导体技术与微电子技术结合的产物,其根本特征是使动力与信息结合,成为机和电的接口,是机电一体化的基础元件。

从电压、电流来看,PIC 可分为三个领域:

① 低压大电流 PIC,主要用于汽车点火、开关电源和同步发电机等;

② 高压小电流 PIC,主要用于平板显示、交换机等;

③ 高压大电流 PIC,主要用于交流电动机控制、家用电器等。

随着半导体技术的发展,PIC 未来的发展方向必然是高压化(100~1 200 V)和智能化。另外,由于单片 IC 在耗电、散热等方面的限制,将单个的器件组装在一起形成模块,从而驱动大的负载会成为主流。同时随着芯片制造技术的改进及制造成本的降低,PIC 的模块化已成为今后的发展方向,可以预测未来 PIC 在发展成熟后,将会应用在城轨车辆中。

2. SPIC 的功能与应用

智能功率集成电路(SPIC)的三个基本功能是功率控制、保护和接口。

功率控制部分具有处理高电压大电流或两者兼有的能力。其驱动电路一般被设计成能在直流 30 V 电压下工作,这样才能为 MOS 器件的栅极提供足够的电压。另外,驱动电路必须能够使控制信号传递到高压侧。

SPIC 的保护电路一般是通过含有高频双极晶体管的反馈电路来完成的。反馈环路的响应时间对于良好的关断是很关键的,由于在发生故障期间系统电流以很快的速度增加,因此这一部分需要由高性能模拟电路来实现。

SPIC 的接口功能是通过完成编码操作的逻辑电路来实现的。SPIC 芯片不仅需要对微处理机的信号做出反应,而且也必须能够传送与工作状态或负载监测有关的信息,如过热关断、无负载或环路等。这需要在 SPIC 功率芯片上集成高密度的 CMOS 电路。为避免产生闭环现象,SPIC 中 CMOS 电路的设计也比较复杂。

SPIC 的应用范围正在逐渐扩大,在电动机控制、工厂自动化和汽车电子技术等方面都产生了重大的影响。

微课
智能功率模块（IPM）认知

1.4　智能功率模块

智能功率模块(Intelligent Power Module,IPM)又称智能集成电路,是一种在 IGBT 基础上再集成栅极驱动电路、故障检测电路和故障保护电路的电力电子模块。智能功率模块减小了系统的体积以及开发时间,同时大大增强了系统的可靠性,适应了当今功率器件的发展方向——模块化、复合化和高频化,在电力电子领域得到了越来越广泛的应用。

1. IPM 的结构

IPM 由高速、低功率的 IGBT 芯片和优选的门级驱动及保护电路构成,根据内部功率电路配置的不同可分为四类:H 型(内部封装一个 IGBT)、D 型(内部封装两个 IGBT)、C 型(内部封装六个 IGBT)和 R 型(内部封装七个 IGBT)。如图 2-9 所示为 IPM 结构原理图,其基本结构为 IGBT 和反向并联的二极管,并且内置了驱动电路,过电流、过热与短路等故障检测保护电路。IPM 内部的驱动电路需要提供 15V 稳定的驱动电源和开关控制信号来控制相应的 IGBT 导通与关断。

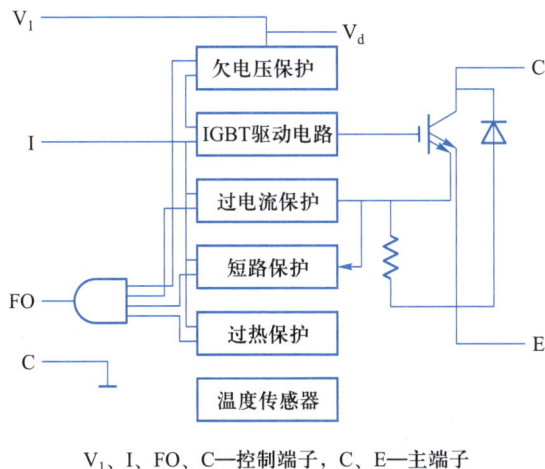

V_1、I、FO、C—控制端子；C、E—主端子

图 2-9　IPM 结构原理图

2. 内部功能机制

IPM 内置的驱动和保护电路使系统硬件电路简单、可靠,缩短了系统开发时间,也提高了故障下的自保护能力。与普通的 IGBT 模块相比,IPM 在系统性能及可靠性方面都有进一步的提高。

保护电路可以实现控制电压欠电压保护、过热保护、过电流保护和短路保护。如果 IPM 中有一种保护电路动作,IGBT 栅极驱动单元就会关断门极电流并输出一个故障信号(FO)。各种保护功能具体如下:

① 欠电压保护:IPM 使用单一的+15 V 电压供电,若供电电压低于 15 V,且时间超过 t_{off} = 10 μs,则会发生欠电压保护,封锁门极驱动电路,输出故障信号。

② 过热保护:在靠近 IGBT 芯片的绝缘基板上安装有一个温度传感器,当该温度传感器测出其基板的温度超过限定温度值时,就会激发过热保护,封锁门极驱动电路,输出故障信号。

③ 过电流保护:若流过 IGBT 的电流值超过过电流动作电流,且持续时间超过 $t_{off} = 10\ \mu s$,则会产生过电流保护,封锁门极驱动电路,输出故障信号。

④ 短路保护:若负载发生短路或控制系统故障导致短路,流过 IGBT 的电流值超过短路动作电流极限,则立刻发生短路保护,封锁门极驱动电路,输出故障信号。

当 IPM 发生欠压、过热、过流、短路中的任一故障时,其故障输出信号持续时间为 1.8 ms,在此时间段内 IPM 会封锁门极驱动,关断 IPM,故障输出信号持续时间结束后,IPM 内部自动复位,门极驱动通道开启。

可以看出,器件自身产生的故障信号是非保持性的,如果故障输出信号持续时间结束后故障源仍旧没有被排除,IPM 就会重复之前自动保护的过程,反复动作。过热、过流、短路保护动作都说明处于非常恶劣的运行状况,应尽快处理故障,避免其进行反复动作,因此仅靠 IPM 内部保护电路还不能完全实现器件的自我保护。要使系统真正安全、可靠运行,还需要辅助的外围保护电路。

任务实施

1. 小组讨论 GTO 的结构及工作原理,查阅 GTO 在城轨车辆上的应用。
2. 分组探讨 IGBT 的特点并查阅 IGBT 在城轨车辆上的应用。
3. 自主学习并系统分析 GTO、IGBT、PIC、IPM 在城市轨道交通车辆中的特点。

任务拓展

新型电力电子器件的发展与应用

在功率半导体发展历史上,功率半导体可以分为三代:第一代半导体材料:锗(Ge)、硅(Si)等单晶半导体材料,硅拥有 1.1 电子伏特的禁带宽度以及氧化后非常稳定的特性。第二代半导体材料:砷化镓(GaAs)、锑化铟(InSb)等化合物半导体材料,砷化镓拥有 1.4 电子伏特的禁带宽度以及比硅高 5 倍的电子迁移率。第三代半导体材料:以碳化硅(SiC)、氮化镓(GaN)为代表的宽禁带半导体材料,具有更高的饱和漂移速度和更高的临界击穿电压等突出优点,适合高功率、高温、高频、抗辐射的应用场合。

第三代半导体材料在具有上述优点的同时,还具有体积小、污染少、运行损耗低等经济和环保优势,因此第三代半导体材料正逐步成为发展的重心。当前主流的第三代半导体材料为碳化硅与氮化硅(Si_3N_4),前者多用于高压场合,如智能电网、轨道交通;后者则在高频领域有更大的应用(5G 技术等),可取代部分硅基 MOSFET 与 IGBT。

当前碳化硅功率模块主要有引线键合型和平面封装型两种。为了充分发挥碳化硅功率器件的高温、高频优势,必须不断降低功率模块的寄生电感、降低互连层热阻,并提高芯片在高温下的稳定运行能力。碳化硅功率模块目前的封装工艺和封装材料基本沿用了硅功率模块的成熟技术,在焊接、引线、基板、散热等方面的创新不足,功率模块杂散参数较大,可靠性不高。目前碳化硅器件高温、高功率密度封装的工艺及材料尚不完全成熟。为了发挥碳化硅功率器件的高温优势,必须进一步研发先进烧结材料和工艺,在高温、高可靠封装材料及互连技术等方面实现整体突破。

任务评价

项目名称	城市轨道交通车辆控制系统电子电路认知		学生姓名	
任务名称	常用电力电子器件认知		分值配比	考核得分
评价要点	1. 简要描述电力电子器件的定义及分类		15	
	2. 阐述门极关断晶闸管的结构及工作原理		25	
	3. 阐述绝缘栅双极晶体管的机构及工作原理		25	
	4. 简述智能功率模块的特点		25	
	5. 举例说明其他电力电子器件的特点		15	

学习心得

教师评价

教师签名：

任务 2　车辆电力变换电路控制应用

任务导入

　　利用电力电子器件对电能进行变换和控制的技术称为电力电子技术,器件制造技术是电力电子技术的基础,变流技术则是电力电子技术的核心,电力变换共有四种形式,见表 2-1。本节主要讨论两种电力变换电路,斩波电路和逆变电路。

表 2-1　电力变换的四种形式

输出	输入	
	直流(DC)	交流(AC)
直流(DC)	斩波	整流
交流(AC)	逆变	变频、变相、交流调功

通过对本任务的学习,需要达到的目标:① 了解电力变换的四种形式;② 掌握降压斩波电路、升压斩波电路及升降压斩波电路的结构及工作原理;③ 掌握单相桥式逆变电路与三相桥式逆变电路的结构及工作原理。

微课

斩波与逆变
在轨道交通
中的应用

知识准备

2.1　斩波电路的应用

1. 概述

直流斩波电路(DC Chopper)的功能是将一个恒定的直流电压变成另一种固定的或可调的直流电压,简称斩波电路,也称 DC/DC 转换电路。它通过周期性快速接通、关断负载电路,将直流电"斩"成一系列的脉冲电压,改变这个脉冲电压接通、关断的时间比,就可以方便地调整输出电压的平均值。直流斩波电路广泛应用于通过直流电动机调速的电力牵引及城轨车辆中牵引逆变器,如采用直流供电的城市轨道交通车辆、城市无轨电车和使用蓄电池的各种电动车辆。

2. 斩波电路的基本原理

(1) 斩波电路的基本原理

以基本斩波为例,其电路原理图如图 2-10(a)所示。电阻 R 为斩波器的负载,S 为一高速开关。当开关 S 合上时,电源电压 U_d 加到负载电阻 R 上,并持续时间 t_{on};当开关断开时,负载电压为零并持续时间 t_{off}。斩波器电压波形如图 2-10(b)所示,$T(T=t_{on}+t_{off})$ 为斩波器的工作周期,$\alpha=t_{on}/T$ 定义为占空比,$0 \leqslant \alpha \leqslant 1$,则斩波电路输出电压的平均值为

$$U_o = \frac{1}{T}\int_0^{t_{on}} u_o \mathrm{d}t = \frac{t_{on}}{T}U_d = \alpha U_d \qquad (2.1)$$

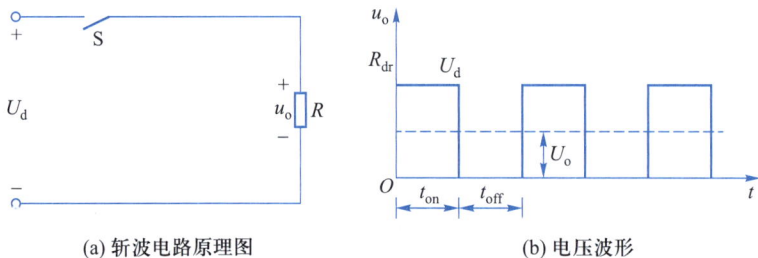

(a) 斩波电路原理图　　　　　　　　　　(b) 电压波形

图 2-10　基本斩波电路及波形图

(2) 斩波电路的控制方式

由式(2.1)可知,改变导通时间 t_{on} 或导通周期 T 都可改变斩波器的输出电压。因此,斩波电路有三种电压控制方式:

① 定频调宽控制(脉冲宽度调制——PWM):这种控制方法是保持斩波周期 T 不变,只改变电力电子器件的导通时间 t_{on}。这种控制方式的特点为:斩波器的基本频率固定,所以滤除高次谐波的滤波器设计比较容易。

② 定宽调频控制(脉冲频率调制——PFM):这种控制方式是保持导通时间 t_{on} 不变,而改变

斩波周期 T。这种控制方式的特点为：斩波回路和控制电路变得简单，但频率是变化的。

③ 调频调宽混合控制：这种控制方式不但改变导通时间 t_{on}，而且改变斩波周期 T。这种控制方式的特点为：输出调节范围可以大幅度地增大，但也存在着由于频率变化所引起的滤波器设计较难的问题。

3. 斩波电路分类

（1）降压斩波电路

降压斩波电路又称为降压斩波器（Buck Chopper），其工作原理图如图 2-11 所示。该电路使用一个全控型器件 VT，图中采用的是 IGBT，也可采用其他器件。为了在 VT 关断时给负载中的电感电流提供通道，设置了续流二极管 VD。其中 L_F 为滤波电感，C_F 为滤波电容，二者组成输入滤波回路，使输入的直流电源更加稳定可靠。

当斩波器 VT 导通时，电源 U_d 向电感 L_d 充电，充电电流基本恒定为 I_o，此时电感的自感电动势为左正右负，大小为 U_L；此时，隔离二极管因受反向电压而关断，等效电路图如图 2-11（b）所示。设 VT 处于导通的持续时间为 t_{on}，此阶段 L 上积蓄的能量为 $U_L I_o t_{on}$，其中 $U_L = U_d - U_o$。

当斩波器 VT 关断时，电感 L_d 中的电流维持原来的方向不变并且大小也基本不变，其自感电动势改变极性，变为左负右正，向负载供电。这样，斩波器导通时储存在电感中的能量便释放到负载上。此时隔离二极管受正压而导通，等效电路图如图 2-11（c）所示。设 VT 断态的时间为 t_{off}，则此期间电感 L_d 释放能量为 $U_o I_o t_{off}$。当电路工作

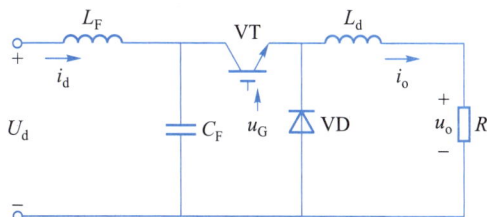

(a) 电路图

(b) VT 导通时等效电路图

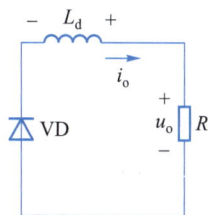

(c) VT 关断时等效电路图

图 2-11　降压斩波电路的工作原理图

于稳态时，一个周期中电感积蓄的能量和释放的能量相等，即：

$$(U_d - U_o) I_o t_{on} = U_o I_o t_{off} \tag{2.2}$$

化简得负载电压的平均值为

$$U_0 = \frac{t_{on}}{t_{on} + t_{off}} U_d = \frac{t_{on}}{T} U_d = \alpha U_d \tag{2.3}$$

由式（2.2）知，输出到负载电压平均值 U_0 最大为 U_d，若减小占空比 α，则 U_0 随之减小。因此将该电路称为降压斩波电路。

负载电流平均值为

$$I_o = \frac{U_o}{R} \tag{2.4}$$

（2）升压斩波电路

升压斩波电路又称为升压斩波器（Boost Chopper），其原理图如图 2-12 所示。假设电路中电感 L 的值很大，电容 C 的值也很大。

当斩波器 VT 导通时,电源 U_d 给电感 L 充电,充电电流基本恒定为 I_o,此时电感的自感电势为左正右负;同时电容 C 向负载 R 放电,因 C 值很大,基本保持输出电压 u_o 为恒值,记为 U_o。此时,隔离二极管因受电容反向电压而关断,等效电路图如图 2-12(b)所示。设 VT 处于导通态的时间为 t_{on},此阶段 L 上积蓄的能量为 $U_d I_o t_{on}$,值得注意的是考虑到 VT 通态时电源只向电感供电,为了避免电源短路,故不允许 VT 一直处于导通状态,即 $\alpha<1$。

当斩波器 VT 关断时,电感 L 中的电流维持原来的方向不变并且大小也基本不变,其自感电势改变极性,变为左负右正,并和电源正向叠加,给电容充电,同时向负载供电。这样,斩波器 VT 导通时储存在电感中的能量便释放到负载和电容上。此时隔离二极管受正压而导通,等效电路图如图 2-12(c)所示。

设 VT 处于断态的时间为 t_{off},则此期间电感 L 释放的能量为 $(U_o-U_d)I_o t_{off}$。当电路工作于稳态时,一个周期中电感积蓄的能量和释放的能量相等,即

$$U_d I_o t_{on} = (U_o-U_d)I_o t_{off} \tag{2.5}$$

化简得

$$U_o = \frac{t_{on}+t_{off}}{t_{off}}U_d = \frac{T}{t_{off}}U_d = \frac{1}{1-\alpha}U_d \tag{2.6}$$

因 $\alpha<1$,故由上式可知 $U_o>U_d$。输出电压高于电源电压,故称此电路为升压斩波电路。

根据电路结构,负载上的输出电流为

$$I_o = \frac{U_o}{R} = \frac{1}{1-\alpha}\frac{U_d}{R} \tag{2.7}$$

(3) 升降压斩波电路

升降压斩波电路又称为升降压斩波器(Boost-Buck Chopper),其工作原理图如图 2-13 所示。

当斩波器 VT 导通时,电源 U_d 向电感 L 充电,充电电流基本恒定为 I_o,此时电感的自感电势为上正下负;同时电容 C 维持输出电压基本恒定并为负载供电,此时,二极管处于反偏关断状态,等效电路图如图 2-13(b)所示。设 VT 处于通态的时间为 t_{on},则此阶段 L 上积蓄的能量为 $U_d I_o t_{on}$。

当斩波器关断时,电感中储存的能量向负载释放,同时电容充电,电感的放电电流等于 i_o,由于电感中的电流方向不能突然改变,此时电感两端的极性为上负下正,与电源电压极性相反,因此该电路也称作反极性斩波电路。这样,斩波器导通时储存在电感中的能量便释放到负载和电容上。此时隔离二极管受正压而导通,等效电路图如图 2-13(c)所示。

设 VT 断态的时间为 t_{off},则此期间电感 L 释放的能量为 $U_o I_o t_{off}$。当电路工作于稳态时,一个周期中电感积蓄的能量和释放的能量相等,即

$$U_d I_o t_{on} = U_o I_o t_{off} \tag{2.8}$$

化简得

$$U_o = \frac{t_{on}}{t_{off}}U_d = \frac{\alpha}{1-\alpha}U_d \tag{2.9}$$

(a) 电路图

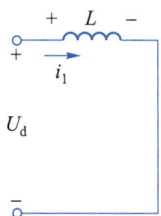

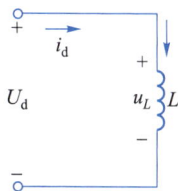

(b) VT导通时等效电路图

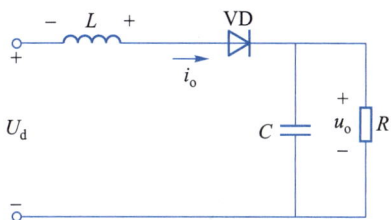

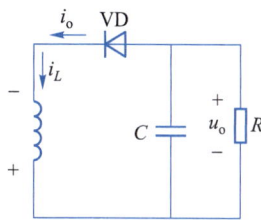

(c) VT关断时等效电路图

图 2-12　升压斩波电路的原理图

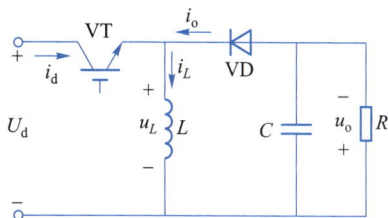

(a) 电路图

(b) VT导通时等效电路图

(c) VT关断时等效电路图

图 2-13　升降压斩波电路的原理图

由式(2.9)可知,升降压斩波电路的输出电压可以高于或低于电源电压;当 $\alpha = 0.5$ 时, $U_o = U_d$;当 $\alpha > 0.5$ 时,为升压斩波电路;当 $\alpha < 0.5$ 时,为降压斩波电路。整个电路起到一个直流"变压器"的作用。

2.2　逆变电路的应用

1. 概述

通常把交流电转换成直流电的过程称之为整流,在实际生产实践中需要利用由可控型电力电子器件构成的电路把直流电转换成交流电,这种对应于整流的逆向过程,定义为逆变。例如,卷扬机下降或电力机车下坡行驶时,使直流电动机作为发电机运行,机械能转换成电能反送到交流电网中去。逆变过程在实际应用中还有很多,如直流电动机的可逆调速、绕线转子异步电动机的串级调速、高压直流输电等。

逆变电路按照相数分为单相逆变电路和三相逆变电路,还可以根据直流侧电源类型分为电流型逆变电路和电压型逆变电路。电流型逆变电路采用大电感作为储能和滤波元件;电压型逆变电路的电源为电压源,一般采取在直流电压侧并联大电容的方法获得恒压源,工作时直流侧电源电压基本无脉动,其输出电压的波形为矩形波,当交流侧为感性负载时,电容还起到缓冲无功能量的作用。

通常,将既可以工作在整流状态又可以工作在逆变状态的整流电路称为变流电路。对于逆变电路,如果把变流器的交流侧接到交流电源上,把直流电逆变为同频率的交流电反送回电网去,称为有源逆变;若变流电路的交流侧不与电网相连而直接接到负载上则称为无源逆变。无源逆变电路广泛应用于交流电机的变频调速及各种需要严格频率和波形的负载。

2. 有源逆变电路

单相桥式有源逆变电路及波形图如图 2-14 所示。从图中可以看出当开关 Q 掷向左边位置时,电路图等效为单相桥式整流电路,α_{I} 为触发角,$\alpha_{\mathrm{I}}<90°$,此时电机上的电压平均值为 U_{dI},产生的感应电动势为 E,方向为上正下负,$U_{\mathrm{dI}}<E$,此时电机工作在电动机状态。然后将开关 Q 掷向右边位置时,触发角 $\alpha_{\mathrm{II}}>90°$,此时电机上的电压与电动势的关系为 $E<U_{\mathrm{dII}}<0$,此时电机工作在发电机状态。其中 β 称为逆变角,由图 2-14 可知,逆变角 $\beta<90°$。

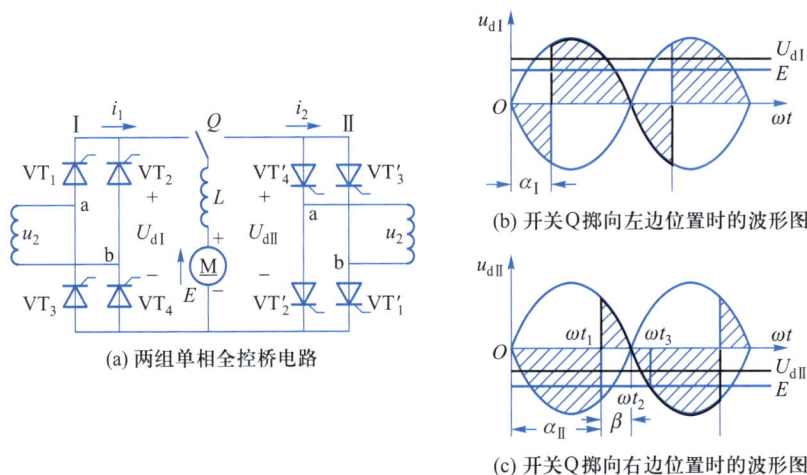

(a) 两组单相全控桥电路

(b) 开关Q掷向左边位置时的波形图

(c) 开关Q掷向右边位置时的波形图

图 2-14　单相桥式有源逆变电路及波形图

由此可得,实现有源逆变的条件有:

① 变流装置的直流侧必须外接有电压极性与晶闸管导通方向一致的直流电源 E,且其值应稍大于变流器直流侧的平均电压 $|U_{\mathrm{d}}|$;

② 变流装置必须工作在 $\beta<90°$(即 $\alpha>90°$)区间,使 $U_{\mathrm{d}}<0$。以上两者必须同时具备才能实现有源逆变;

③ 为保证变流装置回路中的电流连续,逆变电路中一定要串接大电抗。

逆变运行时,一旦发生换相失败,外接的直流电源就会通过晶闸管电路发生短路,或者使变流器的输出平均电压和直流电动势变为顺向串联,必然形成很大的短路电流流过晶闸管和负载,这种现象称为逆变失败,或称为逆变颠覆。

逆变时允许采用的最小 β 角应等于

$$\beta_{\min}=\delta+\gamma+\theta_{\alpha}\approx30°\sim35°\tag{2.10}$$

设计逆变电路时,为了防止触发脉冲进入 $\beta_{\min}$ 区间内,可在触发电路中附加一个保护电路,使得调整 β 角减小时,不能进入 $\beta_{\min}$ 区间内。在设计要求比较高的逆变电路中,也可以在 $\beta_{\min}$ 处设置产生附加安全脉冲的装置,此脉冲位置固定,一旦工作脉冲移入 $\beta_{\min}$ 区间内,则安全脉冲会保证在 $\beta_{\min}$ 处触发晶闸管,防止逆变失败。

3. 无源逆变电路

（1）电压型逆变电路的基本原理

直流电源为电压源的逆变电路称为电压型逆变电路,它的特征是一般在直流电源侧并联一个大电容作为储能元件,因大电容两端的电压脉动很小,因此可近似看成直流恒电压源。

① 电压型单相桥式逆变电路。

如图 2-15（a）所示为电压型单相桥式逆变电路工作原理,当 S_1、S_4 和 S_2、S_3 轮流接通时,负载 R 上就可以得到交流电压 u_o,这是一个幅值为直流电压 U_d 的周期性交变电压,相应的交流电流为 i_o,电压波形图如图 2-15（b）所示。

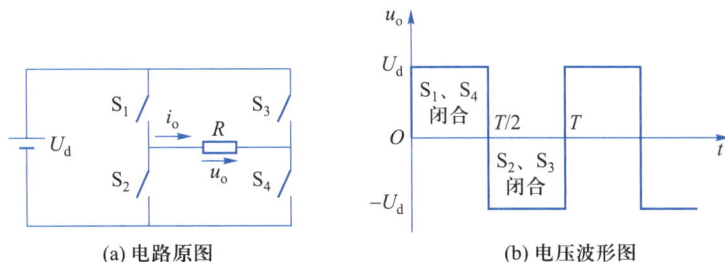

(a) 电路原图　　　　　(b) 电压波形图

图 2-15　电压型单相桥式逆变电路工作原理

用全控型器件,如 IGBT 取代图 2-15 的开关后,得到如图 2-16（a）所示的电阻负载下的逆变电路,其输出电压 U_o 和输出电流 i_o 的波形如图 2-16（b）、图 2-16（c）所示。在 $0\sim\pi$ 期间,VT_1、VT_4 导通;$\pi\sim2\pi$ 期间,VT_2、VT_3 导通。

对于感性负载,交流电流滞后电压一个相位角,当两组开关管已经切换,即电压已经反向时,感性负载电流仍将在滞后角的时间内保持原来的流通方向。若强迫断开这一感性负载电流的通路,必然会引起过电压,造成电力电子器件的击穿损坏,为此,对于负载为感性负载的逆变电路,每个电力电子器件上还需反向并联一个二极管,为感性负载滞后电流提供通路,如图 2-17（a）所示。在图 2-17（b）中 $\omega t=\pi$ 时刻,当 VT_1、VT_4 关断,VT_2、VT_3 导通后,感性电流从 VT_1、VT_4 转移到 VD_2、VD_3 及电源所构成的续流回路中去,使负载电流在滞后角内继续保持原流通方向。同理,当 VT_2、VT_3 关断,VT_1、VT_4 导通后,感性电流从 VT_2、VT_3 转移到 VD_1、VD_4 及电源所构成的续流回路中去。感性负载下的输出电流波形如图 2-17（c）所示,波形由两段指数曲线组成。

下面对单相全桥逆变电路电压进行定量计算。将矩形波 u_o 展开成傅里叶级数,得:

$$u_o = \frac{4U_d}{\pi}\left(\sin\omega t + \frac{1}{3}\sin 3\omega t + \frac{1}{5}\sin 5\omega t + \cdots\right)$$

其中基波的幅值 U_{o1m} 和基波有效值 U_{o1} 分别为:

$$U_{o1m} = \frac{4U_d}{\pi} \approx 1.27U_d$$

$$U_{o1} = \frac{2\sqrt{2}\,U_d}{\pi} \approx 0.9U_d$$

② 电压型三相桥式逆变电路。

电压型三相桥式逆变电路如图 2-18 所示。电路由三个半桥组成,开关管 $VT_1\sim VT_6$ 采用全控型器件,如 GTO、IGBT、GTR 等,$VD_1\sim VD_6$ 为续流二极管。这是最基本的逆变电路,通常大、中

(a) 电阻负载下的逆变电路

(a) 感性负载下的逆变电路

(b) 电阻负载下的输出电压波形图

(b) 感性负载下的输出电压波形

(c) 电阻负载下的输出电流波形图

(c) 感性负载下的输出电流波形

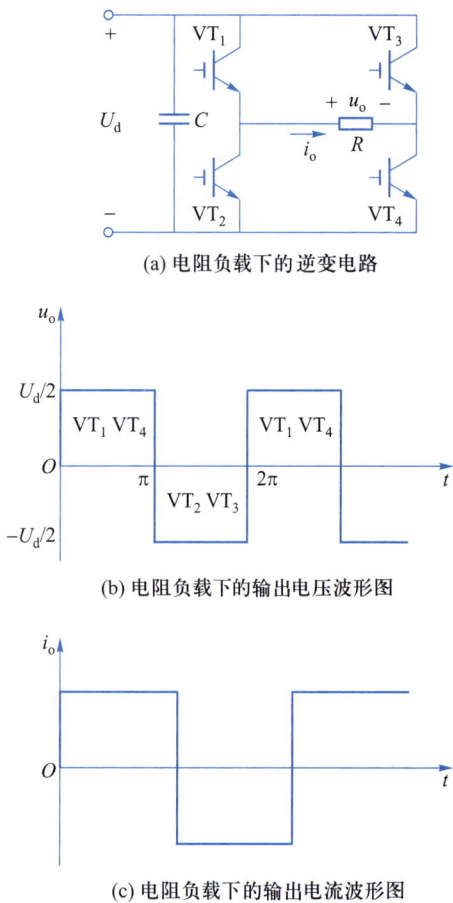

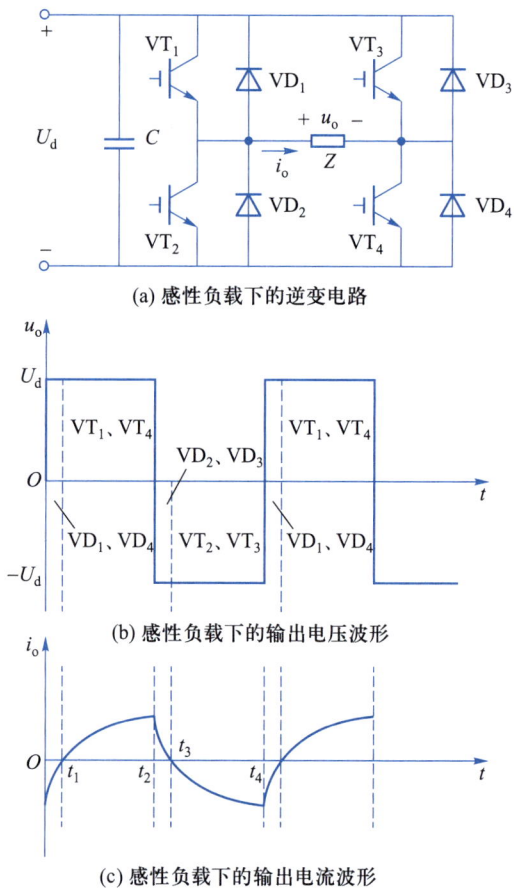

图 2-16　单相桥式逆变电路原理图及电压电流波形图　　图 2-17　感性负载时单相桥式逆变电路及其波形

功率的应用均要求采用三相逆变电路,当对波形有较高要求时,则采用此基本线路进行多重叠加或采用 PWM 控制方法,以抑制高次谐波。

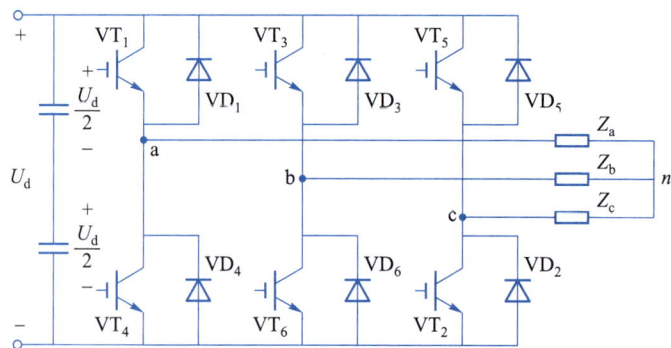

图 2-18　电压型三相桥式逆变电路

根据各开关管导通时间的长短,该电路可分 180°导电型和 120°导电型,其中常用的为 180°导电型。下面就 180°导电型电路进行分析。

　　在 180°导电型电路中,每个开关管的驱动信号持续 180°,同一相上下两个开关管交替导通,在任何时刻都有 3 个开关管导通。在一个周期内,6 个开关管触发导通的次序为 $VT_1 \sim VT_6$,依次相隔 60°,导通的组合顺序为 $VT_1VT_2VT_3 \rightarrow VT_2VT_3VT_4 \rightarrow VT_3VT_4VT_5 \rightarrow VT_4VT_5VT_6 \rightarrow VT_5VT_6VT_1 \rightarrow VT_6VT_1VT_2$,每种组合工作 60°电角度。

　　180°导电型三相桥式逆变电路的工作波形如图 2-19 所示。为分析方便,将一个工作周期分为 6 个区间,每区间占 60°。每隔 60°的各阶段等效电路及相电压和线电压的值见表 2-2。表中负载为三相星形对称负载:

$$Z_a = Z_b = Z_c$$

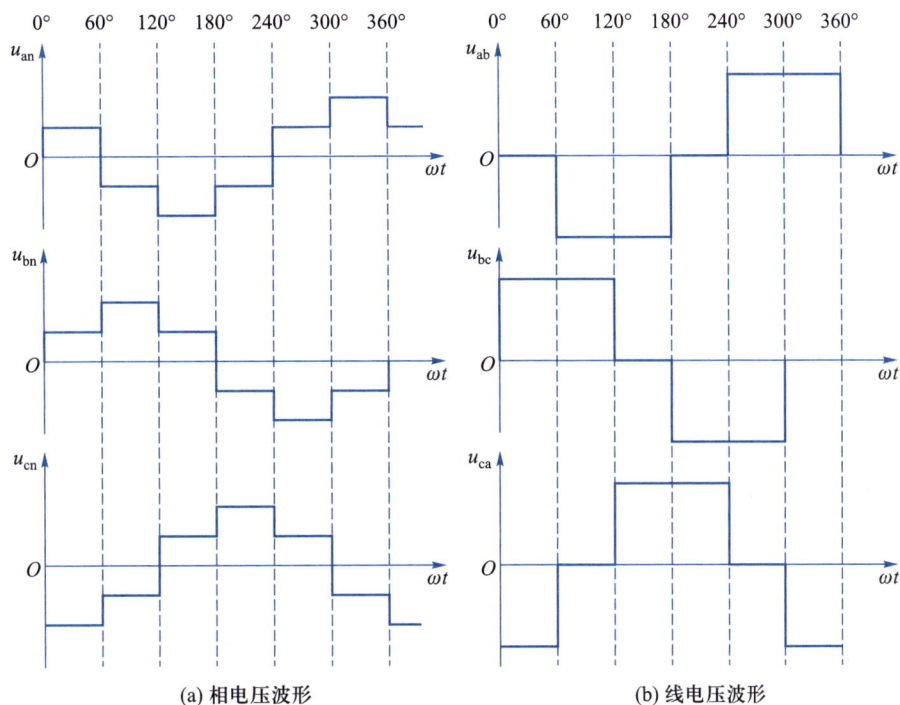

(a) 相电压波形　　　　　　　　　　(b) 线电压波形

图 2-19　180°导电型三相桥式逆变电路的工作波形

　　下面以 0~60°为例加以分析。

　　在 0~60°时,VT_1、VT_2、VT_3 同时导通,a 相和 b 相负载 Z_a、Z_b 与电源正极连接,c 相负载 Z_c 与电源负极连接。若取负载中心点作为基准点,则线电压为

$$U_{ab} = 0$$
$$U_{bc} = U_d$$
$$U_{ca} = -U_d$$

上式中,U_d 为逆变器输入侧直流电压。输出电压为

$$u_{an} = \frac{U_d}{3}$$
$$u_{bn} = \frac{U_d}{3}$$

$$u_{cn} = -\frac{2}{3}U_d$$

表 2-2　180°导电型三相桥式逆变电路各阶段等效电路及相电压和线电压的值

ωt		0°~60°	60°~120°	120°~180°	180°~240°	240°~300°	300°~360°
导通开关管		$VT_1VT_2VT_3$	$VT_2VT_3VT_4$	$VT_3VT_4VT_5$	$VT_4VT_5VT_6$	$VT_5VT_6VT_1$	$VT_6VT_1VT_2$
负载等效电路		$Z_a \parallel Z_b$, Z_c	Z_b, $Z_a \parallel Z_c$	$Z_b \parallel Z_c$, Z_a	Z_c, $Z_a \parallel Z_b$	$Z_a \parallel Z_c$, Z_b	Z_a, $Z_b \parallel Z_c$
相电压	u_{an}	$U_d/3$	$-U_d/3$	$-2U_d/3$	$-U_d/3$	$U_d/3$	$2U_d/3$
	u_{bn}	$U_d/3$	$2U_d/3$	$U_d/3$	$-U_d/3$	$-2U_d/3$	$-U_d/3$
	u_{cn}	$-2U_d/3$	$-U_d/3$	$U_d/3$	$2U_d/3$	$U_d/3$	$-U_d/3$
线电压	u_{ab}	0	$-U_d$	$-U_d$	0	U_d	U_d
	u_{bc}	U_d	U_d	0	$-U_d$	$-U_d$	0
	u_{ca}	$-U_d$	0	U_d	U_d	0	$-U_d$

用同样的方法,可以推得其余 5 个工作区间的相电压与线电压值。

③ 电压型逆变电路的特点。

直流侧接有大电容,相当于电压源,直流电压基本无脉动,直流回路呈现低阻抗。

由于直流电压源的钳位作用,交流侧电压波形为矩形波,与负载阻抗角无关,而交流侧电流波形和相位因负载阻抗角的不同而异,其波形接近三角波或接近正弦波。

当交流侧为感性负载时需提供无功功率,直流侧电容起缓冲无功能量的作用。为了给交流侧向直流侧反馈能量提供通道,各逆变器都并联了续流二极管。

逆变电路从直流侧向交流侧传送的功率是脉动的,因直流电压无脉动,故功率的脉动是由直流电流的脉动来体现的。

当电压型三相桥式逆变电路用于交—直—交变频器中且负载为电动机时,如果电动机工作在再生制动状态,就必须向交流电源反馈能量。因直流侧电压方向不能改变,所以只能靠改变直流电流的方向来实现,这就需要给交—直整流桥再反向并联一套逆变桥,或在整流侧采用四象限脉冲变流器。

（2）电流型逆变电路的基本原理

直流电源为电流源的逆变电路称为电流型逆变电路,它的特征是直流中间环节用电感作为储能元件,因大电感中的电流脉动很小,因此可近似看成直流电流源。

① 电流型单相桥式逆变电路。

如图 2-20 所示为电流型单相桥式逆变电路,采用并联谐振的典型电流型逆变电路,其输入电源为直流电压源,图中的电感 L_d 很大,使电流 I_d 近似恒流,这样对后面逆变桥来说就如同是电流源;负载为 PLC 并联揩振电路连接形式。逆变桥为 4 只晶闸管器件 $VT_1 \sim VT_4$ 组成,每一桥臂为一晶闸管和一限流电感串联而成;限流电感之间不存在互感,其自感量相等,它的作用是当晶闸管导通时,限制 $\mathrm{d}i/\mathrm{d}t$ 值不致超过允许值;电路工作时,桥臂 VT_1、VT_4 和 VT_2、VT_3 轮流导通,以在负载上获得交流电。

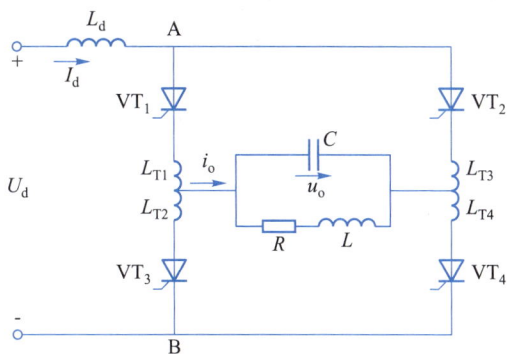

图 2-20　电流型单相桥式(并联谐振式)逆变电路

工作时,因逆变电路的工作频率接近负载电路的谐振频率,故负载电路对基波呈现高阻抗,而对其他高次谐波呈现低阻抗,谐波在负载电路上产生的压降很小,因此负载电压的波形接近正弦波。

② 电流型三相桥式逆变电路。

典型的电流型三相桥式逆变电路原理如图 2-21 所示,逆变电路的供电电源是电流源,图中的电感 L_d 很大,使电流 I_d 近似恒流;其负载采用星形接法;6 只 IGBT 器件 $VT_1 \sim VT_6$ 的驱动信号 u_c 彼此相差 $60°$。

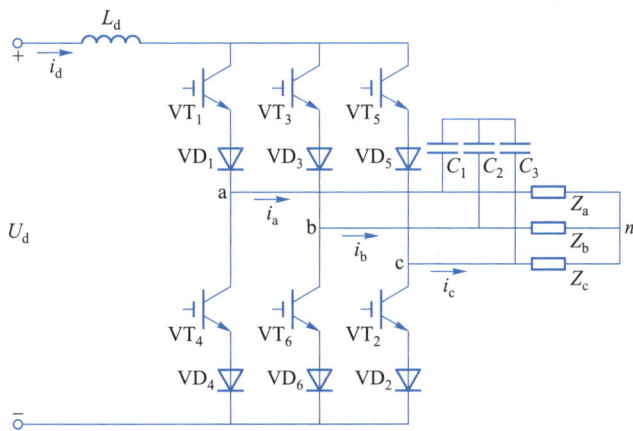

图 2-21　典型的电流型三相桥式逆变电路

这种电路属于 $120°$ 导电型,各 IGBT 器件在每个周期各导通 $120°$,在任何时刻都只有两只 IGBT 导通。在 $0° \leqslant \omega t \leqslant 6°$ 期间,VT_6、VT_1 导通,此后按 $VT_1 \sim VT_6$ 的顺序导通,则能获得如图 2-22 所示电流型三相逆变电路的驱动信号和电流的 (i_a, i_b, i_c) 波形。

电流型三相桥式逆变电路的负载可以是星形或三角形连接。当负载为星形接法时,已知三相电流 i_a, i_b, i_c 后,便可求得负载相电压,如 $u_{an} = Zi_a$,则线电压为

$$u_{ab} = u_{an} - u_{bn} = Z(i_a - i_b)$$

如图 2-20 所示电路中,只有当直流侧电感数值很大时才能构成一个电流源,使电源电流恒定;因此该电感的重量、体积都很大,这是电流型逆变电路应用不广泛的一个重要原因。

③ 电流型逆变电路的特点。

直流侧串联有大电感,直流侧电流基本无脉动。由于大电感抑流作用,直流回路呈现高阻抗,短路的危险性也比电压型逆变电路小得多。

电路中开关器件的作用仅是改变直流电流的流通路径，因此交流侧输出的电流为矩形波，与负载性质无关。而交流侧电压波形因负载阻抗角的不同而不同。

直流侧电感起缓冲无功能量的作用，因电流不能反向，故不必给开关器件反向并联二极管，电路相对电压型也较简单。

当负载为电动机时，可以很方便地实现再生制动。

2.3　缓冲电路的应用

缓冲电路(Snubber Circuit)又称吸收电路，它是电力电子器件一种重要的保护电路，不仅用于半控型器件的保护，而且在全控型器件(GTR/GTO/P-MOSFET/IGBT 等)的应用中也起着重要的作用。

在电力电子电路中，缓冲电路也用于改进电力电子器件导通和关断时刻所承受的电压、电流波形。通常电力电子装置中的电力电子器件都处于开关状态，器件的导通和关断都不是瞬时完成的。器件刚刚导通时，器件的等效阻抗大，如果器件电流很快上升，就会造成很大的导通损耗；同样器件接近于完全关断时，器件的电流还比较大，如果器件承受的电压迅速升高，也会造成很大的关断损耗。开关损耗会导致器件的发热甚至损坏，对于功率晶体管(GTR)，还可能导致器件发生二次击穿。实际电力电子电路中，还常由于二极管、晶闸管等的反向恢复电流而增大电力电子器件的导通电流，同时由于感性负载或导线的分布电感等原因还会造成器件关断时承受很高的感应电压。采用缓冲电路可以有效改善电力电子器件的开关工作条件。

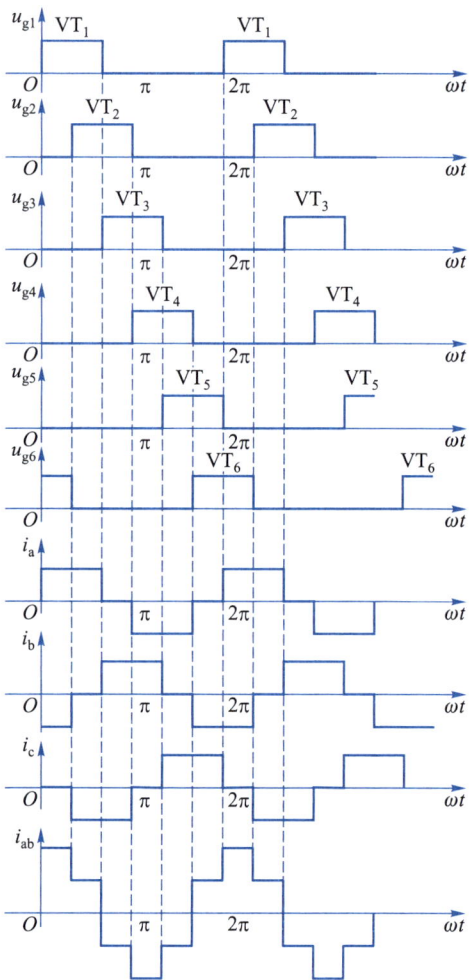

图 2-22　电流型三相逆变电路的驱动信号和电流波形

缓冲电路的基本工作原理是利用电感电流不能突变的特性抑制器件的电流上升率，利用电容电压不能突变的特性抑制器件的电压上升率。GTO 等全控型自关断器件在运行中必须配有导通和关断缓冲电路，但其作用与晶闸管的缓冲电路不同，电路结构也有差别。原因是全控型器件的工作频率要比晶闸管高得多，因此，导通与关断损耗是影响这种开关器件正常运行的重要因素。

缓冲电路的功能有抑制和吸收两个方面，如图 2-23 所示是以 GTO 为例的一种简单的缓冲电路。其中电感 L 与 GTO 串联，以抑制 GTO 导通时的电流上升率 $\dfrac{\mathrm{d}i}{\mathrm{d}t}$，电容 C 和二极管 VD 组成关断吸收电路，抑制

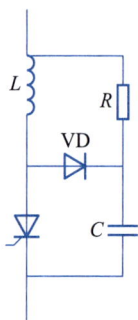

图 2-23　缓冲电路示例

GTO 关断时端电压的上升率$\dfrac{du}{dt}$，其中电阻 R 为电容 C 提供了放电通路。缓冲电路有多种形式，以适用于不同的器件和不同的电路。

2.4　电力变换电路在城轨车辆上的应用

城市轨道交通车辆接触网系统一般采用直流电源，我国牵引供电系统标准电压等级有两种，分别为直流 1 500 V 和直流 750 V。当电压为直流 1 500 V 时多采用架空接触网供电，受电弓集电，当电压为直流 750 V 时，一般采用接触轨供电，集电靴集电。根据牵引电动机的不同，城市轨道交通车辆主牵引传动系统可分为两大类：采用直流电动机的直流传动系统和采用交流电动机的交流传动系统。在直流传动系统中采用的变流技术主要是斩波调压控制，交流传动系统中用到的变流技术有主牵引传动系统中的 VVVF（Variable Voltage Variable Frequency）牵引逆变器调压调频以及辅助供电系统中的辅助逆变器和直流低压电源中的电源变换。下面介绍直流传动系统和交流传动系统中主牵引传动系统中用到的变流技术。

1. 直流牵引变流技术

城轨车辆的牵引电动机长期以来普遍采用直流牵引电动机，其控制方式有变阻控制和斩波调压控制，变阻控制在传统城市轨道车辆上普遍应用，虽然结构简单，但由于车辆频繁启动和制动，使约 20% 的电能消耗在电阻上，这种方式已被淘汰。斩波调压控制是指通过控制斩波器的导通与关断来改变牵引电动机端电压，实现车辆的调速，其控制电路如图 2-24 所示，CH 为由门极关断晶闸管组成的大功率斩波器。在该电路中，当开关闭合时负载两端电压为电源电压，当开关断开时，负载两端电压为零。若开关周期性的高速通断，则在负载两端得到一个脉冲序列电压。只要斩波开关切换速度足够快，则可认为电动机的转速是稳定的，且仅由电压平均值的大小来决定。此外，可以通过 KM 的切换，改变励磁磁场的方向，从而改变电动机的旋转方向，实现车辆的前进或后退；也可通过 KM 和 R 组成回路弱化励磁，实现辅助的升速功能。

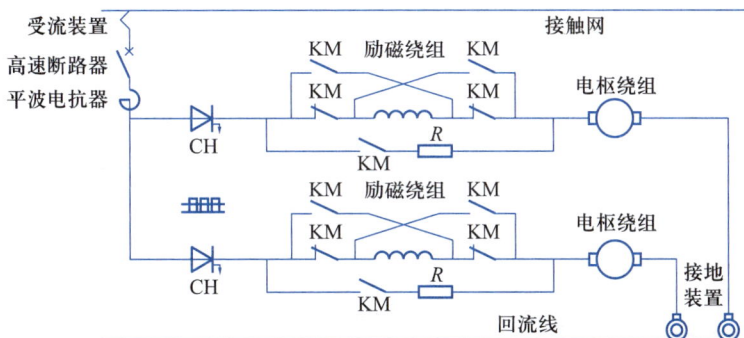

图 2-24　斩波调压控制电路

2. 交流牵引变流技术

直流牵引电动机具有良好的牵引制动性能，通过调节端电压和励磁，就可以方便地调速，但直流电动机由于有电刷和换向器，结构复杂，换向困难，易产生环火，电位条件恶化，造成电动机工作可靠性降低。随着科技的进步，尤其是电力电子器件制造技术的发展，全控型电力电子器件与功能强大的微处理器芯片陆续投入使用，可调压调频的逆变器（VVVF）成功解决了交流电动机的调速问题。交流异步电动机没有换向器,而且结构简单,工作可靠,防空转性能好,是一种较理想的牵引电动机,在城轨车辆上逐步取代了直流电动机。

VVVF 逆变器将直流电转换成频率和电压可调的三相交流电提供给交流电动机,如图 2-25 为 1C4M 单元车交流主传动系统原理电路图。电能传递路径为:接触网直流 1 500 V 通过受电弓 P、主熔断器 F、隔离开关 IES、高速断路器 HSCB、线路接触器 LIK 及逆变器给牵引电动机供电。其中牵引逆变器由 6 只 IGBT(VT$_1$~VT$_6$)及反并联二极管 VD$_9$~VD$_{14}$构成,是典型的电压型三相桥式逆变电路。在牵引工况将直流电变换为电压和频率可调的三相交流电供给牵引电动机,使交流电动机的转速可以平滑调节。当列车进行制动时,交流牵引电动机转变为发电机运行,产生三相交流电,逆变器将交流电整流为直流电反送回接触网,实现再生制动,若接触网电压过高或同一供电区段无其他车辆吸收反馈能量,则转为由 VT$_7$、VT$_8$ 及反并联二极管 VD$_{15}$、VD$_{16}$构成的斩波器进行电阻制动,通过斩波控制方式调节制动电流的大小,将能量消耗在制动电阻 DBZ 上,同时辅助承担过电压保护。其他环节包括:由接触器 CCK 与电阻 CCZ 构成充电限流环节,在电路接通的瞬间,首先闭合 CCK,待电容电压达到一定值后,再闭合线路接触器 LIK,将限流电阻 CCZ 短接,避免过大的充电电流冲击使滤波电容器受损;由晶闸管 V17、过电压保护电阻 FCZ 组成的"硬撬杠"保护环节,当直流环节发生过电压,经斩波器放电后仍不能消除时,晶闸管 V17 导通,直流电路通过 FCZ 放电,同时断开高速断路器 HSCB,避免接触网通过其形成持续放电。此外 R_C 是固定并联在滤波电容器 LFC 上的放电电阻;IES 是隔离/接地开关;CBR 为差动电流传感器,用以检测直流电路流入与流出的电流差,以检测接地等故障;SA 为浪涌吸收器(避雷器)。

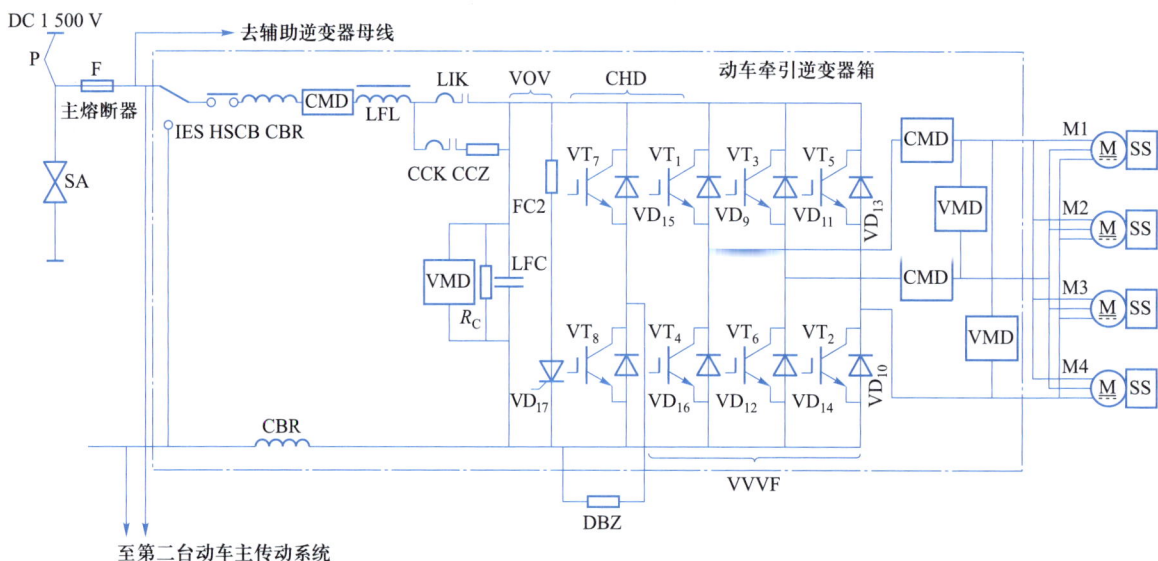

图 2-25　1C4M 单元车交流主传动系统原理电路图

任务实施

1. 小组讨论斩波电路的分类及工作原理,并分析斩波电路在城轨车辆中的应用。
2. 分组探讨逆变电路的分类及工作原理,并分析逆变电路在城轨车辆中的应用。

任务拓展

城市轨道交通车辆 PWM 控制技术

城市轨道交通车辆中逆变功能的实现主要采用大功率电力电子元件 IGBT,其中采用脉冲宽度调制(Pulse Width Modulation,PWM)高级矢量控制,通过输出电压的流量对输出电压进行控制,以便实现控制的灵活性,并具有自诊断功能。PWM 控制技术在直流—直流斩波电路和直流—交流逆变电路中发挥重要作用,取得了非常大的发展。

当 IGBT 等全控器件不断更新完善,逆变电路中的 PWM 控制技术已经被广泛应用,将已经在逆变电路中发展成熟的正弦脉宽调制(Space Vector Pulse Width Modulation,SPWM)技术(调制信号为正弦波)移植到整流电路当中,便形成了 PWM 整流电路的理论雏形。通过 PWM 技术对电路进行控制,从而获得电压稳定、输入电流功率因数大致为 1 的输入电流。此外,PWM 技术,还可能让电流进行双向流动。

在城市轨道交通中,由于车站间距较短,列车需要频繁而快速的启动、制动。在采用二极管整流的电路中,制动时,电压波动大,大部分能量不能反馈给电网,只能被接入的电阻转换成热能消耗,造成了非常严重的能源浪费。而 PWM 技术中,整流之后的直流电压稳定,在列车制动时,大部分能量能够被回馈到电网,节省能源。

任务评价

项目名称	城市轨道交通车辆控制系统电子电路认知	学生姓名	
任务名称	车辆电力变换电路控制应用	分值配比	考核得分
评价要点	1. 简要描述电源变换的四种形式	15	
	2. 阐述升降压斩波电路的结构及工作原理	25	
	3. 阐述三相桥式逆变电路的结构及工作原理	25	
	4. 简述逆变电路在城轨车辆中的应用	25	
	5. 简述斩波电路在城轨车辆中的应用	10	

学习心得

教师评价

教师签名:

任务 3　车辆继电器控制系统应用

任务导入

　　城市轨道交通车辆电气控制主要有两种,一种是传统的有触点继电器控制方式,它通过一系列接触器、继电器等器件的接通和断开来传递控制与检测信号,从而实现整车的控制,这种控制线路也称为继电器控制线路,这种控制技术成熟,应用比较广泛,如图 2-26 所示为城轨车辆电气柜。另外一种是无触点逻辑控制(LCU),可编程逻辑控制单元采用无触点技术方案,可完全替代车辆电气控制系统中继电器等触点部件,实现直接控制和驱动列车接触器和电控阀等。近年来,无触点逻辑控制技术发展迅速,多家地铁公司在技术改造过程中,采用 LCU 替代部分继电器,大大降低了日常维护成本,且故障率较低,如深圳地铁 1 号线 8 列车,2010—2012 年分批改造后投入运营,累计运行里程约 4.6×10^6 km,其中继电器替代范围超过 65%,原有电气故障率约为 2.9 次/(列×10^5 km),改造后的 LCU 正线故障频率为 0.17 次/(列×10^5 km),未对正线运营造成晚点指标影响,寿命周期维护成本下降(约 50 万/列)。此外,很多地铁新线直接采用 LCU 控制,如厦门地铁 3 号线,呼和浩特地铁 2 号线等。

图 2-26　城轨车辆电气柜

通过本任务的学习,需要达到的目标如下:① 了解城轨车辆电气控制的两种方式;② 掌握有触点继电器控制的特点及应用;③ 理解无触点逻辑控制的原理及特点。

知识准备

3.1   有触点继电器的应用

传统的城市轨道交通车辆的有触点继电器控制中,列车的信号传递、逻辑控制大多由继电器实现。如车门开关及锁闭状态、制动系统工作状态、受电弓升降控制、牵引回路控制及列车各低压服务系统的控制等都是由继电器来实现控制的。继电器在整车的控制电路中有着至关重要的作用,它的可靠性直接关系到整车的运行。

1. 继电器的参数

（1）额定工作电压

指继电器正常工作时线圈两端所需要接入的电压。继电器的应用环境不同,可以是交流也可以是直流,城市轨道交通车辆大多采用直流 110 V 或直流 24 V。

（2）吸合电流

指继电器产生吸合动作的最小电流。对于线圈所加的工作电压,一般不超过额定工作电压的 1.5 倍,否则会产生较大的电流而把线圈烧毁。

（3）释放电流

指继电器产生释放动作的最大电流。当继电器吸合状态的电流减小到一定程度,继电器就会恢复到未通电的释放状态。

（4）触点切换电压和电流

指继电器运行加载的电压和电流。它决定了继电器能控制电压和电流的大小,使用时不能超过此值,否则很容易损坏继电器的触点。

（5）额定负载

指在规定的动作次数(寿命)内、在规定的动作频率下,触点所能切换的纯阻性负载的大小。

2. 城轨车辆继电器特点

（1）继电器使用环境恶劣

由于列车设备安装空间有限,且继电器数量较多,所以厂家一般将继电器密贴安装,也就不利于散热;同时电气柜处于非密封环境,容易积累灰尘。这两方面导致继电器使用环境较为恶劣。

（2）继电器工况恶劣

列车继电器应用于不同的控制电路,动作条件不一样:有的动作频繁,最高可达 300 次/天;有的线圈得电时间长,最长得电保持时间可达 16 h。动作越频繁或得电时间越长的继电器,工作状态恶劣,故障率也往往高于其他的继电器。

（3）低压回路特性

① 电压:线圈断电会产生很大的反峰电压,如果抑制二极管未安装好,触点上通过的直流电弧时间会延长,易产生界面膜电阻,导致触点导电性能降低,甚至烧结。

② 电流:触点通过的电流并不是越小越可靠,电流小于 100 mA,电弧作用明显减弱,膜电阻

较难击穿,易出现"低电平失效"。若通过继电器的电流较小,尤其动作频次低的继电器的动合触点,电弧冲击次数少,触点表面"又黑又厚",是故障高发点。

③ 负载类型:低负载时主要存在接触不良的问题,高负载时主要存在电弧放电造成触点熔结等故障。不同的负载电流通断时候产生的浪涌电流大小也不同。变压器、电动机、照明等的负载中有较大的冲击电流流通,因此常有触点熔化事故发生。

3. 城轨车辆继电器选型注意事项

面对纷繁复杂的现代继电器产品,如何合理选择、正确使用,是降低继电器故障率的关键,也是直接影响应用设备性能与实用可靠性的至关重要的环节。

（1）参数选型

① 额定工作电压的选择:继电器额定工作电压是继电器最主要的一项技术参数。在使用继电器时,应该首先考虑所在电路(即继电器线圈所在的电路)的工作电压,继电器的额定工作电压应等于所在电路的工作电压。注意,所在电路的工作电压千万不能超过继电器的额定工作电压,否则继电器线圈会烧毁。

② 触点负载的选择:触点负载是指触点的承受能力。继电器的触点在转换时可承受一定的电压和电流,所以在使用继电器时,应考虑加在触点上的电压和通过触点的电流不能超过该继电器的触点负载能力。例如,有一继电器的触点负载为直流 110 V×1 A,表明该继电器触点只能工作在直流电压为 110 V、电流为 1 A 的电路上,超过 110 V 或 1 A,会影响继电器的正常使用,甚至烧毁触点。

（2）继电器动作时间的选型

继电器的动作时间也非常关键,例如,地铁车辆控制系统中要求响应迅速。关于低压继电器、断路器、接触器的动作响应时间,达到先进水平小于 20 ms。如果动作响应时间大于 20 ms,在多个继电器顺序切换中就会出现逻辑顺序紊乱的情况,特别是共用同一个动触点的动断、动合来分别断开一个电路、接通另一个电路的时候,常常出现一个电路还没来得及完全断开,另一个电路已经闭合的情况;有时如果上述两个电路同时闭合时,可能会出现严重的短路事故。

（3）根据负载情况选择继电器触点的种类和容量

国内外长期实践证明,约 70% 的继电器故障发生在触点上,足见正确选择和使用继电器触点非常重要。根据负载容量大小和负载性质(阻性、感性、容性)确定参数十分重要。一般情况,继电器切换负荷在额定电压下,电流大于 100 mA 时,小于额定电流的 75% 最好。电流小于 100 mA 会使触点积碳增加,可靠性下降,故 100 mA 称作试验电流,是国内外专业标准对继电器生产厂工艺条件和水平的考核内容。由于一般继电器不具备低电平切换能力,用于切换 50 mV、50 μA 以下负荷的继电器,必要时应请继电器生产厂协助选型。

4. 车辆继电器维护措施

通过上述的继电器使用情况,可以看出列车继电器的检修仅靠简单的检查是不够的,还需要一定的维护措施:

① 定期对关键继电器进行仔细的检查,对继电器的运行情况进行仔细的核实,并且对继电器的外观以及接线开展全面的普查工作。

② 定期对继电器及继电器箱体中的灰尘进行清理。

③ 根据继电器的故障情况分析,继电器动作次数越多,故障发生的概率越高。结合实际使用情况以及重要性进行分析,对关键继电器进行定期维护和更换。

④ 选用合适的新型继电器,使继电器额定值与电路中电流值相当,通过继电器自身通断产生的电弧,击穿触点产生的氧化膜,使触点阻值稳定,充分利用继电器本身的"自洁"功能。

继电器在列车控制回路上的作用目前还无法被完全替代,在将来亦会继续起着重要作用,因此工作人员应该定期对继电器开展检查和维护工作,进一步地延长继电器的使用寿命,从而有效地提升车辆运行的效率。

3.2 无触点逻辑控制技术的应用

微课
无触点逻辑控制系统认知

地铁车辆控制电路是车辆电气控制系统的核心电路,在控制过程及信息传递中,其各项功能多是由柜内大量的时间继电器、中间继电器等有触点控制方案的继电器来完成的。有触点继电器控制方案具有故障率高、可靠性低、布线与接线复杂、维护难度大等缺点,因继电器卡滞、抖动、接触不良等偶发性部件故障导致的列车故障,在出库检查时也极难发现,且在故障发生后,列车进行回库检查时,很难进行故障重现,因此引发的晚点、清客事故也越来越多,从而大大影响了车辆运营和维护效率,急需针对所存在的问题研发新一代产品,以降低电气控制故障率。

随着电力电子技术的迅猛发展,近年来无触点逻辑控制技术日渐成熟且广泛应用,从根本上解决了有触点继电器控制的诸多问题。地铁列车无触点逻辑控制单元(Metro Logic Control Unit,LCU)采用无触点式可编程控制技术,通过计算机控制单元的软件实现车辆各种电器的逻辑联锁关系,并利用电力电子器件代替继电器,直接驱动和控制外部负载,保证各种控制命令的执行,从根本上解决继电器卡滞、接触不良、延迟响应等缺陷,更好地保障列车的安全运行。其外观如图 2-27 所示。

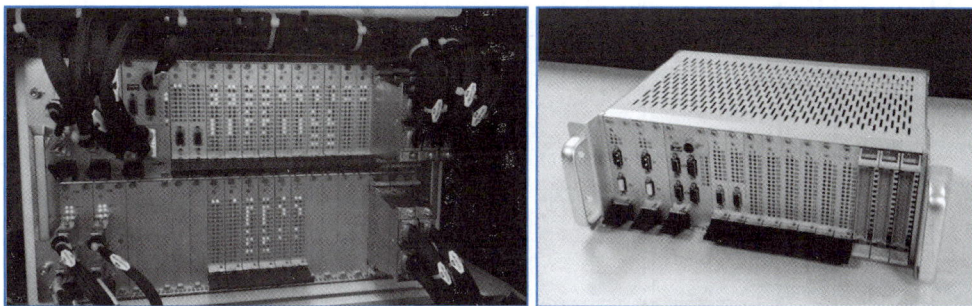

图 2-27 LCU 外观图

1. LCU 系统架构设计

LCU 基本结构由主控板、I/O 板、电源板、MVB 通信板、以太网通信板、CAN 通信板、接口板及 GIO 板组成,如图 2-28 所示。LCU 的 A、B 组为两套硬件完全一致的主控板、I/O 板、电源板,内部网络通信采用冗余设计。如图 2-29 所示为 LCU 系统架构设计示意图,如图 2-30 所示为 LCU 电气结构示意图。

电源板将列车直流 110 V 转换为各板卡的直流 5 V 工作电源。

主控板是 LCU 系统运行的核心。LCU 有 A、B 两组互为冗余的主控板,能够完成 LCU 逻辑运算、逻辑延时、自诊断及自恢复、工作组控制及切换等逻辑控制功能。

I/O 板实现 LCU 装置逻辑输入采集、逻辑输出驱动、通道电路自检等功能。

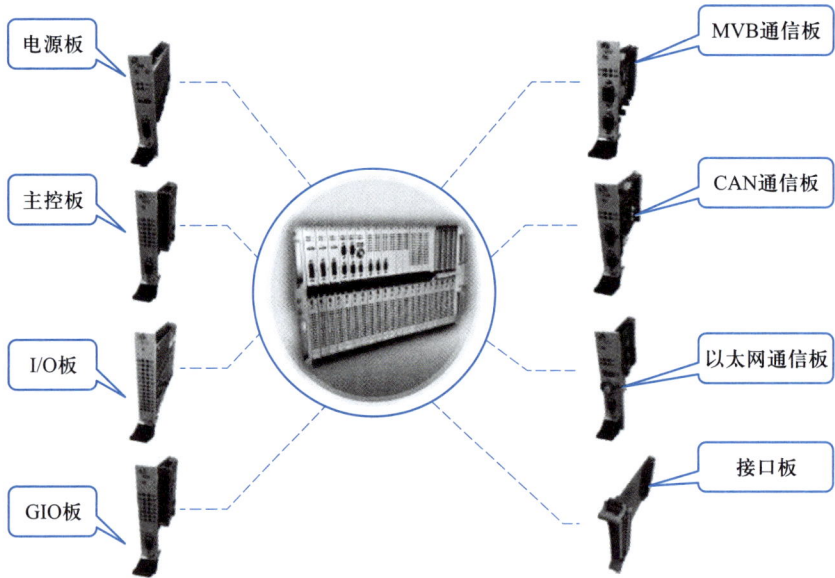

图 2-28　LCU 结构图

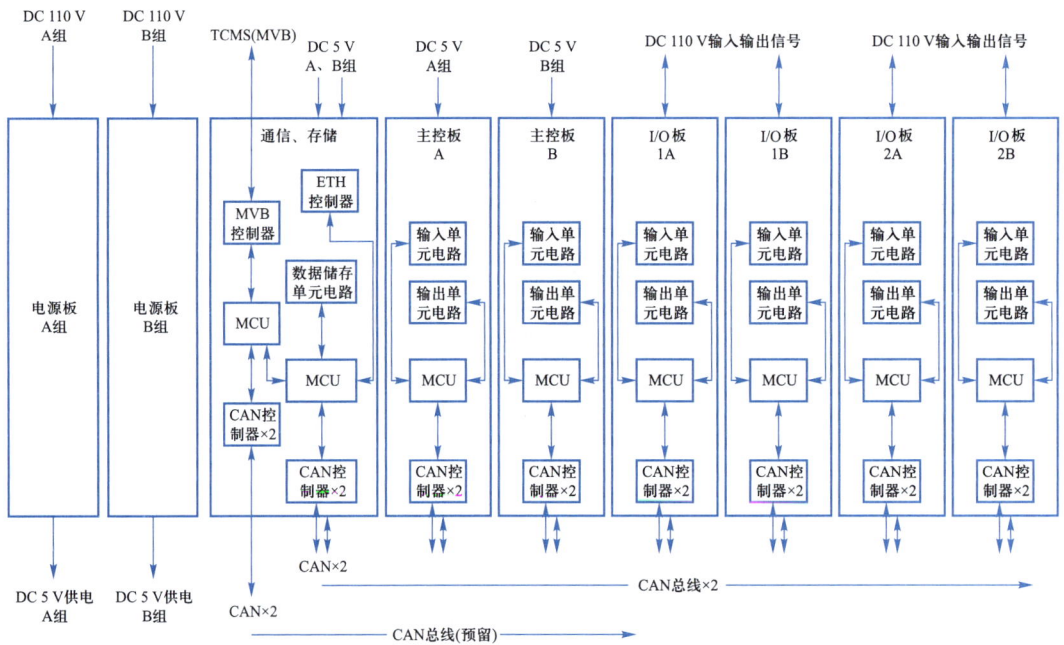

图 2-29　LCU 系统架构设计示意图

MVB 通信板实现 LCU 装置与列车 TCMS(列车控制和管理系统)的数据交互。

CAN 通信板实现 LCU 装置间的数据交互。

以太网通信板实现 LCU 装置与列车信息服务网络云平台的数据交互,并实现通过 U 盘完成数据转储功能。

接口板实现将各输入、输出信号转接到机箱外部连接器。

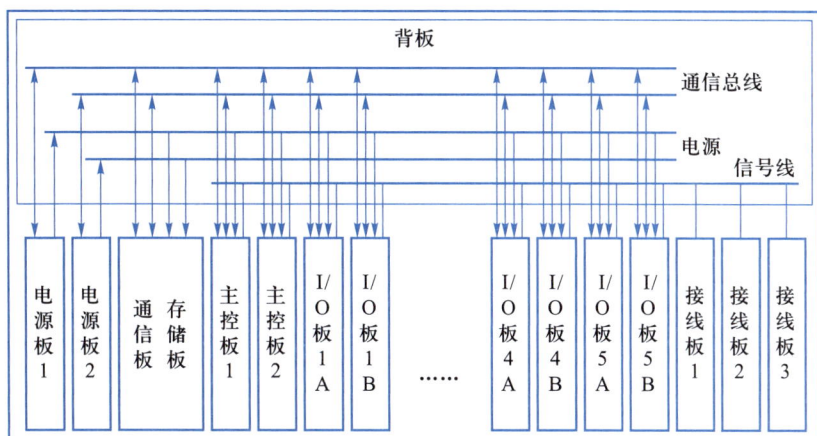

图 2-30　LCU 电气结构示意图

GIO 板实现 LCU 装置逻辑输出驱动、通道电路自检等功能。

2. LCU 机械结构介绍

目前 LCU 具备两种规格的设备:一种采用标准 6U(U 为装载量度,1U = 44.45 mm)机箱尺寸值进行设计,整机尺寸如图 2-31 所示:435.86 mm×215 mm×265.2 mm(长×宽×高);另一种采用标准 3U 机箱尺寸值进行设计,整机尺寸:354.57 mm×215 mm×132.60 mm(长×宽×高)。

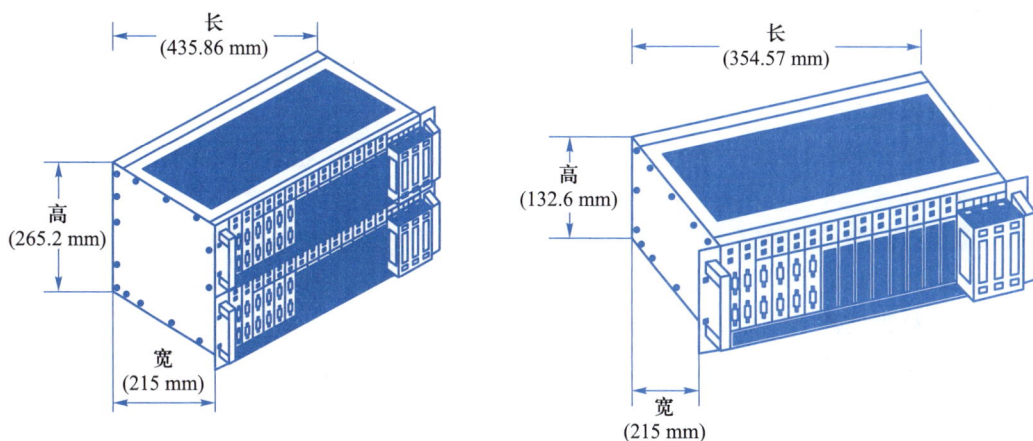

图 2-31　LCU 整机尺寸

3. LCU 工作条件和技术参数

① 工作环境温度范围为-25~70 ℃;

② 工作最高海拔高度为 2 000IYl;

③ 存储温度范围为-40~85 ℃;

④ 采用自然冷却散热方式;

⑤ 考虑电气柜铝合金框架的承载能力,最大质量小于 20 kg;

⑥ 尺寸不得超出电气柜框架尺寸,安全尺寸应控制在小于 480 mm×250 mm×300 mm 的框架内;

⑦ 系统电源为直流 110 V(允许波动范围为-30%~+25%),功耗≤100 W;

⑧ LCU 设备提供的输入点位数及输出点位数应大于改造所需的实际数量,且预留有一定的额外接口;

⑨ LCU 采用模块化设计,具有电源冗余、功能插件冗余、网络冗余的特点。

4. LCU 功能特点

LCU 在整车中,负责采集司机控制器(司控器)、按键开关、隔离开关、接触器辅助触点等 110V 的信号,经过逻辑运算后,输出驱动车辆各类负载,完成指定的时序控制功能。此外,LCU 系统具备故障自诊断、故障定位以及切换、日志记录以及离线数据分析等功能。LCU 具备的功能特点如下:

(1) 逻辑功能

逻辑控制装置通过硬件与软件结合的方式,具备完全可编程定时、延时功能,能够完全替代原控制电路中时间继电器、中间继电器等有触点控制器件所构成的时序电路。

(2) 通信功能

LCU 系统支持 MVB、ETH、CAN 等列车网络功能。此外,还可根据不同的网络需求,适配不同的网络接口。

(3) 自诊断功能

LCU 具备自诊断功能,能够实时检测自身的输入输出通道,电源、通信模块以及关键器件的工作状态,同时在面板指示灯及司机室 HMI 上显示。

(4) 热备冗余功能

系统采用单板热备冗余设计,对电源板,主控板、I/O 板卡进行冗余设计,冗余板卡在任意单点故障后可实现单板的无缝切换,不会出现列车相关功能缺失;单板切换时间小于继电器动作时间。

(5) 切换功能

系统上电可根据单双日 A、B 板卡轮流升主或默认 A 板长期为主,也支持强制切换 A、B 组功能。

(6) 保护功能

当负载出现短路或过载时,输出通道能够立即保护,并自动断开该路输出,当短路或过载消失后,能够自动恢复;电源模块具备过欠压保护、过流保护以及短路保护功能。

(7) 实时处理功能

LCU 任何输入至输出响应延迟时间不超过 30 ms。

(8) 事件记录功能

系统能记录所有输入输出通道的状态变化及故障状态数据,作为 TCMS 系统事件记录仪记录变量的补充。记录日志数据可达到 12 万条,故障数据可达 2 000 条,记录间隔时间的分辨率为 2 ms,所有记录数据均可通过通信网络进行下载分析。

(9) 应用逻辑开发

应用逻辑二次开发基于德国科维平台的 PLC 应用逻辑开发,完全符合 IEC 61131-3 标准,支持在线监控、离线仿真及单步调试。

(10) PTU 维护软件

LCU 专用的 PTU 维护软件,进行日志数据下载及离线分析,可支持历史 I/O 时序分析、故障分析。

5. LCU 替代继电器的原则

根据 LCU 自身特性及列车技术特点,并基于安全性及可靠性考量,LCU 替代继电器的原则建议如下：

可以完全替代用于逻辑控制和驱动的中间继电器和延时继电器有：

① 受电弓、高速断路器控制电路；

② 方向控制指令电路；

③ 牵引（含使能）/制动指令控制电路；

④ 开关门控制指令及监视回路；

⑤ 列车零速信号驱动电路。

暂不替代的继电器有：

① 受激活机制限制，蓄电池激活电路；

② 受输出容量限制，大电流负载电路；

③ 受信号系统安全等级限制，ATP 相关电路；

④ 鉴于 LCU 为新兴技术，紧急制动环路。

6. LCU 优点

综上所述，无触点逻辑控制技术就是通过可编程逻辑控制单元的软件逻辑来替代传统的继电器构架逻辑对列车进行控制。LCU 与传统继电器控制相比具有以下优点：

（1）具有自诊断功能

方便了故障的查找，对于重要信息可直接纳入列车控制和管理系统（TCMS）管理，减少了列车日常维护工作量与难度。

（2）可靠性较高

为了系统的可靠性，可以在一趟列车上布置两套完全冗余的 LCU 单元，通过旋钮进行切换，也可以通过看门狗软件的方式自动进行切换。

（3）节约安装空间

LCU 安装在司机室电气柜中，安装空间更节约，为其他新技术产品应用提供了安装空间。

（4）设计便利

LCU 的硬件结构可以采用通用型模块设计，可根据不同对象进行组合和扩展，以满足不同的控制要求，具有很大的灵活性和扩展性。由于计算机所具有的数据处理能力和逻辑判断功能，使得原来难以实现的车辆有触点控制电路的故障诊断变得相对简单。利用软件编程来完成逻辑控制任务，一旦需要进行逻辑变更，可以方便快速地修改软件来变更车辆的控制逻辑，从而满足控制要求。

（5）节约能源

按常规替代方案计算，每趟列车每年可节约电能消耗 3 800 度以上，进一步提升了车辆的节能、绿色、环保性能。

（6）使用寿命长

LCU 使用寿命可为 15～18 年，约为目前常规使用的继电器寿命的 3 倍。经初步计算，在整车 30 年全寿命周期中，结合其节约的电能和更换频率，与继电器相比，节约的费用，能够基本抵消其前期采购费用。

（7）维护方便

逻辑控制单元本身具有外部连线少、可靠性高、抗干扰性能好、逻辑功能强、功耗低、速度快、精度高等特点。LCU 可以通过网络将故障数据在车辆的车载计算机控制系统显示屏上进行显示,并通过维护端口下载数据,极大地方便了司机和维护人员判断故障,可及时采取相应措施,迅速排除故障。

（8）布线工程设计简便

由于取消了继电器,可以大量减少车辆的布线工作,检验维修时,对于电路的分析也变得十分简单。

（9）网络通信方便

传统的继电器电路与其他系统或者中央控制系统之间,基本上都是通过系统的I/O口进行通信,而LCU本身具有网络端口,可以直接通过网络通信与其他系统进行信号互通。

近年来,LCU凭借其高可靠性及高冗余性,在车辆新线项目及技改项目中的应用越来越广泛。然而作为车辆控制的新兴技术,无论是在应用经验沉淀上还是安全等级认证上,LCU仍存在一定的欠缺,其并不能完全替代原有的基于继电器应用的车辆控制技术。

任务实施

1. 小组讨论继电器在城轨车辆中的应用,简述继电器的特点及维护等。

2. 分组探讨无触点逻辑控制在城轨车辆中的应用,分析其结构特点、工作原理等。

任务拓展

LCU 与继电器的应用对比

无触点逻辑控制单元LCU具有更高的可靠性、更长的使用寿命,在维护、故障查找方面相比触点继电器也具有更大的优势,可更好地保障地铁列车的安全运行。LCU与继电器的对比表见表2-3。

表 2-3 LCU 与继电器的对比表

特点	LCU	继电器
成本	一次性购置成本高,一节车成本约为3.5万元,6节车编组车辆成本约为21万元	继电器按照均价每个700元计算,6编组列车约230个,购置成本约为16.1万元
维护	系统稳定性相对高,寿命周期约为10年	稳定性较差,约3~4年需更换
设计	需按照电路逻辑图进行软件编写	不需编制软件
故障诊断	具有故障自诊断能力	不具有故障自诊断能力

以已经装车应用多年的深圳地铁5号线为例,其中以下表格中继电器的可靠性数据采自行业里使用量较大的继电器的一般数据。

系统失效率＝∑（不同类型的机箱失效率×相应机箱类型组数）

则深圳地铁5号线LCU系统失效率＝6U失效率×2+3U失效率×4,见表2-4。

表 2-4　深圳地铁 5 号线 LCU MTBF 值

设备类型	数量	冗余失效率/(10^{-6}/h)	冗余 MTBF/h
3U	4	2.51E+00	397 865.523 1
6U	2	5.02E+00	199 068.333
5 号线整列 LCU 系统		2.01E+01	49 750.131 04

即深圳地铁 5 号线整车采用 LCU 时,LCU 系统平均故障率间隔时间 MTBF 值为 49 750.131 04h,见表 2-5。

表 2-5　继电器系统 MTBF 值

整列车被替换的继电器用量	通用失效率/(10^{-6}/h)	通用质量系数	继电器失效率/(10^{-4}/h)	MTBF/h
142	5.735	0.3	244.311	4 093.143 575

备注:继电器失效率=整列车被替换的继电器用量×通用失效率×通用质量系数

即深圳地铁 5 号线整车采用继电器时,继电器组的平均故障率间隔时间 MTBF 值为 4 093.143 575。

由以上对比可以看出,采用无触点逻辑控制单元 LCU 可以极大地提高列车运行可靠性。

任务评价

项目名称	城市轨道交通车辆控制系统电子电路认知	学生姓名	
任务名称	车辆继电器控制系统应用	分值配比	考核得分
评价要点	1. 简要叙述车辆电气控制的两种方式	25	
	2. 阐述继电器控制的特点	25	
	3. 说出继电器选型注意事项	15	
	4. 简述 LCU 的定义及结构	10	
	5. 对比分析有触点继电器控制与无触点逻辑控制的优缺点	25	

学习心得

教师评价

教师签名:

任务 4　车辆电气原理图识读

任务导入

车辆电气原理图简称电路图,它是按工作顺序用图形符号从上而下、从左到右排列的,详细表示系统或设备之间的电气关系,而不考虑其实际位置、外形结构及尺寸的一种简图,目的是更直观地理解电气系统的工作原理以及工作过程。城市轨道交通车辆的电气原理图数目繁多,结构复杂,作为城市轨道交通车辆驾驶和检修人员,首先应该看懂电气原理图,进一步要能分析、判断和处理电气线路常见故障,从而做到正确地维护车辆。

通过本任务的学习,需要达到的目标如下:① 了解城轨车辆电气原理图;② 掌握电路图识读要点;③ 会分析简单的电路图。

知识准备

微课
列车电气控
制图识读

4.1　电路图识读

1. 功能组标注

在城市轨道交通车辆电路图中,一般分为九类电路,为了区分不同电路,通常采用两位数字编号进行分类,见表2-6。

表 2-6　城市轨道交通车辆控制系统电路图功能组编号

数字编号	电路类型	数字编号	电路类型
10	主电路(高压电路)	60	空调电路
20	牵引/制动控制电路	70	辅助设备电路
30	辅助电路	80	车门控制电路
40	检测和信息电路	90	特殊设备电路
50	照明电路		

说明:① 若某一类电路中包含子系统,则第一位数字仍用该数字表示,第二位由1~9九位数字依次选择。例如,"30"表示辅助电路,而辅助电路中有辅助电源及低压电源等,则用"31"表示辅助电源箱,"32"表示低压电源,以此类推;

② 为防止出现漏数字、模糊不清等情况用"="或"+"表示起始位置。例如,照明电路分为内部照明和外部照明,则用"=51"表示内部照明,"=52"表示外部照明。

2. 设备及元器件的标注

城市轨道交通车辆设备和元器件的标注采用流水号的标注方法。一般为三位,由数字与字母组合而成,第一位是数字,表示电路类型;第二位是字母,表示设备及元器件类型,常用文字标准符号见表2-7,列出了电路设备及元器件常用符号的含义;第三位是数字,表示该设备及元器件的序号。

表 2-7　常用文字标准符号

文字符号	说明	文字符号	说明
A	主控制器	K	接触器、继电器
C	电容器	V	电子管、晶体管
M	电动机	S	按钮和转换开关
F	保护器件	Y	车钩电气接线盒
G	发电机、发生器、电源	R	电阻
B	传感器	H	指示灯

例如,主控制器 2K01,其中

"2"——器件属于牵引/制动控制电路;

"K"——接触器/继电器;

"01"——该类器件的第一个设备。

3. 导线号的标注

导线号的标注采用等电位原则:即回路中连于一点的所有导线,具有相同电位被标以相同的线号,而被线圈、绕组、触点或电阻等元件(或部件)所隔的线段则视为不同的线段标以不同的线号。导线线号采用五位或者六位数字标注,对于五位的线号,第一位数字表示电路类型,第二、第三位表示该类电路的第几张图样,最后两位表示该导线的标号;对于六位的线号表达,往往是第一、第二位表示电路类型,其余与五位线号表式法一样。

4. 设备联锁及元器件位置、导线的来源与去向标注

用带括号的五位数字标注,前两位表示其所在电路的类型,第二、第三位表示处于该类电路的第几张图样,最后一位表示其处在该张图样的第几区。

5. 电气联锁标注

城市轨道交通车辆电路元件的联锁及接触器的主触头的画法仍采用"左开右闭,上开下闭"的方法表示,用两位数字标注,第一位表示联锁顺序;第二位则成对出现,"1、2"表示常闭联锁的两个节点,"3、4"表示常开联锁的两个节点。

6. 车钩装置的触点标注

自动车钩与永久车钩不同,永久车钩采用弹性触点连接形式,自动车钩为了保证可靠连接采用弹性触点并联连接形式。如图 2-32 所示的 9Y06 为 C 车 2 位端车钩电气接线盒的连接,63 和 64 为不可伸缩触点,263 和 264 为可伸缩弹性触点,在另一单元的 C 车 2 位端车钩电气接线盒与之相连接的分别是可伸缩触点和不可伸缩触点,这样保证过曲线时每对触点都能够可靠连接。

7. 电路图的分区

为了查找方便,城市轨道交通车辆电路图采用平面坐标形式定位。横向用数字"1、2、3、4、5、6、7、8"均分,纵向用字母"A、B、C、D、E、F"均分。

图 2-32　车钩触点

8. 标题栏

为了方便识读,每张电路图都有标题栏,用于说明电路的类型、代号和页码等,具体如图 2-33 所示。主照明控制为该类电路名称,B2 为车辆类型;=52 为该类电路功能说明。

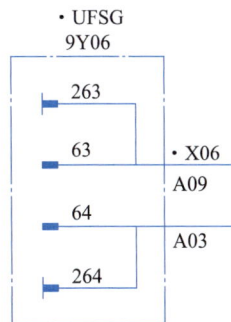

车辆电气原理图	主照明控制	=B2	=52	第 02 页
	主照明控制			共 18 页
5	6	7	8	

图 2-33　标题栏说明

4.2　常用电气设备及符号说明

　　在城市轨道交通车辆控制线路中,需要用到大量电气元器件,如继电器、电磁阀、各类开关按钮等,为便于识图,将常用图形符号汇总,见表 2-8。

表 2-8　常用图形符号

图形符号	说明	图形符号	说明
==	直流电源	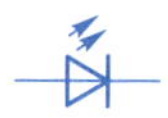	发光二极管
∼	交流电源		直流电源
	接地	•	导线连接点
	接机壳或底板		插座或插座的一个极
	电容器		插头
M	直流电动机		电阻
	电感器		双绕组变压器
	接触器、继电器线圈	G	交流发电机
	熔断器	 MS 3∼	三相交流电动机
	常开按钮开关		常闭按钮开关

4.3　电路图绘制的原则

① 所有接触元件和联锁触头的通断状态对应于无电状态。

② 断路器、负荷开关和隔离开关处于断开位置。

③ 司机控制器在零位,控制切除开关在断位。

④ 按键开关、按钮开关处于断开状态。

⑤ 自动开关处于断开状态。

⑥ 故障、备用、报警等开关处在规定位置。

4.4　电路图的识读方法

在城市轨道交通中,广泛采用有触点电路控制方式,其特点是通过一系列继电器、接触器等有触点器件的导通和断开来传递控制与检测信号,从而实现整车的控制。因此,在掌握常用电气符号的基础上,学会识读电路图的基本方法,才能在实际工作中迅速、正确地进行安装、接线和调试及故障处理。

1. 基本原则

化整为零、顺藤摸瓜、集零为整、安全保护、全面检查。

2. 分析方法与步骤

（1）读标题栏

拿到一张电路图首先要读标题栏,了解该张电路图讲的是哪一类电路中的什么系统,具体到该系统中的哪一页,如图 2-34 所示为前照灯/标志灯/运行灯控制电路的第一页,"= 51"表示照明电路中的外部照明。

（2）采用化整为零的原则分析电路

将整张电路图分为头灯、尾灯、运行灯三部分,从电源开始,自上而下,自左而右,逐一分析其导通与断开关系。首先找到电源线,为"320452",其中"32"表示低压电源,"04"表示第四页,"52"为导线序号,电源线来源标注为"= 32/04.5",其中"= 32"表示低压电源,"04"表示第四页,"5"表示第四页的第五区。然后运用"顺藤摸瓜"的原则,从电源和主令信号开始,经过逻辑判断,当驾驶室激活,方式方向手柄打到向前位,则"= 22-K111"继电器的常开联锁 13/14 闭合、常闭联锁 31/32 断开,头灯选择明位,则头灯明继电器线圈得电,即"= 51-K101"得电,其常开联锁 1/2 闭合,直流 110V 电源正极经电源变换装置"= 51/G01""= 51-K102"常开联锁 1/2 接通左侧远光灯(右侧同理),与此同时,白色运行灯也被接通,电流流向如图 2-35 所示中彩色线。

另一端驾驶室没有被激活,则"= 22-K151"继电器常闭联锁 61/62 闭合,接通列车尾端左右两侧红色运行灯及尾灯(右侧同理),电流流向如图 2-36 所示中彩色线。

（3）分析联锁与保护环节

城轨车辆电气系统对于安全性、可靠性有很高的要求,要想满足这些要求,除了合理地选择控制方案外,还在控制线路中设置了一系列电气保护和必要的电气联锁。在分析电气控制原理图的过程中,电气联锁与电气保护环节是一项重要内容,不能遗漏。

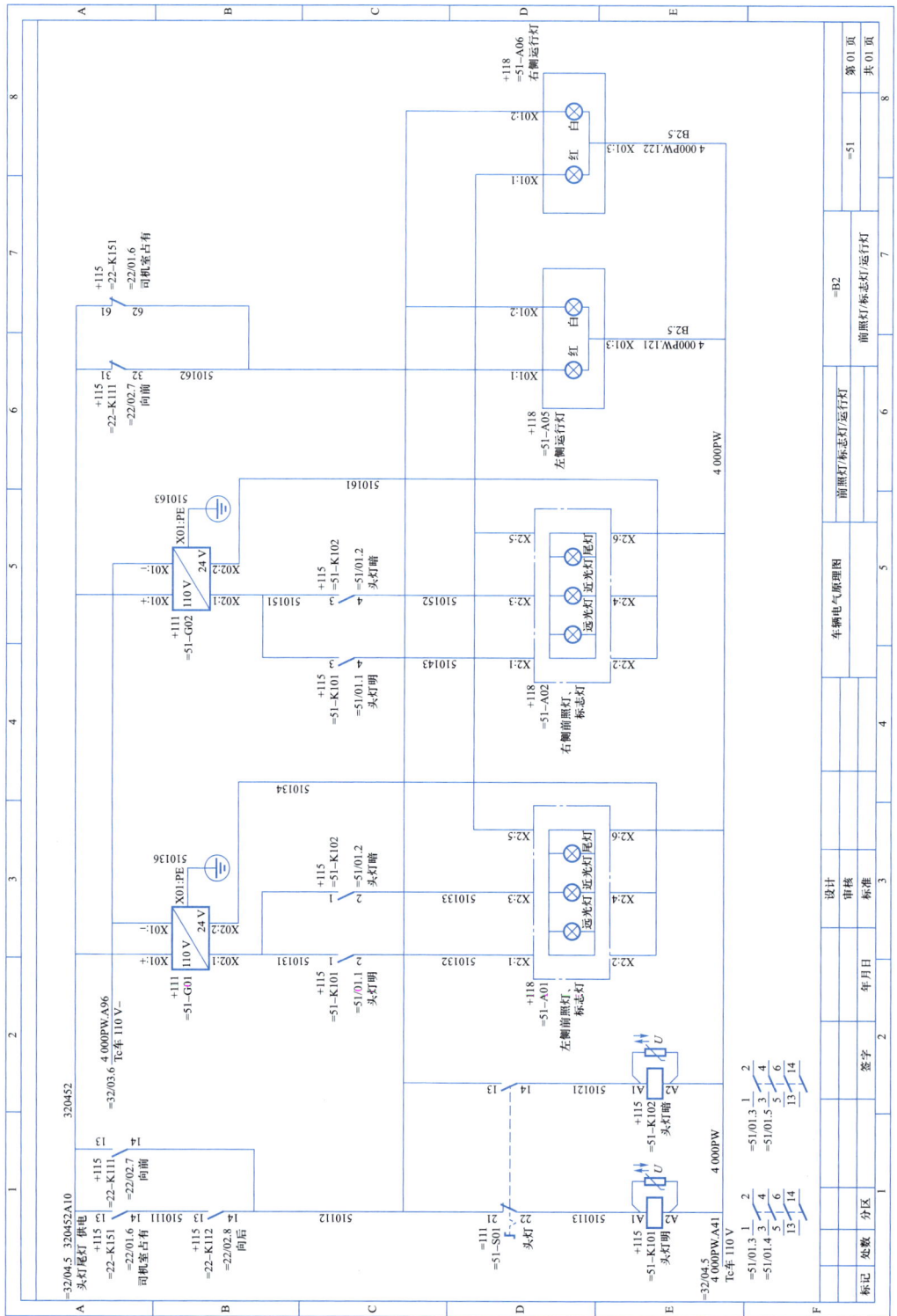

图 2-34 前照灯/标志灯/运行灯控制电路

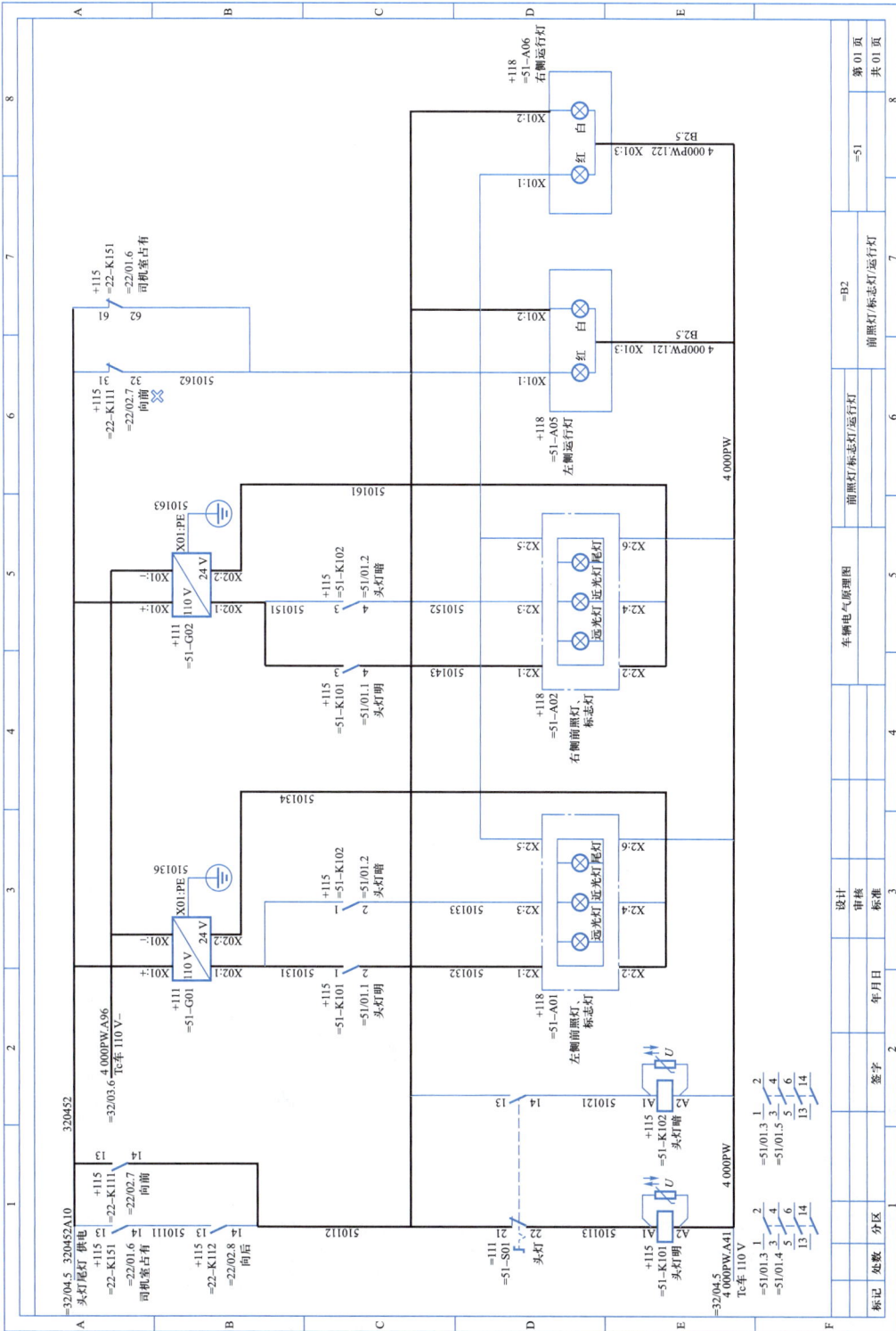

图 2-35　前照灯/标志灯/运行灯控制电路原理分析图

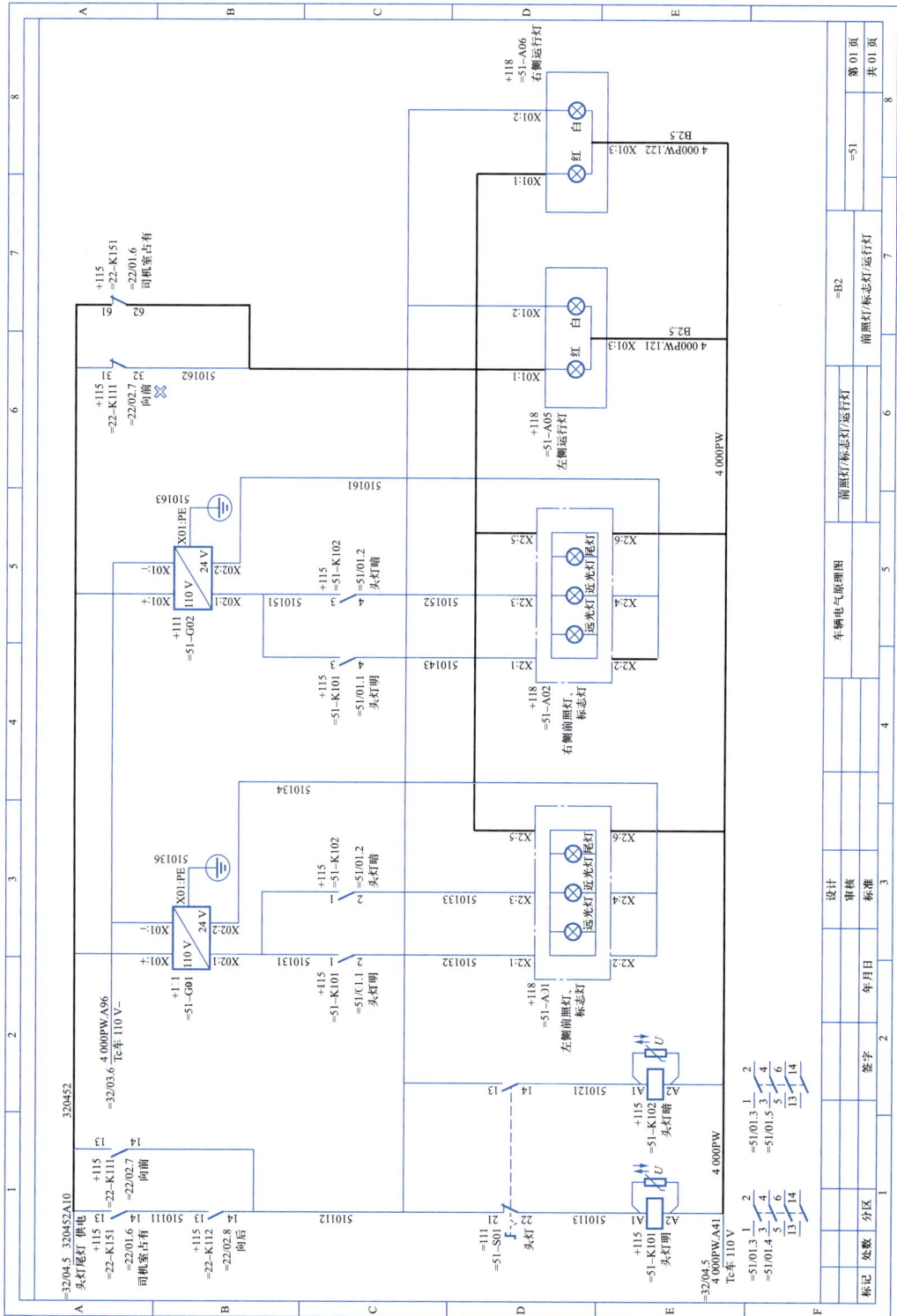

图 2-36　前照灯/标志灯/运行灯控制电路原理分析图

（4）总体检查

经过"化整为零"，逐步分析了每一局部电路的工作原理以及各部分之间的控制关系之后，还必须用"集零为整"的方法检查整个控制线路，看是否有遗漏。特别要从整体角度去进一步检查和理解各控制环节之间的联系，以达到正确理解原理图中每一个电气元器件的作用。由于城轨车辆电气原理图较复杂，看图难度较大，在遵循以上原则识读的基础上，还应按照由简到繁、由易到难、由粗到细的步骤分步看图，直到完全搞清楚为止。

任务实施

1. 小组讨论车辆电气原理图的识读要点。
2. 分组探讨电路图的识图方法。

任务拓展

请分析列车激活唤醒控制电路，练习电路图的识读。

任务评价

项目名称	城市轨道交通车辆控制系统电子电路认知		学生姓名	
任务名称	车辆电气原理图识读		分值配比	考核得分
评价要点	1. 简要描述电气原理图的定义及特点		15	
	2. 阐述电路图识读要点		25	
	3. 说出绘制电路图的原则		15	
	4. 写出常用电气设备及其符号		25	
	5. 试着分析激活控制电路原理		20	

学习心得

教师评价

教师签名：

历史人物

牢记报国之志　彰显家国情怀

中国铁路之父——詹天佑

一个世纪前,在祖国惨遭践踏、国人备受欺凌的时代,他用钢的手臂、铁的墨汁,在长城下,燕山边,写下一个大写的"人"字,振奋了民族精神;他把自己的生命化成了两根铁轨,匍匐在广袤的中华大地上,谱写了一曲又一曲爱国主义的高歌。周恩来总理曾高度评价他的功绩,说"他是中国人的光荣"。他就是我国近代科学技术的先驱者之一,伟大的爱国主义者,中华铁路第一人——詹天佑。

詹天佑被誉为"中国铁路之父""中国近代工程之父"。他主持修建的京张铁路,是中国人独立自主建成的第一条铁路干线,不仅彻底粉碎了当时外国人叫嚣的所谓"能修京张铁路的中国人还没出生"的狂言,而且工程造价只有外国人估价的五分之一,实际工期比计划缩短两年,震惊了世界。

詹天佑自幼聪慧好学,由于生活环境的关系,从小就接触一些来自西方国家的机器物件,他对这些外来新鲜事物也产生了浓厚兴趣。在詹天佑10岁时,清政府选派幼童出国留学。学业优秀、机敏睿智的詹天佑顺利通过笔试和面试,成为第一批赴美留学的幼童。留学期间,詹天佑始终牢记报国之志。他深知只有学到先进的技术,才能报效自己的国家。他用自己的行动影响着其他中国留学生,鼓励他们要有信心,只要大家齐心协力,中国很快就会有火车、轮船、工厂,甚至更多。他明白中国要走上富强的近代化之路,就必须建立起四通八达的铁路网系统。带着这样的信念,詹天佑考取了耶鲁大学后毅然选择了铁路工厂专业,并以优异的成绩毕业。

1890年,清政府决定兴建关内外铁路。在建造滦河铁路大桥时,工程遇到巨大的难度。当英国、日本、德国等众多国家的工程师一筹莫展时,詹天佑勇敢接受了挑战。他自信地采用中国传统的造桥方法,并大胆创新,使一座座坚固的桥墩矗立在滦河之中,令外国工程师刮目相看。后来詹天佑主持修京张铁路,独创了"竖井开凿法"和"人"字形线路,工程造价只有国外估价的五分之一,在中国铁路史上具有划时代的意义。

詹天佑对自己和家人的要求很严格,不占国家的便宜。作为国内顶级的铁路工程师,他多次婉拒国家对他生活上的特殊照顾,甚至主动放弃两个孩子公费出国读书的机会,自费送儿子去美国留学。他从事铁路建设30余年,一心报效国家。临终前,他在呈给北洋政府的《遗呈》中写道:"天佑生性钝拙,从事路工终垂三十年,只知报国,从不敢置产营私。"在这种高尚的报国情怀影响下,詹天佑的子孙也继承了他的遗志,大都走上与铁路和工业相关的报国之路。

———— 项 目 小 结 ————

城市轨道交通车辆上具有多种类型的用电负载,而我国城轨系统的接触网(供电轨)提供的额定电源为直流1 500 V(直流750 V),故需要利用电力电子器件通过电力电子技术进行电源类型和大小的变换,城市轨道交通车辆上常见的电力电子器件包括门极可关断晶闸管和绝缘栅双极晶体管等全控型器件,同时为了达到对城市轨道交通列车的精准控制也需要相应的电子控制环节。

城市轨道交通车辆作为一种"大型且复杂的机电设备",其"电"部分可以分为牵引主电系统、辅助供电系统和电子控制系统三类,三类电系统中需要用电力电子的变流技术进行直流电和交流电之间的相互变换以满足各类负载的用电需求,城轨车辆上一般会用到整流、斩波和逆变三种电力电子变换技术。另外,在城轨车辆控制系统中,有触点继电器应用较多;相对于有触点继电器来讲,近年来无触点逻辑控制单元得到了快速发展,并在城轨车辆上得到了应用。

城市轨道交通车辆的电气原理图数目繁多,结构复杂,作为城市轨道交通车辆驾驶和检修人员,首先应该能够看懂电气原理图,为此本项目还对车辆电气原理图的识读方法进行介绍。

习题与思考

一、单选题

1. 变流系统中的电力电子器件都经历过从( )的发生过程。

A. 半控型晶闸管(SCR)、全控型晶闸管(GTO)到绝缘栅双极型晶体管(IGBT)

B. 全控型晶体管(GTO)、半控型晶闸管(SCR)到绝缘栅双极型晶体管(IGBT)

C. 半控型晶闸管(SCR)、绝缘栅双极型晶体管(IGBT)到全控型晶体管(GTO)

D. 绝缘栅双极型晶体管(IGBT)、全控型晶体管(GTO)到半控型晶闸管(SCR)

2. 电力变换中,将输入的直流电转变成输出的直流电的电路是( )。

A. 整流电路 　　　　B. 逆变电路 　　　　C. 斩波电路 　　　　D. 变频电路

3. 在电力变换中,( )可以将输入的直流电转变成输出的交流电。

A. 整流电路 　　　　B. 逆变电路 　　　　C. 斩波电路 　　　　D. 交流电力控制电路

4. GTO中,有三个端子,下列不属于其端子的是( )。

A. G 　　　　　　　B. K 　　　　　　　C. A 　　　　　　　D. B

5. 整流电路负载中,下列属于电阻型负载的是( )。

A. 空压机 　　　　　B. 空调 　　　　　　C. 电风扇 　　　　　D. 电散热器

二、多选题

1. 绝缘栅双极晶体管为双极型电力晶体管与功率场效应晶体管的复合,其特点有( )

A. 输入阻抗高 　　B. 开关速度快 　　C. 驱动电路复杂 　　D. 通流能力强

2. 斩波电路的控制方式有( )

A. 定频调宽控制 　　　　　　　　　B. 定宽调频控制

C. 调频调宽混合控制 　　　　　　　D. 定频定宽控制

3. 有触点继电器控制是传统的城轨车辆电气控制方式,在使用中进行定期维护的措施有( )

A. 定期对继电器及继电器箱体中的灰尘进行清理

B. 对关键继电器进行定期维护更换

C. 充分利用继电器本身的"自洁"功能

D. 定期对关键继电器进行全面检查

4. 单相全控桥式整流电路带电感负载中的续流二极管的作用是( )

A. 消除输入负电压 　　　　　　　B. 消除输出负电压

C. 缩小移相角范围   D. 扩大移相角范围

三、判断题(对的在括号中打"√",错的打"×")

1. 所有的电器联锁都有常开,常闭的概念。(　　)

2. 地铁无触点逻辑控制系统采用无触点式可编程控制技术,通过微机控制单元的软件实现车辆各种电器的逻辑联锁关系,目前可完全取代传统继电器控制。(　　)

3. 缓冲电路又称吸收电路,它不仅用于半控型器件的保护,而且在全控型器件(GTR/GTO/IGBT 等)的应用中也起着重要的作用。(　　)

4. 导线也是车辆电气线路图中的重要部分,不同类型和不同作用的导线可用不同字母或数字表示,不能用汉字表示。(　　)

5. 识读车辆电路图的基本原则有化整为零、顺藤摸瓜、集零为整、安全保护、全面检查。(　　)

四、讨论题

1. 说明 GTO 的工作原理及其可以关断的原因。

2. 简述降压斩波电路工作原理。

3. 什么是电压型和电流型逆变电路?各有何特点?

4. 简述电阻负载下的单相无源逆变电路的结构与工作原理。

5. 电压型逆变电路中的反馈二极管的作用是什么?

6. 简述无触点逻辑控制单元的结构组成及各部分的作用。

项目3
城市轨道交通车辆牵引系统控制

【项目体系】

```
                                                        ┌─ 列车牵引控制系统分类认知
                        ┌─ 列车牵引控制系统认知 ─────────┤
                        │                               └─ 列车牵引主回路构成认知
                        │
                        │                               ┌─ 驾驶控制台的基本组成
                        ├─ 列车唤醒激活控制 ─────────────┼─ 列车唤醒与睡眠控制
                        │                               └─ 列车激活控制
                        │
                        │                               ┌─ 受电弓的基本组成
                        ├─ 列车受电弓电气系统控制 ───────┼─ 受电弓的气路控制
  城市轨道交通车辆        │                               └─ 受电弓的电气控制
  牵引系统控制 ──────────┤
                        │                               ┌─ 高速断路器的结构认知
                        ├─ 列车高压箱电气系统控制 ───────┤
                        │                               └─ 高压箱的电气控制
                        │
                        │                               ┌─ 牵引逆变器的种类
                        ├─ 列车牵引逆变器电气系统控制 ───┼─ 牵引逆变器的电路结构
                        │                               └─ 牵引逆变器的电路控制
                        │
                        │                               ┌─ 交流异步牵引电动机控制
                        └─ 列车牵引电动机电气系统控制 ───┼─ 永磁同步牵引电动机控制
                                                        └─ 直线感应牵引电动机控制
```

【学习重点】

1. 掌握城市轨道交通车辆牵引主回路的构成。
2. 了解城市轨道交通车辆牵引逆变器的种类。
3. 了解交流牵引传动系统的种类及特点。

4. 理解列车唤醒激活电气控制原理。

5. 理解受电弓升降弓电气控制原理。

6. 掌握高压箱在主回路中的作用。

7. 理解牵引逆变器的逆变原理。

8. 理解牵引电动机的调速控制原理。

任务 1　列车牵引控制系统认知

任务导入

　　列车牵引控制系统是城市轨道交通车辆的核心部分,包括了多种电能变换的电气设备,是一个综合的电气系统。牵引主回路示意图如图 3-1 所示,列车牵引控制系统通常由受电弓将架空接触网的电能引入车载的牵引逆变器,进行直流电到电压和频率均可变的交流电转换后,提供给安装在转向架上的牵引电动机,然后通过齿轮传动箱和轮对驱动列车运行,实现电能到机械能的转化。回流线通过钢轨将电能引入牵引变电所,形成"牵引变电所—列车牵引控制系统—轮对—钢轨—牵引变电所"的电气回路。

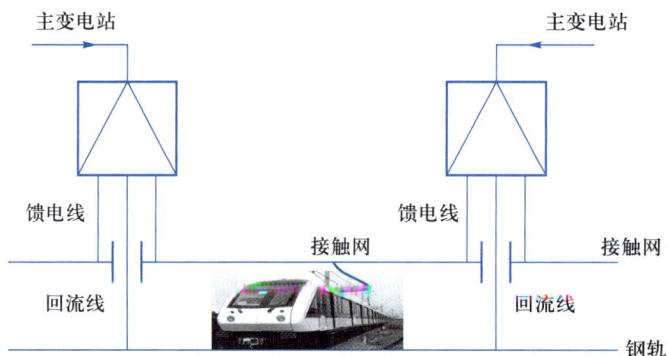

图 3-1　牵引主回路示意图

　　通过本任务的学习,需要达到的目标如下:① 了解列车牵引控制系统的分类;② 了解牵引主回路的主要电气设备;③ 掌握牵引主回路主要电气设备的作用。

知识准备

微课

轨道交通车辆牵引系统概述

1.1　列车牵引控制系统分类认知

　　为了能够获得符合牵引性能要求的牵引控制系统,在城市轨道交通车辆牵引系统设计选型时需综合考虑运行速度、乘客舒适性等因素。根据牵引系统的不同特点,可以从牵引电动机的种类、供电配置、控制方式三方面进行分类。

1. 根据牵引电动机的种类分类

城市轨道交通车辆牵引传动系统根据牵引电动机的种类分类,一般有直流传动系统和交流传动系统两种,大致经历了 20 世纪 80 年代前的凸轮变阻调压直流传动系统、80 年代的斩波调压直流传动系统和 90 年代的变压变频交流传动系统三个阶段。我国初期地铁牵引系统采用的都是直流传动系统,北京地铁 1 号线由直流 750 V 第三轨供电,其牵引系统采用凸轮变阻调压调速牵引;上海地铁 1 号线列车由直流 1 500 V 架空线供电,采用的是直流斩波器调压调速牵引和计算机控制系统。

随着大功率逆变技术和自动控制技术的不断发展,交流电动机可以通过变压变频(VVVF)技术来获得直流电动机的优点。目前,国内的城市轨道车辆基本都采用变频变压驱动的交流传动系统,其系统中的牵引逆变器广泛采用 GTO(门极可关断晶闸管)及 IGBT(绝缘栅双极晶体管)构成的模块或 IPM(智能功率模块)。根据交流传动技术中牵引电动机形式的不同,又可以分为旋转电动机系统和直线电动机系统。旋转电动机系统中,车辆把从电网获得的直流电通过牵引逆变器转换为变压变频的交流电,通过安装在四根轴上的电动机把电能转化为动能,电动机再通过联轴节—齿轮箱—轮对的传递途径把动能传递到列车的轴上,最终实现列车的牵引功能。直线电动机系统的电动机不需要传动装置,可以通过安装在车辆和轨道上的电动机部分之间的电磁力直接实现牵引和电制动,列车的爬坡能力远大于采用旋转电动机的车辆。

2. 根据牵引电动机供电配置分类

根据牵引电动机供电配置进行分类是针对交流牵引传动系统而言的,基于系统冗余的需要,考虑到逆变器和电动机的容量,主要有 1C4M 和 1C2M 两种形式。1C4M 牵引系统是一台牵引逆变器向同一列车上的四台牵引电动机供电,这种牵引逆变器与电动机的配置方式称为"车控",主要配置在 6 编组四动两拖的车辆上,比如杭州地铁。1C2M 牵引系统则是一台牵引逆变器向同一转向架上的两台牵引电动机供电,称为"架控",主要配置在 4 编组全动力或两动两拖的车辆上,比如天津滨海地铁。此外还有 1C1M,即"轴控"配置方式,一台牵引逆变器仅给一台牵引电动机供电,这种方式在城市轨道交通车辆中不常见。

3. 根据牵引电动机控制方式分类

在直流传动系统中,通过串并联切换加凸轮调阻的方式进行电动机调速和控制。20 世纪 70 年代,采用晶闸管代替凸轮进行斩波调阻实现串联电阻无级调节。牵引电动机的连接方式基本上都采用四台电动机串联启动,启动完毕后进入"两串两并"的控制模式。

在交流传动系统中,其牵引电动机的控制方式主要分为转差频率控制、矢量控制、直接转矩控制。转差频率控制是稳态下的电磁关系,实现电动机调速控制过程中对电压、频率的平稳调节。该方式控制原理简单,易于实现,但控制时难以保证系统良好的动态性能。矢量控制通过磁场定向方式,借助矢量变换,将交流电动机三相动态方程转换为旋转坐标系下的两相正交模型,从而将控制变量分解成磁链分量和转矩分量。该方式对磁场定向的精度及系统参数辨识的精度要求较高,同时对系统参数变化较敏感,实现起来存在一定难度。直接转矩控制相较矢量控制而言,不需要复杂的坐标转换计算,而是直接在定子坐标系中计算定子磁链与电动机转矩,能够极其方便地实现磁链与转矩的闭环控制,获得高动态响应的调速特性。但直接转矩控制在低速时受定子绕组及转速测量的影响较大,转矩脉动比矢量控制严重,转矩响应速度快于矢量控制,整体动态性能优于矢量控制,但是差别并不大。为了获得最佳的牵引控制性能,在实际车辆中设计者通常将矢量控制和直接转矩控制进行融合考虑。

1.2 列车牵引主回路构成认知

城市轨道交通列车牵引系统的构成因设备供应商不同存在一些差异,但是基本结构和控制原理是相同的。6 编组车型牵引主回路电气设备分布示意图如图 3-2 所示,根据不同的功能单元,其构成可包括受电弓、避雷器、能耗装置、制动电阻、司控器、电动机等,其中受电弓、避雷器、能耗装置、高压箱属于高压受流分配系统。某 6 编组地铁车辆主要设备布置,见表 3-1。

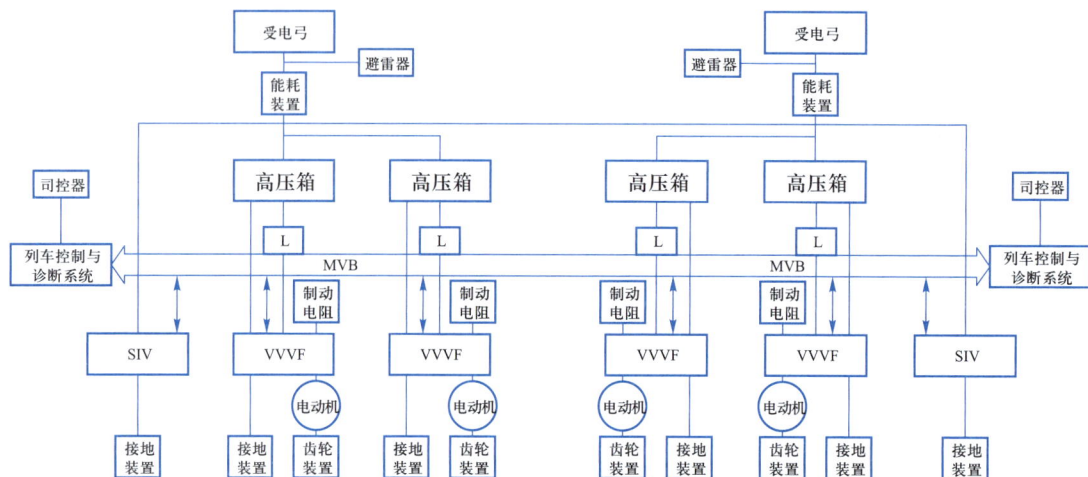

图 3-2 6 编组车型牵引主回路电气设备分布示意图

表 3-1 某 6 编组地铁车辆主要设备布置

设备名称	Tc1	Mp1	M1	M2	Mp2	Tc2
受电弓	—	1	—	—	1	—
避雷器	—	1	—	—	1	—
能耗装置	—	1	—	—	1	—
高压箱	—	1	—	—	1	—
司控器	1	—	—	—	—	1
牵引逆变器	—	1	1	1	1	—
制动电阻	—	1	1	1	1	—
牵引电动机	—	4	4	4	4	—

1. 受电弓

受电弓是城市轨道交通车辆受流装置的一种。除了车顶受电弓从接触网受流外,还有集电靴从第三轨受流。目前城市轨道交通车辆较多采用的是受电弓,它是从接触网向整个列车电气系统供电以及输送再生制动能量的必要部件,在刚性接触网和柔性接触网的线路上均适用。在车辆运行速度范围内,受电弓有良好的动力学性能,能够保证在各种轨道和速度条件下与接触网具有良好的接触状态和接触稳定性。

2. 避雷器

避雷器又称浪涌吸收器,能有效防止系统由于闪电或牵引变电站故障所造成的过电压。当列车遭遇雷击时,受电弓引入的电流急剧突变,当超出避雷器的设定值,其开始动作与车体接通,使大电流通过车体、轮对、钢轨流入大地,从而对主回路设备形成了保护。

3. 能耗装置

部分地铁为测量记录列车牵引时的能量消耗和再生制动时的能量反馈,安装了连接受电弓与高压电器箱的能耗记录仪,比如杭州地铁 4 号线。该装置选用高绝缘隔离、高精度、响应速度快的电压和电流传感器来测量单元电压与电流,显示和存储相对独立的计量单元,不参与控制与车辆通信,在保证不对列车现有设备造成影响的前提下,可精确地测量列车牵引电量和再生制动时反馈到电网的电量。有的地铁车辆上虽不设单独的能耗装置,但仍会有能耗记录。

4. 高压箱

高压电器箱(简称高压箱)包含了为牵引逆变器供电电路中的各种高压电器,主要由隔离开关、高速断路器、差分电流传感器、短接接触器、充电接触器、充放电电阻、浪涌吸收器、RD 续流回路以及快速放电回路等器件组成。高速断路器为主牵引高压回路的保护开关。有的高压电器箱内设有两个高速断路器,分别对应 Mp 车和 M 车,有的高压电器箱内只设有一个高速断路器,分别位于 Mp 车和 M 车底部,为车辆的牵引设备提供过流和短路保护。

5. 司控器

司机控制器(简称司控器,又称驾驶控制器)是用来操纵车辆运行的主令控制器,是利用控制电路的低压电器间接控制牵引主电路的电气设备。司机控制器上安装有控制手柄和换向手柄,警惕按钮安装在控制手柄上,机械锁安装在司机控制器上,其实物图如图 3-3 所示。

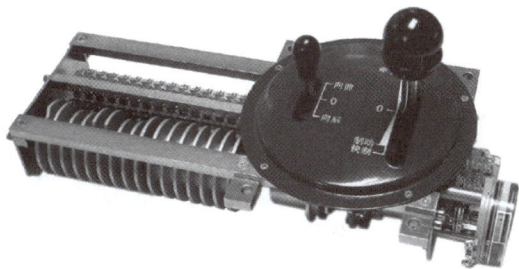

图 3-3 司机控制器实物图

6. 牵引逆变器

牵引逆变器是整个牵引系统的重要组成部分。牵引工况时,其将电网 1 500 V 直流电逆变为可变压变频的三相交流电源,供牵引电动机使用,为列车提供动力;制动工况时,牵引电动机作为发电机,牵引逆变器将牵引发电机发出的交流电整流为直流电,反馈回电网或被制动电阻消耗。其核心构件为制动斩波单元和逆变器单元,均集成在逆变器模块上。逆变器模块采用 IGBT 元件,为两电平逆变电路。一个逆变器模块集成在 VVVF 逆变器箱中,驱动 4 台牵引电动机。此外还有牵引控制单元(DCU)、检测单元等。

7. 制动电阻

在列车制动期间,牵引逆变器将足量的机车减速能量转化为电能反馈回电网,逆变器只提供电网有能力吸收的能量。如果电气动力制动过程中(此时牵引电动机成为发电机),由牵引电动机产生的电能不能反馈回电网,电流就送至制动电阻装置将电能转换成热能,通风机冷却制动电阻,如图 3-4 所示。在机车减速过

图 3-4 制动电阻

程中,机车的动能转化为电能,制动电阻将过剩的电能转化成热能,其作用是在网线无吸收条件下消耗制动能量以及牵引系统的过压保护。

8. 牵引电动机

牵引电动机是地铁车辆机电转换的部件,在牵引工况时将电能转换为机械能,在制动工况时将机械能转换为电能。本书将在后面章节详细介绍牵引电动机。

任务实施

1. 小组讨论列车牵引控制系统的分类。
2. 头脑风暴列车牵引主回路涉及的主要电气设备有哪些？这些电气设备之间的关系是怎样的？

任务拓展

以 6 编组车型为例,一个单元包含 Tc—Mp—M 车,请画出在一个单元内,牵引主回路电气设备的分布布局,设备可用框图表示。

任务评价

项目名称	城市轨道交通车辆牵引系统控制		学生姓名	
任务名称	列车牵引控制系统认知		分值配比	考核得分
评价要点	1. 使用思维导图画出列车牵引控制系统的分类		20	
	2. 列出牵引主回路中涉及的主要电气设备		15	
	3. 简要说出牵引主回路电气设备的作用		20	
	4. 使用框图简要画出受电弓、高压箱等电气设备在 6 编组列车中的分布		20	
	5. 使用思维导图画出受电弓、高压箱等电气设备的电气逻辑关系		25	

学习心得

教师评价

教师签名：

任务 2　列车唤醒激活控制

任务导入

城市轨道交通车辆一般在首尾两端各设置一个司机室,如图 3-5 所示,当一端司机室有效激活后,该激活端为驾驶端和操作端,同时,另一端司机室将无法激活,为非操作端。除车辆控制电路被激活外,ATC 相关设备也进行了激活。列车低压控制电路电源电压为直流 110 V,升弓前,车辆无外接电源时由蓄电池供电,升弓后,车辆接入直流 1 500 V 电源时由辅助供电系统的充电机 DC/DC 模块为全车直流负载供电。

图 3-5　司机室

通过本任务的学习,需要达到的目标如下:① 了解司机控制器的结构;② 理解列车唤醒激活逻辑控制及两端司机驾驶室的唤醒互锁控制;③ 会独立分析司机室激活控制原理。

知识准备

微课

列车司机驾驶控制器构成认知

2.1　驾驶控制台的基本组成

列车司机驾驶控制台一般包括各类按钮分布的控制面板、广播控制盒、车载无线电、HMI 显示屏、CCTV 屏、司机控制器等,如图 3-6 所示。本章节所涉及的列车唤醒开关位于如图 3-7 所示位置,在如图 3-6 所示的面板 1 中上部,是一个自复位开关,用于列车唤醒睡眠。

司机控制器位于控制台右侧,为凸轮触点式控制器,如图 3-8 所示,主要由控制手柄、方向手柄、钥匙开关、警惕按钮构成。控制手柄有机械"0"位、"牵引"位、"制动"位、"快速制动"位四个位置。方向手柄用于选择驾驶方向,有"向前""0""向后"三个位置。运行方向需在车辆静止时进行选择,且在下一站停车前保持有效。方向手柄与控制手柄间存在机械联锁。只有当控制手柄在"0"位时,方向手柄才可进行"向前"或"向后"位置转换。只有方向手柄在非零位时,控制手柄才可进行牵引或制动操作。

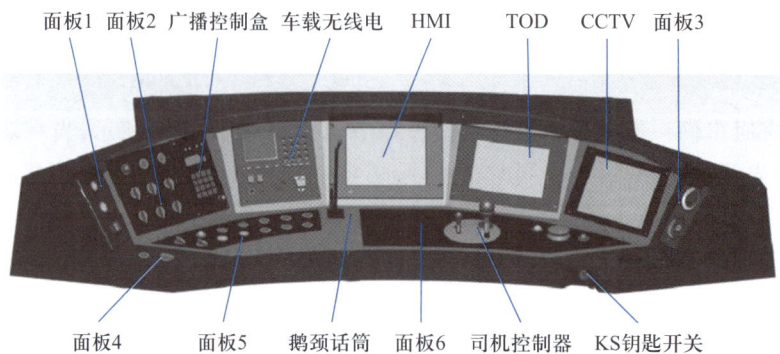

面板1 面板2 广播控制盒 车载无线电 HMI TOD CCTV 面板3

面板4 面板5 鹅颈话筒 面板6 司机控制器 KS钥匙开关

图 3-6 司机驾驶控制台分布

图 3-7 列车唤醒开关

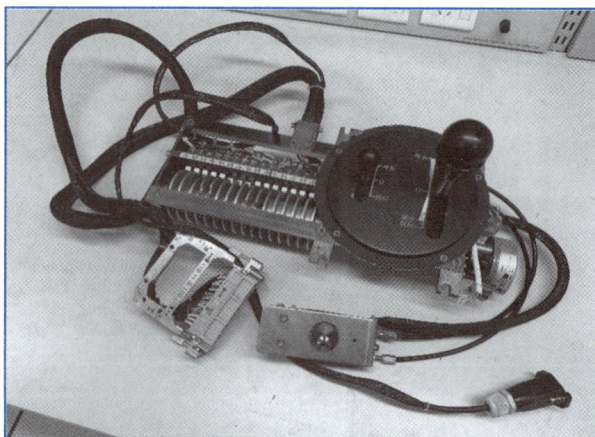

图 3-8 司机控制器

在控制手柄顶端有一个警惕按钮,在人工驾驶时,只有按下警惕按钮并推动控制手柄,列车才能启动。列车牵引过程中,若松开警惕按钮超过 3 s,列车会立即紧急制动。

钥匙开关用于激活驾驶台,有的位于驾驶控制右侧台面上,有的位于驾驶控制台右侧面,有"ON""OFF"两个位置。钥匙开关与司机控制器间也存在机械联锁,当钥匙处于"ON"位置时,如果控制手柄和方向手柄处于非"0"位,则会锁死不能回"OFF"位。

司控器是列车牵引、制动指令的直接发出设备,故司控器的维护是重点检修的项目。在日常进行功能检查时,主要进行以下功能测试:① 换向手柄、控制手柄在整个活动区域操作是否灵活;② 换向手柄、控制手柄在不同的位置时,HMI上显示的信息与司控器实际位置是否正确对应;③ 控制手柄上的警惕按钮活动是否灵活,松开警惕按钮后,在规定的时间是否产生紧急制动或报警。在半年检或更高修程时,需要对下面一些位置进行检查及保养:① 检查各凸轮处的行程开关活动是否灵活、到位;② 检查各接线有无松动、断裂;③ 按压警惕按钮,检查警惕按钮行程开关动作是否到位。

2.2　列车唤醒与睡眠控制

唤醒列车,必须先接通蓄电池,接入直流 110 V。部分列车上司机通过开启司机室电气柜里的唤醒旋钮来实现,部分则是司机操作司机驾驶台上的唤醒旋钮来实现。首先认识电气图中的电气元件,如图 3-9 所示。本章以国内某车辆厂设计的唤醒与睡眠控制电路图为例进行原理介绍,如图 3-10 所示。=21-K111 表示一个带延迟模块的继电器。图中 A0、A1、A2 表示延时模块电源接线柱,延时模块上的下降沿代表该模块为失电延时模块,X1 和 X2 表示线圈的两个接线柱,XT1 表示附属指示灯模块,T1、T2、T3 和 T4 表示指示灯模块引脚;A1、A2 和 A3 表示的是一对单刀双开辅助触点。

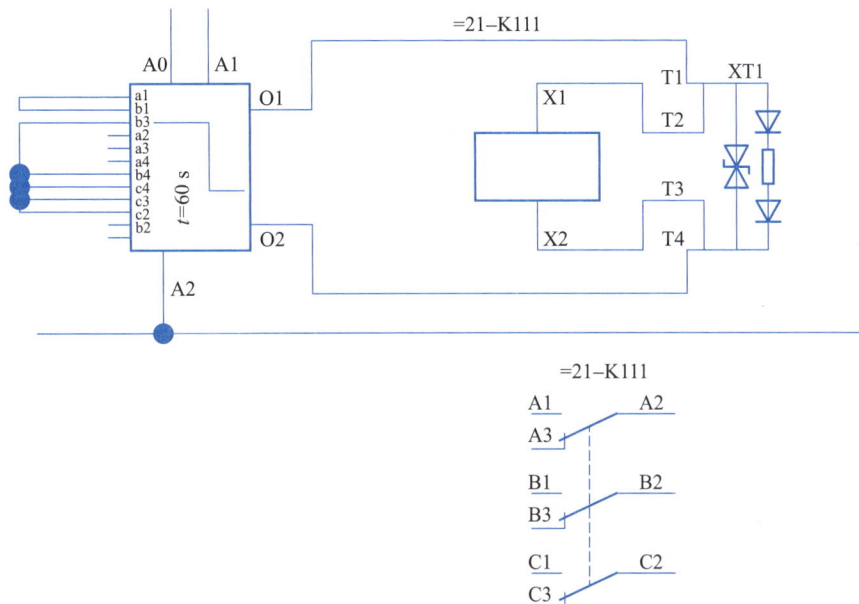

图 3-9　车辆电气元件说明

司机室电气柜的唤醒和睡眠回路断路器正常的情况下,操作司机驾驶台上的唤醒开关 =21-S101 到唤醒位, =21-S101(1-2)触点闭合;直流 110 V 的电源接入使唤醒延迟继电器 =21-K111 线圈得电,其 A1-A2 辅助触点闭合,形成保持电路,唤醒列车线保持得电状态, =21-K111 C1-C2 辅助触点闭合,列车供电接触器 =21-K114 得电,列车各系统上电唤醒。

列车唤醒后 =21-K111 B1-B2 辅助触点闭合,① 若不存在高压及中压或所有充电机故障,睡眠延迟继电器 =21-K112 线圈得电,45 min 后 =21-K112 A1-A2 辅助触点闭合,睡眠列车线激活,列车自动进行睡眠状态;② 若检测到蓄电池欠电压,低压检测继电器线圈闭合,睡眠列车线激活列车则立即睡眠;③ 正常情况下,列车回库后操作司机开关 =21-S101 到睡眠位,此时列车没有高压和中压且无司机室激活,列车睡眠继电器 =21-K113 线圈得电,其联锁触点 =21-K113 B1-B2 闭合,形成保持电路。在无紧急牵引的情况下,列车进入睡眠状态。

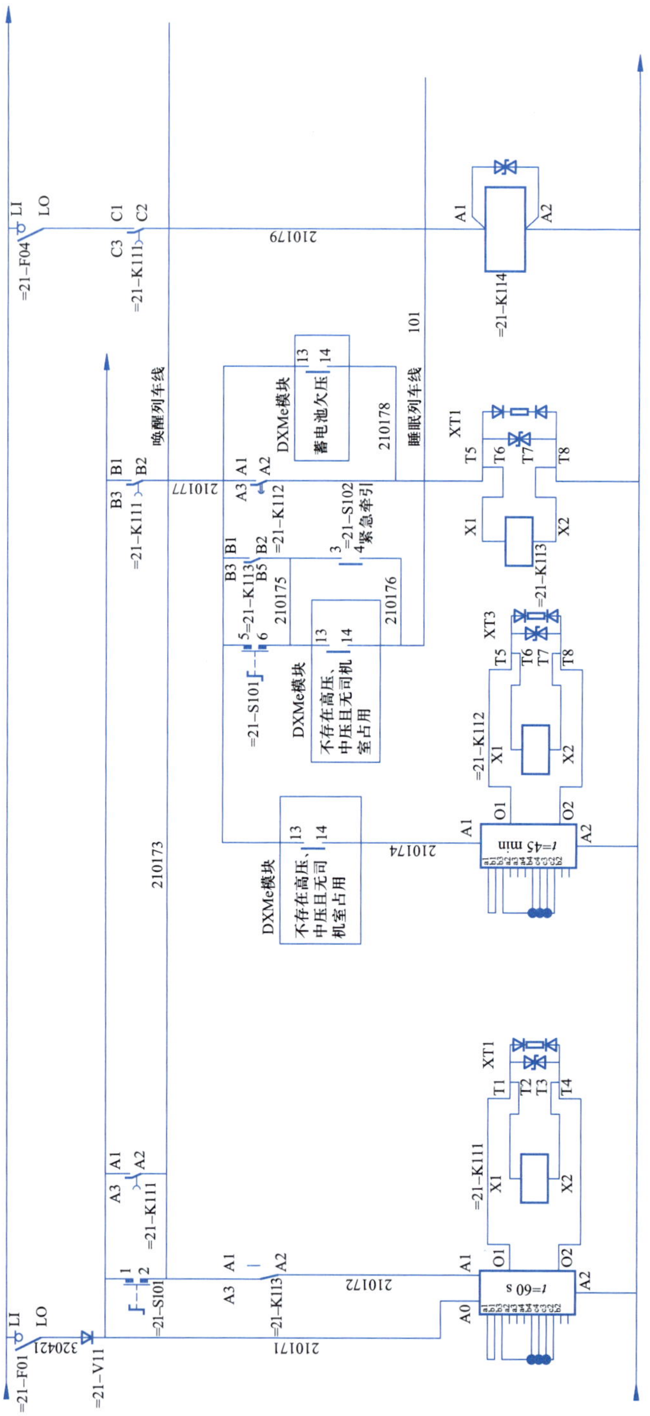

图 3-10　唤醒与睡眠控制电路图

列车进入以上三种睡眠状态,均使列车睡眠继电器得电,唤醒睡眠列车线;当列车睡眠继电器 =21-K113 得电,其联锁触点 =21-K113 A2-A3 断开,60 s 后唤醒延迟继电器的触点 =21-K111 B1-B2 断开。

2.3　列车激活控制

微课
列车激活控制

列车唤醒后,由司机室钥匙开关进行激活控制(也叫司机室占有)。当钥匙开关处于接通状态后,列车激活,司机可以进行缓解或施加停放制动、闭合或断开高速断路器、升起或降下受电弓以及开启或关闭列车空调等操纵控制整列车。当本端司机室激活后,相应端的司机室占有继电器得电,远端司机室将不能激活。激活控制电路,如图 3-11 所示。

为了安全起见,司机室驾驶台上一般有两个钥匙继电器(=22-S01 和 =22-S02),以防其中一个钥匙继电器失效。在司机室激活断路器闭合的情况下,操作司机室钥匙开关到"ON"位,本端钥匙信号列车线得电,钥匙开关继电器 =22-S01 或 =22-S02 线圈得电,常开触点 =22-S01 A1-A2 闭合,司机室激活继电器群 =22-K101- =2-2K109 均得电。司机室驾驶台上的唤醒开关 =21-S101 为自复位按钮,在前面唤醒电路中施加后,唤醒继电器得电,同时自我保持,列车激活操作继电器 =22-K152 得电,其关联的常闭触点断开,列车激活互锁继电器 =22-K151 失电。在远端的司机室激活电路中,列车激活互锁继电器 =22-K151 得电,通过触点联锁列车激活操作继电器失电。这样确保远端司机室无效,即使进行了误操作也不影响正常工作。

任务实施

1. 拆解一台司控器,让学生对司控器进行结构指认。现场进行试验,观察司控器钥匙、方向手柄、控制手柄的互锁关系。

2. 小组讨论唤醒和睡眠控制原理,请说出唤醒控制在司机室激活控制中的作用。

3. 分组探讨在激活控制中,两端司机室如何进行互锁。

任务拓展

列车自动唤醒与睡眠

随着大数据、人工智能、5G 技术等新兴信息技术的发展,目前休眠中的列车可以实现自动唤醒,这依赖于一种全新的智能列车自动控制系统,即自主 FAO 信号系统(全自动运行系统)。全自动运行系统相比现有城市轨道交通 CBTC 系统,增加了包括列车睡眠唤醒、动静态自检、障碍物/脱轨防护、远程复位等 20 余项功能,引入了自动控制、优化控制、人因工程等领域的最新技术,进一步提升自动化程度。

上海轨道交通 18 号线首列列车为 6 节编组 A 型车,其驾驶设计等级达到全自动驾驶最高等级:GOA4 级,可实现列车自动唤醒/休眠、自动出入库及站台自动对位等全系列功能。

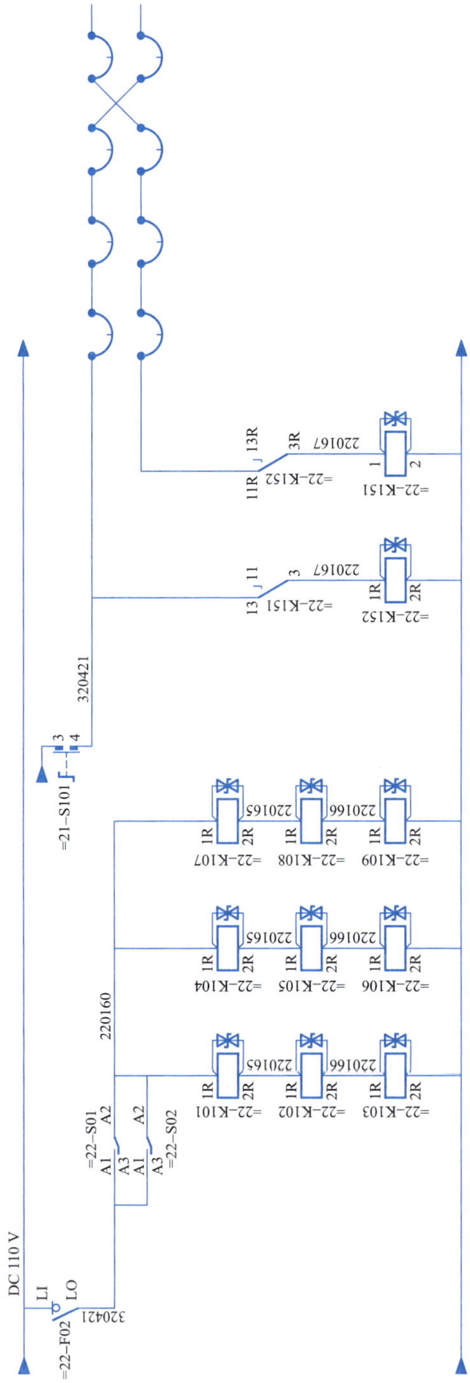

图 3－11 激活控制电路图

任务评价

项目名称	城市轨道交通车辆牵引系统控制		学生姓名	
任务名称	列车唤醒激活控制		分值配比	考核得分
评价要点	1. 简要描述司控器的结构构成		15	
	2. 阐述唤醒和睡眠控制电气原理		25	
	3. 说出三种睡眠控制模式的区别		15	
	4. 简述激活控制电路原理		25	
	5. 除了钥匙激活外,列车其他系统是如何激活的		25	

学习心得

教师评价

教师签名:

任务 3　列车受电弓电气系统控制

任务导入

受电弓是从接触网向整个列车电气系统供电以及输送再生制动能量的必要部件,其在刚性接触网和柔性接触网的线路上均适用。在整个车辆速度范围内,受电弓具备良好的动力学特性能,能够保证在各种轨道和速度下与接触网保持良好的接触状态和接触稳定性。在 4M2T 编组的城市轨道交通列车上,受电弓一般安装在 Mp 车车顶,6 编组的列车有 2 个受电弓,如图 3-12 所示为受电弓位置示意图。

图 3-12　受电弓位置示意图

通过本任务的学习,需要达到的目标如下:① 了解受电弓的基本参数;② 掌握受电弓的结构及工作特点;③ 掌握受电弓的气路控制原理;④ 掌握受电弓的电气控制原理。

微课

受电弓的升降弓操作演示

知识准备

3.1 受电弓的基本组成

1. 受电弓基本参数

受电弓多采用单臂、轻型结构,如 TSG18G 型受电弓为株洲电力机车有限公司所生产,QG-120 轻型受电弓由上海天海受电弓制造有限公司生产。虽然型号不一样,但其结构和原理基本一致。以 TSG18G 型受电弓为例,其基本参数见表 3-2。通过支持绝缘子安装于车顶,并通过弓头上的碳滑板与供电网线接触。在受流状态下,受电弓在车顶的部分都处于带电状态,仅在对车顶的机械接口和气路接口处是电气绝缘的。一般受电弓由框架、气囊升弓装置和弓头等结构组成,具有占用车顶空间小、重量轻、弓头归算质量小的特点。TSG18G 型受电弓如图 3-13 所示。

表 3-2　TSG18G 型受电弓基本参数

技术指标	参数值
额定电压	DC 1 500 V
电压范围	DC 1 000 V ~ DC 2 000 V
额定工作电流	1 500 A
最大工作电流	2 100 A
静态力的可调节范围	70 N ~ 140 N
升弓时间	≤8 s
降弓时间	≤7 s
额定工作气压	约 550 kPa
气源的工作压力	400 kPa ~ 1 000 kPa

2. 受电弓结构构成

(1) 底架

受电弓底架是一个由矩形钢管焊接而成的"口"字形钢结构,在受电弓的升降弓过程中,底架是不运动的,仅起到固定支撑的作用。底架上装有四个支持绝缘子,采用硅橡胶材料,具有较高的绝缘等级及机械强度。底架上的电流接线板是受电弓对外的电接口。

(2) 铰链系统

铰链系统包括下臂杆、上框架和拉杆。铰链系统与底架一起构成了受电弓的四杆机构,该机构保证了上框架中顶管的运动轨迹呈一条近似铅垂的直线。下臂杆是由无缝钢管组焊而成的"工"字形钢结构,两端分别与底架和上框架采用轴承连接。上框杆采用高强度的铝合金材料,使得受流性能明显增强,且重量减轻,提高受电弓的弓网跟随性。拉杆通过调节拉杆上螺母和螺杆的相对位置来改变拉杆长度。

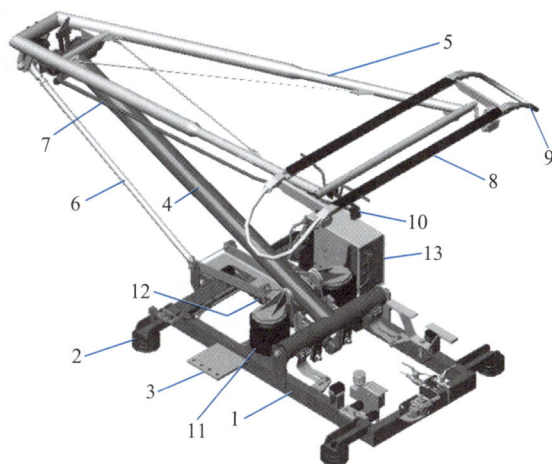

1—底架；2—绝缘子；3—电流接线板；4—下臂杆；5—上框杆；6—拉杆；7—平衡杆；
8—碳滑板；9—弓角；10—弓头悬挂装置；11—气囊；12—阻尼器；13—气阀箱

图 3-13 TSG18G 型受电弓

（3）电流连接组件

电流连接组件由弓头电流连接组件、肘接电流连接组件和底架电流连接组件构成。弓头电流连接组件，如图 3-14(a)所示，将网线上的电流由弓头导流至上框架，从而使电流绕过了顶管内的轴承和弓头悬挂装置上的橡胶弹簧元件，以避免轴承和橡胶弹簧元件的大幅温升导致损坏。肘接电流连接组件，如图 3-14(b)所示，保护安装于肘接轴承管内的轴承，底架电流连接组件，如图 3-14(c)所示，保护安装于底架轴承管内的轴承。

(a)弓头电流连接组件

(b)肘接电流连接组件　　　　　　(c)底架电流连接组件

图 3-14　电流连接组件的构成

（4）弓头

弓头是列车与供电网线直接接触的部件，分为与网线接触的部分及与上框架连接的部分。前者主要包括碳滑板、弓角，后者主要包括弓头悬挂装置。弓角位于弓头端部，用以保证接触线与弓头的平滑过渡。弓头悬挂装置的应用使得弓头具有一定的自由度，受流时，弓头与网线之间的高频振动可以通过弓头悬挂装置吸收缓冲。为保证弓头与供电网线能够保持良好的恒定接触，弓头具有尽可能小的惯性质量。

（5）平衡杆

平衡杆组件主要由平衡杆导杆和止挡杆组焊构成，如图 3-15 所示。平衡杆导杆一端与下臂杆上的平衡杆连接块连接，另一端与上框架连接。弓头具有一定的自由度，可以绕弓头转轴自由摆动。在运行过程中，弓头将通过接触线使其保持在正确的工作姿态，而在升降弓过程中，由于有平衡杆的作用，避免了弓头的翻转。

1　平衡杆导杆；2—止挡杆组焊

图 3-15　平衡杆

（6）升弓装置

受电弓升弓时所需的升弓转矩及升起后与网线间的接触压力是由两个充满压缩空气的气囊、与气囊连接并被拉伸的钢丝绳和紧固在下臂杆上的扇形调整板产生的。升弓气囊主要装在底架上，通过钢丝绳与受电弓下臂杆连接在一起，给受电弓升降弓提供动力。升弓时气囊充气后胀起，通过钢丝绳带动下臂杆转动，从而实现受电弓的升弓运动。

（7）阻尼器

受电弓阻尼器一头安装在底架上，另一头与受电弓下臂杆连接，在受电弓的下降过程中起到缓冲作用，以避免受电弓在降弓时对底架上的部件造成冲击损坏。

（8）气阀箱

受电弓气阀箱是由空气过滤器、单向节流阀、精密调压阀、安全阀等几部分组成的。空气过滤器保证提供的压缩空气是干燥而且纯净的；单向节流阀用来控制压缩/排放气体的过流量来调整受电弓升弓/降弓时间；精密调压阀为受电弓提供恒定的压缩空气；安全阀在精密调压阀出现故障时起到保护气路的作用。

（9）自动降弓装置

当受电弓滑板破裂、磨损到极限或气路泄漏时，为了保护接触导线和受电弓，受电弓配备了自动降弓系统。该系统主要由带气道的特制滑板、气路（与滑板气道相连接且布置在上框架和下臂杆）、快排阀（安装在底架上）组成。

3.2　受电弓的气路控制

微课
受电弓的结构
和气路控制

1. 正常工况

司机在司机室按下受电弓升弓按钮后，受电弓供风单元内的升弓电磁阀得电动作，向受电弓提供压缩空气。压缩空气经过车内的管路、车顶的受电弓绝缘软管，进入受电弓底架上的气阀箱。

气路控制示意图如图 3-16 所示，进入气阀箱的压缩空气依次经过空气过滤器、单向节流阀、精密调压阀、安全阀后分为两条支路分别向受电弓的两个升弓气囊供气，压缩空气进入升弓气囊后，气囊膨胀抬升；抬升的气囊带动钢丝绳拉拽下臂杆，使下臂杆转动，从而实现受电弓逐渐升起，直到受电弓弓头与供电网线接触并保持规定的静态接触压力。此时升弓气囊中的气压稳定在气阀箱内精密调压阀的设定值。受电弓工作时，升弓气囊被持续供以压缩空气，弓头与接触网之间的接触压力保持基本恒定。

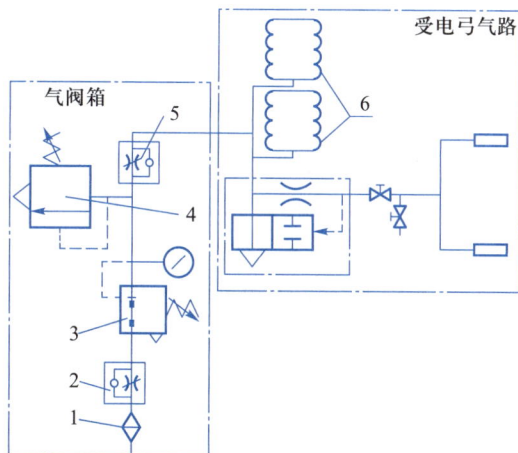

1—空气过滤器；2—单向节流阀；3—精密调压阀；
4—单向节流阀；5—安全阀；6—升弓气囊

图 3-16　气路控制示意图

司机在司机室按下降弓按钮后，升弓电磁阀失电，向受电弓升弓气囊供应的压缩空气被切断，同时，升弓电磁阀将受电弓气路与大气连通，升弓气囊装置排气，受电弓靠自重下降，直到顶管降下并保持在底架的两个橡胶止挡上，橡胶止挡如图 3-17 所示。

2. 自动降弓工况

正常工作时,受电弓持续保持升弓状态,只有当司机在司机室按下降弓按钮时受电弓才会降下。但是,当受电弓碳滑板破裂或磨损到极限引起受电弓气路泄露时,自动降弓系统能够保证受电弓迅速有效地降下,避免受电弓与接触网之间被进一步破坏。该系统主要由带气道的特制碳滑板、相应的管路及快排阀组成。如图 3-18 所示,快排阀安装在受电弓底架上,进气口与通向气囊的气路连通,出气口与通向滑板的气路连通,排气口与大气连通。受电弓正常升弓时,快排阀进气口的压力等于出气口的压力,进气口、出气口气压差为零。当受电弓碳滑板破裂或磨损到极限时,通向碳滑板的气路泄露,快排阀出气口的压力下降,进气口的压力不变,进、出气口形成压力差。当压力差达到快排阀的开启压力,则排气口打开,滑板和气囊的气路与大气连通,受电弓开始迅速自动地下降。

图 3-17　橡胶止挡

进气口　　排气口　　出气口

图 3-18　快排阀

3.3　受电弓的电气控制

列车在激活后,司机通过操作受电弓升降弓按钮来进行受电弓的升降操作。受电弓由四条列车线进行控制,工作模式有升前弓、升后弓和升双弓;在采用 1 500 V 直流电供电的城市轨道交通列车中,一列 6 编组地铁列车是由 2 个动力单元组成的,牵引电气基本上在 2 个单元之间是绝缘的,运营过程中采用升双弓模式。一般受电弓的升降弓控制由升弓继电器、受电弓使能继电器、升弓电磁阀、降弓继电器来实现。受电弓电气控制原理图,如图 3-19 所示。

1. 升弓控制

前提条件需满足降弓继电器不激活、没有降弓指令、司机下发升弓指令且受电弓使能有效。

在司机室电气柜受电弓回路断路器=23-F03 正常工作情况下,=22-K107 继电器在司机室激活电路中已闭合。操作受电弓模式开关选择升双弓模式,按压升弓按钮=23-S03,将直流 110 V 电接入,升双弓列车线得电且受电弓使能有效,两端 Tc 车内升弓延时模块里面的升弓继电器线圈=23-K205 得电,其联锁触头=23-K205 A1-A2、=23-K205B1-B2 均闭合,受电弓电磁阀=23-Y01 得电,受电弓气路启动,两端受电弓升起。其中控制受电弓电磁阀支路的受电弓回路断路器位于客室侧电气柜中。

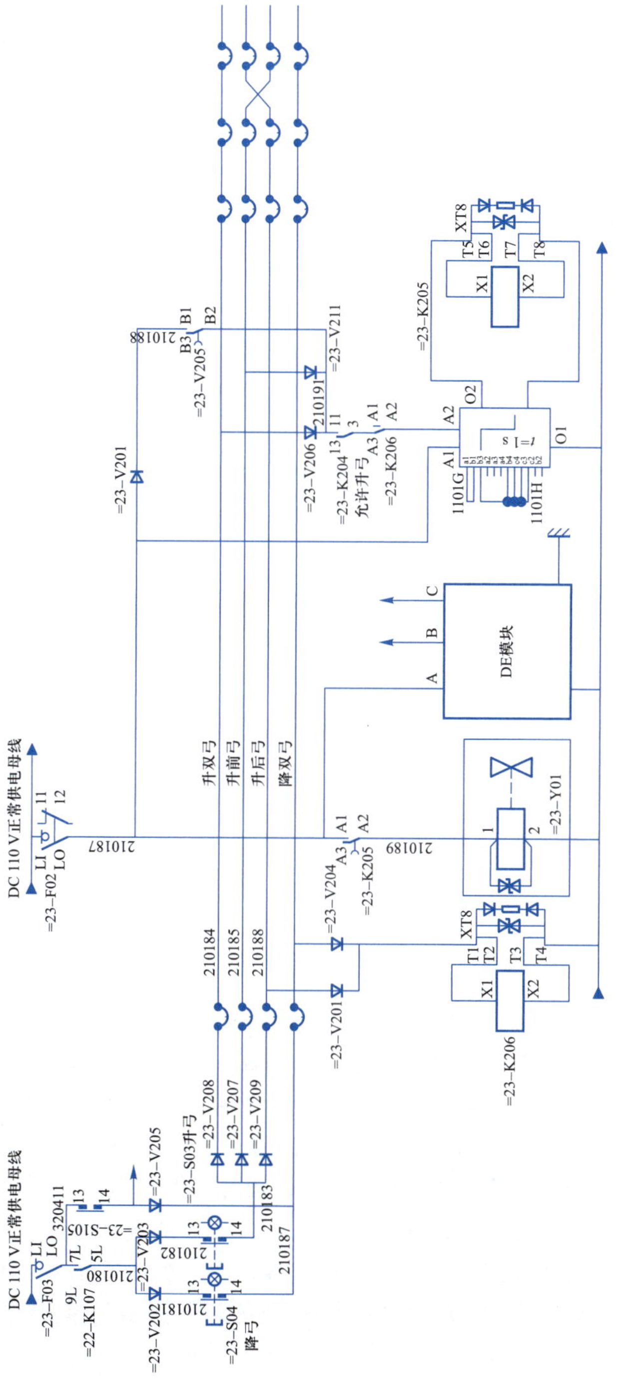

图 3-19 受电弓电气控制原理图

操作受电弓模式开关选择升前弓模式,按压升弓按钮=23-S03,升前弓列车线得电,110 V 直流电依次经过受电弓回路断路器、列车激活继电器、保护二极管(=23-V203、=23-V207、=23-V211),受电弓使能继电器闭合,使升弓继电器模块里面的升弓继电器线圈=23-K205 得电,其联锁触头=23-K205 A1-A2 闭合,受电弓电磁阀=23-Y01 得电,受电弓气路启动,位于本端的受电弓,即前弓升起,而远端的降弓继电器线圈得电,不满足升弓条件,远端的受电弓无法升起,从而只升前弓。

操作受电弓模式开关选择升后弓模式,按压升弓按钮=23-S03,升后弓列车线得电,远端 Tc 车里升弓继电器线圈得电,位于远端的受电弓升起,而本端的 LPTR 线圈得电,不满足升弓条件,本端的受电弓无法升起,从而只升后弓。

2. 降弓控制

前提条件只需满足下列条件之一,受电弓即可降下:受电弓使能继电器失电,触发蘑菇按钮或下发降弓指令。无论哪种受电弓工作模式,按压降弓按钮=23-S04,降双弓列车线得电,降弓继电器=23-K206 线圈得电,其串联在升弓支路里面的=23-K206 A2-A3 常闭触点断开,升弓继电器延时模块失电,1 s 后升弓继电器线圈失电,受电弓电磁阀失电,受电弓下降。若列车遇紧急情况,司机按下驾驶台面上的紧急制动按钮=23-S105,则降弓列车线立即得电,直接进入降弓状态。

🔧 任务实施

1. 在地铁车辆段或城轨车辆实训中心内依托相关实物设备,请说出受电弓各部件的名称、作用及工作原理。

2. 请小组讨论、理解受电弓的气路控制,根据实际设备,陈述受电弓的气路控制原理。

3. 指出受电弓电气控制电路图中的关键继电器,说出升降弓的电气原理。

🔧 任务拓展

中国制造——受电弓碳滑板

接触网上的高压电是怎样"跑"到列车上的?钢轨有多长,接触网就有多长。在地面奔跑的列车与接触网总是遥遥相望,为了实现它们两个的亲密接触,受电弓便成为了车与网之间的"红娘"。在列车高速行驶中,受电弓与接触网持续摩擦,而接触网为了提供良好的导电性能,通常是由金属(铜镁、铜锡合金)制成的。弓网间的接触部分有一块碳滑板,接触材料为特种石墨,硬度远低于金属。一软一硬相互作用,碳滑板就这样通过磨耗自己保护了接触网的安全。

我国铁路高速化发展较晚,在碳滑板的研制及应用方面处于滞后状态。很长一段时间国内高速铁路电力机车所用受电弓滑板主要依赖进口,且价格昂贵。但是我国一直致力于核心零部件的国产化。从 1961 年第一条电气化铁路宝凤段开通,列车采用滑板为软钢滑板;1967 年改用碳滑板材料,但是机械强度较低,冲击韧性较差,会出现滑板折断和破裂,使用寿命低。在 20 世纪 80 年代初,铜基粉末冶金滑板在国内得到了广泛的应用。20 世纪 90 年代以后,我国高速电力机车开始采用组织致密的浸金属碳滑板材料,这种滑板集碳材料和金属材料的优点于一体,综合性能比较优越。

　　近年来,受电弓碳滑板行业研发进展较快,以北京万高众业科技股份有限公司、大同新成新材料股份有限公司等为代表的国内企业的商业模式已升级为"国产化制造为主,进口代理为辅"。中国企业在与世界著名碳滑板巨头紧密合作中,不断消化技术,提升自主研发能力,相继研发出适用于高铁动车组的碳滑板产品,技术产品完全实现国产化。目前,我国智能受电弓碳滑板已进入试车运行阶段,与普通受电弓碳滑板相比,可实现对碳滑板磨耗量的实时监测和故障预警,并实时将弓网压力、硬点监测、磨耗程度数据通过网络传输到调度中心或其他终端设备,可以大幅度提高列车行车安全性,降低因碳滑板故障引发的停车事故。

任务评价

项目名称	城市轨道交通车辆牵引系统控制		学生姓名	
任务名称	列车受电弓电气系统控制		分值配比	考核得分
评价要点	1. 请指出受电弓各部件的名称、作用		25	
	2. 根据实际设备,陈述受电弓的气路控制原理		25	
	3. 指出受电弓电气控制电路图中的关键继电器		25	
	4. 简述升降弓的电气原理		25	

学习心得

教师评价

教师签名:

任务 4　列车高压箱电气系统控制

📖 任务导入

高压电器箱（简称高压箱），如图 3-20 所示，是牵引系统主要构成部分之一，它将受电弓从供电接触网上采集的电能引入车内，为牵引设备和其他设施提供电能输送并进行高压系统的控制、检测和保护。高压箱中主要包括隔离开关、高速断路器、接触器、差分电流传感器等接地和保护装置。

图 3-20　高压箱

通过本任务的学习，需要达到的目标如下：① 了解高压箱体内部主要电气部件，了解其在牵引回路中的作用；② 了解高速断路器的构成及控制原理；③ 了解高压箱内电气控制原理

📱 微课

列车高速断
路器电气
控制

📖 知识准备

4.1　高速断路器的结构认知

高速断路器（HB）是指能在短时间内关合以防止短路电流达到其预期值的一种断路器。在正常状态下，高速断路器通断车辆主电路（直流 1 500 V），在车辆发生故障时执行保护指令，切断动力电源，保护车内电气设备。高速断路器可位于轨道交通车辆的车顶、车内及车底。在地铁车辆中，一般位于车底部高压箱体内。IR 系列高速断路器基本构成包括如下部件，其结构如图 3-21 所示。

（1）主电路（高压电路）部分

包含主触点、灭弧触点、消弧栅、弧控制设备、灭弧线圈等。其中：主触点用于承载闭合时主电路的电流；灭弧触点，用于电弧出现时触点断开进行电路保护；消弧栅用于接收转移的电弧并进行灭弧操作；弧控制设备用于限制电弧并协助灭弧；灭弧线圈用于产生磁场，以转移电弧至消弧栅等设备中。

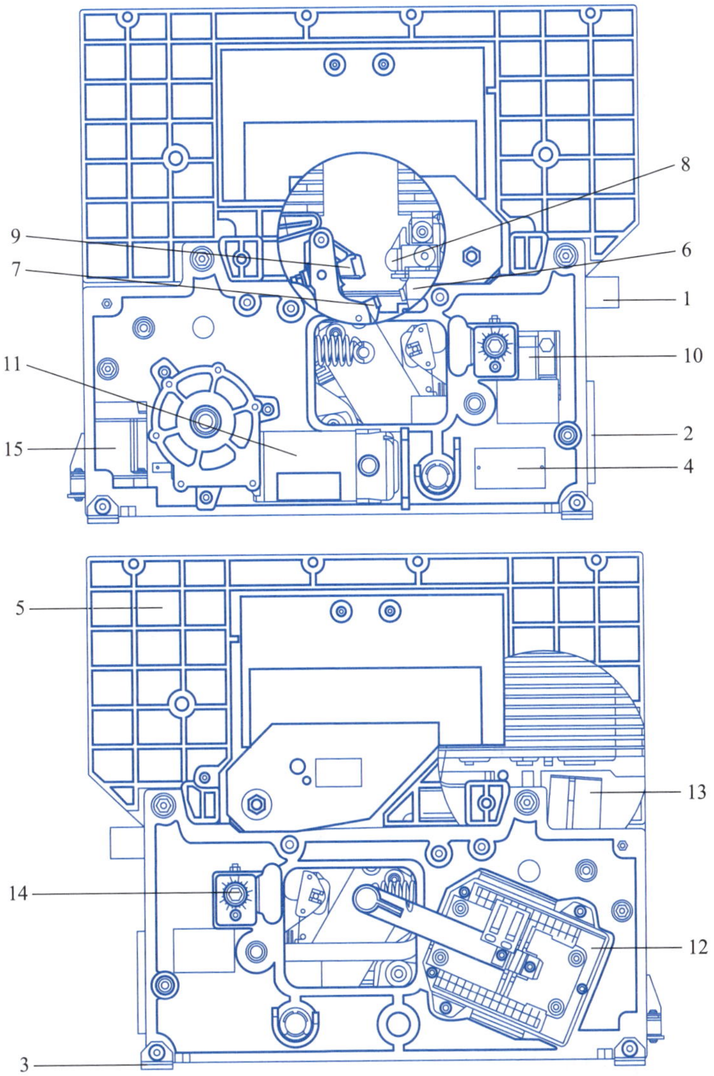

1—上部主连接；2—下部主连接；3—固定支架；4—铭牌；5—灭弧罩；6—固定式主触点；
7—活动主触点；8—固定灭弧触点；9—活动灭弧触点；10—吸持线圈；11—闭合电动机；
12—辅助触点；13—减震器；14—设置杆；15—控制板

图 3-21　IR 系列高速断路器结构

（2）控制电路（低电压电路）部分

　　包含在用于合闸和/或开闸操作电路中的开关设备的所有导电部件（主电路除外），将电源和/或控制信号承载至激活系统（该系统用于机械性地关闭或开启断路器）。防脉动设备，当设备启动时合闸处于关闭位置，防止合闸—开闸后再次合闸操作的一种设备。机械跳闸开关设备，启动合闸操作后再启动开闸操作时，机械开关设备的活动触点返回并保持在开闸位置，即使持续处于合闸状态。

（3）辅助电路部分

　　包含在电路中（设备的主电路和控制电路除外）的所有开关设备，简化电气原理图如图 3-22 所示。通常情况下,大多数开关设备均配有一个辅助电路,主要用于显示主触点信号处于开启还是关闭状态。

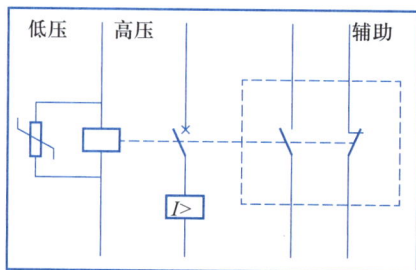

图 3-22　简化电气原理图

高速断路器的控制电路由直流 110 V 控制电源供电。HB 电气控制原理图如图 3-23 所示,图中 HBK1 和 HBK2 为控制用继电器,当司机按下高速断路器按钮,DCU 输出"主断允许"信号和"主断合"信号,使得控制继电器 HBK1 和 HBK2 线圈得电,相应联锁触头闭合;高速断路器线圈得电工作,带动机械锁位装置工作,高速断路器通过自锁保持"合"状态不变。

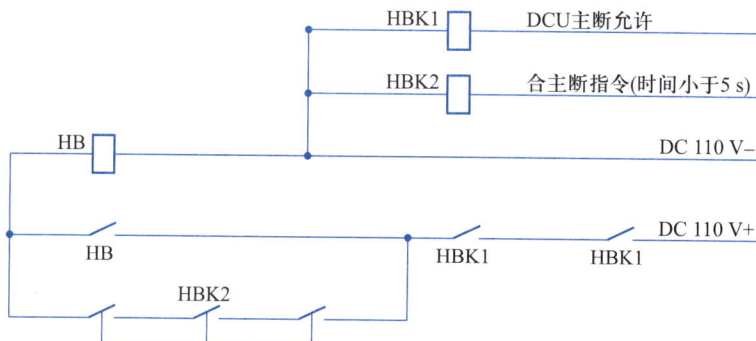

图 3-23　HB 电气控制原理图

4.2　高压箱的电气控制

当直流 1 500 V 电源从受电弓经过前级高压电路送到高压箱时,经过隔离开关(MQS)、高速断路器(HB)、差分电流传感器(LH1)、短接接触器(KM1)、充电接触器(KM2)、充放电电阻(R_1)将电源传输到滤波电抗器和牵引逆变器中,为最终驱动牵引电动机提供电能。

① 隔离开关(MQS)是手动操作的闸刀式机械开关,用绝缘棒操作。在每次列车运行前,都要确认隔离开关(MQS)是否处于闭合状态。同时,隔离开关设置有专门用于释放牵引逆变器电容能量的放电开关(MQS1),该开关与隔离开关联锁,在确保断电 5 min 后,则可通过绝缘棒操作。

② 高压箱体中的核心部件高速断路器(HB)是主牵引高压回路的保护开关。在 6 编组列车中,部分高压箱位于 MP 车和 M 车,内部均设有一个高速断路器。部分高压箱仅位于 MP 车下面,内部设有两个高速断路器,如图 3-24 所示。高速断路器可以提供双向通断,给车上的牵引设备提供过流和短路保护。高速断路器的断开方式有两种:一种通过牵引控制单元(DCU)控制;另

微课
高压箱的主要结构和功能

一种由过流和短路故障引发器件本身的脱扣分断。

③ 差分电流传感器(LH1)是利用监测牵引电路中输入和输出电流的差值,从而为主电路提供保护的设备。当检测到 1 A 漏电流时发出警告信号,检测 50 A 漏电流时发出跳高速断路器信号。

④ 短接接触器(KM1)、充电接触器(KM2)为单极电磁型接触器,它们与充放电电阻(R1)一起组成电容器充放电单元,其作用是用于主电路支撑电容器(CE)的充、放电,如图 3-25 所示。

图 3-24　高速断路器

图 3-25　接触器

⑤ 续流二极管(V1)和阻尼电阻(R_2)构成续流回路,当高速断路器(HB)或短接接触器(KM1)断开时,为后续的储能部件提供续流回路,消耗其中剩余的能量。

⑥ 浪涌吸收器(FS)用于吸收浪涌过电压;快速放电开关(MQS1,与 MQS 联锁)和充放电电阻(R_1)为支撑电容放电电路;滤波电容器(CE)用于电压跳变时进行滤波。

列车运行时,控制高速断路器 HB 闭合,如图 3-26 所示。司机给定方向指令后,充电接触器 KM2 闭合,直流 1 500 V 电源经充放电电阻 R_1 给牵引变流器内直流支撑电容器充电,当电容电压在一定时间内上升到一定值时,短接接触器 KM1 闭合,电容充电完成,列车进入牵引供电状态。

当车辆处于牵引工况时,直流供电能量经高压电气箱进入牵引逆变器;当车辆处于再生制动工况时,负载能量经高压电气箱反馈回电网,或者由制动电阻消耗掉。

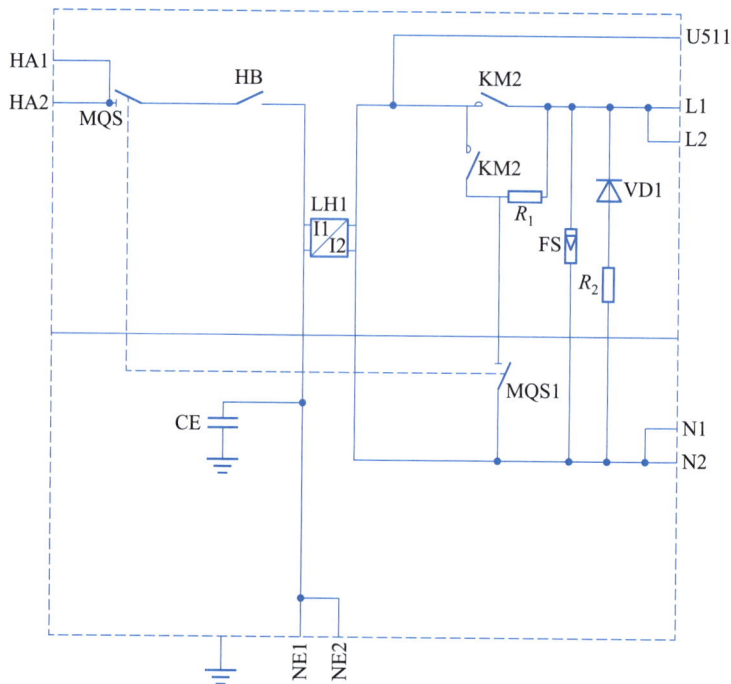

图 3-26　高压箱主电路示意图

任务实施

1. 在地铁车辆段观察车底高压箱内部部件的分布情况。

2. 组织小组讨论高压箱的电气控制逻辑。

任务拓展

高压箱检修要点

（1）检查并确保高压箱箱体外观无变形、损坏，固定电缆密封接头的底座无可见裂纹、各标识无损坏。

（2）检查并确保高压箱底座安装紧固、接地线状态良好。

（3）检查并确保高压箱内部设备无拉弧烧伤现象、各电子元器件接触良好。

（4）检查滤波电容（C）外形是否完好、测试电容值是否超过额定值±10%。

（5）检查充电电阻（R1）外观是否正常、有无裂纹、脱色，测量其阻值是否在正常范围内、器件紧固状态及自检线是否在一条直线上。

（6）检查续流电阻（R2）、放电电阻（R3）、限流电阻（R）外观是否正常、有无裂纹、脱色，测量其阻值是否在正常范围内、器件紧固状态及自检线是否在一条直线上。

（7）检查高速断路器触头有无烧伤；拆开高速断路器灭弧罩，检查灭弧片，若打火严重则打磨，无法打磨平整则更换。

任务评价

项目名称	城市轨道交通车辆牵引系统控制		学生姓名	
任务名称	列车高压箱电气系统控制		分值配比	考核得分
评价要点	1. 简要描述高压箱及高速断路器的作用		25	
	2. 根据实际设备,说明高压箱内部主要设备		25	
	3. 简述高速断路器的控制电路原理		25	
	4. 简述高压箱的电气控制逻辑		25	

学习心得

教师评价

教师签名:

任务 5 列车牵引逆变器电气系统控制

任务导入

　　牵引逆变器(也称为牵引变流器)是交流牵引系统中最重要的组成部分,它的功能是把直流电转换成频率和幅值均可调的三相交流电,牵引逆变器箱体如图 3-27 所示。在一定程度上,交流牵引系统是随着牵引逆变器的发展而发展起来的。在交流牵引系统中,牵引逆变器不仅实现电源由直流到交流的变换,而且需要满足牵引特性曲线上的牵引力要求。直流到交流的变换由逆变器主回路实现,给定牵引力,即电动机转矩的实现则依靠控制策略和方法。

　　通过本任务的学习,需要达到的目标如下:① 了解牵引逆变器箱体构成;② 能够区分两电平逆变器和三电平逆变器;③ 掌握牵引逆变器的电路结构构成;④ 理解牵引逆变器的控制原理。

图 3-27　牵引逆变器箱体

知识准备

5.1　牵引逆变器的种类

　　早期城轨车辆逆变器的功率元件是 GTO(门极可关断晶闸管),随着 IGBT(绝缘栅双极型晶体管)技术的不断发展,目前已普遍采用 IGBT。牵引逆变器的发展过程中根据中间环节电源性质的不同有两种类型的逆变器,即电压型逆变器和电流型逆变器。直流环节表现为理想电流源的是电流型逆变器;直流环节表现为理想电压源的是电压源逆变器。两种逆变器各有特点,在牵引系统中目前均采用电压型逆变器,其中又可分为两电平逆变器和三电平逆变器。

1. 两电平逆变器

　　两电平逆变器,是通过控制 IGBT 等开关的导通和关断,在输出端把直流电源的正极和负极电压分别引出,从而将直流电转换为交流电。在直流侧,电压只有 U_d 和 0 两种点位,如图 3-28 所示。在电压型逆变器的主电路中,最早广泛应用的是两电平逆变器,这种变换器的缺陷在于受开关功率和耐压大小的限制,不宜实现高压大功率输出。为了减少逆变器输出电压的谐波,出现了多电平逆变器的研究。利用增加电路电平数来减少输出电压中的谐波,使逆变器的开关工作在低压状态,以降低开关损耗及电磁干扰。但是由于 IGBT 和 IPM 的耐压等级不断提高,目前开发在城市轨道交通车辆这一功率和电压等级上的牵引逆变器多采用两电平逆变这种电路形式。

2. 三电平逆变器

　　多电平逆变器是指这种逆变器输出电压波形中的电平数等于或大于 3 的逆变器,如果等于 3,则称为三电平逆变器,如图 3-29 所示。三电平逆变器是多电平逆变器中最简单的一种电路。三电平逆变器主电路采用两开关元件与中点带钳位二极管的方案,开关元件一般采用 IGBT 或 IPM 等新型全控型元件。其主要优点是在中间直流电压一定的前提下,降低对开关元器件耐压等级的要求,同时可改善牵引逆变器交流输出波形。其缺点为电路所需器件数量较多,主电路结构复杂,控制上较复杂,技术上较难掌握。目前在牵引系统中三电平逆变器有少量应用,比如,日本新干线及我国生产的高速动车组 CRH2 中均采用三电平逆变器。

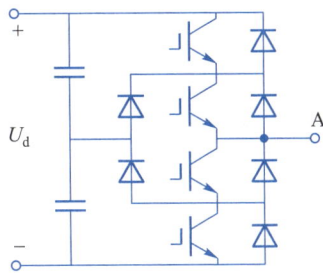

图 3-28　两电平逆变器示意图　　　　图 3-29　三电平逆变器示意图

5.2　牵引逆变器的电路结构

在 6 编组的列车上,每节动车都配置一个牵引逆变器箱,牵引变流器内有一个牵引逆变器输出模块同时连接 4 个牵引电动机,为牵引电动机供电的三相电缆直接连接到牵引逆变器上。牵引逆变器电路主要由输入单元、逆变器单元、牵引控制单元构成。

1. 输入单元

输入单元中一般包括除了位于高压箱内部的线路接触器、差动电流传感器、续流二极管等部件外还有滤波电抗器(L),如图 3-30 所示,以及支撑电容器(C)组成线路滤波器。滤波单元的作用是使主电路直流侧支撑电容器电压保持稳定,并将电压波动限制在允许范围内的同时,吸收直流输入端的谐波电压,抑制逆变器对输入电源网的干扰,在逆变器发生短路时抑制短路电流并满足逆变器开关元件换相的要求等。

图 3-30　滤波电抗器

2. 逆变器单元

逆变器单元由逆变器部分和制动斩波部分构成。逆变器部分采用 IGBT 模块,为两电平逆变电路,在牵引模式和再生制动模式下运行,如图 3-31 所示为西门子逆变器模块。在牵引逆变器箱体内部采用抽屉式结构,其冷却方式采用热管散热器走行风冷却。在输出端,可提供可变频率、可变振幅的三相电源,持续改变所连接的牵引电动机的转速和扭矩。

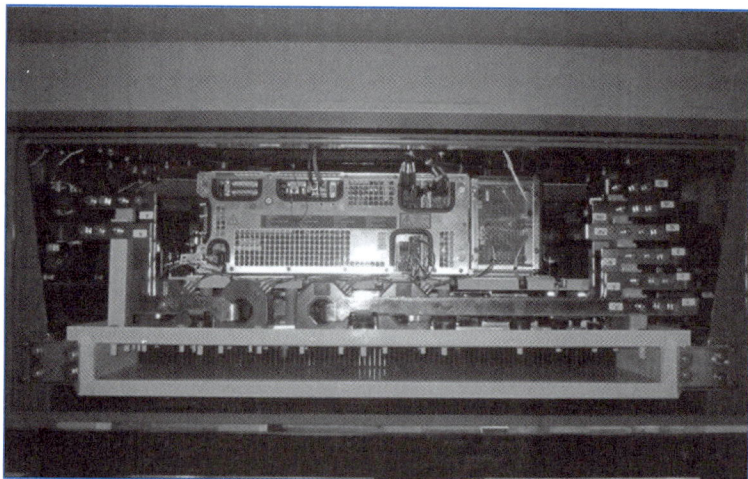

图 3-31　西门子逆变器模块

制动斩波部分由 IGBT 斩波模块及制动电阻(BR)等组成。制动斩波器能够抑制中间直流回路电压的瞬时波动以及过电压。牵引或制动工况时,通过触发导通斩波单元,能抑制因空转或其他原因引起的瞬时过电压;再生制动时,能够吸收再生制动能量,确保再生制动的稳定进行。如果再生制动工况下,能量不能被电网完全吸收,多余的能量必须转换为热能被制动电阻消耗掉,否则电网将受到冲击。制动斩波器的存在能确保大部分的能量反馈回电网,同时又保护了电网上的其他设备。

3. 牵引控制单元

牵引控制单元(Drive Control Unit,DCU)为逆变器控制装置,为牵引逆变器提供 PWM(Pulse Width Modulation,脉冲宽度调制)信号,进而为牵引电动机提供矢量控制或直接转矩控制,DCU 机箱如图 3-32 所示。DCU 通过接收司机下发的指令,将司机指令转化为地铁列车的运行工况。DCU 具有车辆级控制和逆变器级控制的功能。

图 3-32　DCU 机箱

车辆级的控制功能是根据司机指令完成对地铁列车牵引/制动的特性控制和逻辑控制,实现对主电路中接触器的通断控制和牵引逆变器的启/停控制,计算列车所需的牵引/电制动力等。

逆变器控制级的核心任务是采用"异步电动机直接转矩控制""黏着控制"软件和"交流传动模块化设计"硬件,DCU 中的电动机控制单元主要完成对 IGBT 逆变器及交流异步牵引电动机的实时控制、黏着控制、制动斩波控制;同时具备完整的故障保护功能、模块级的故障自诊断功能和一定程度的故障自复位功能,DCU 与逆变器的关系如图 3-33 所示。

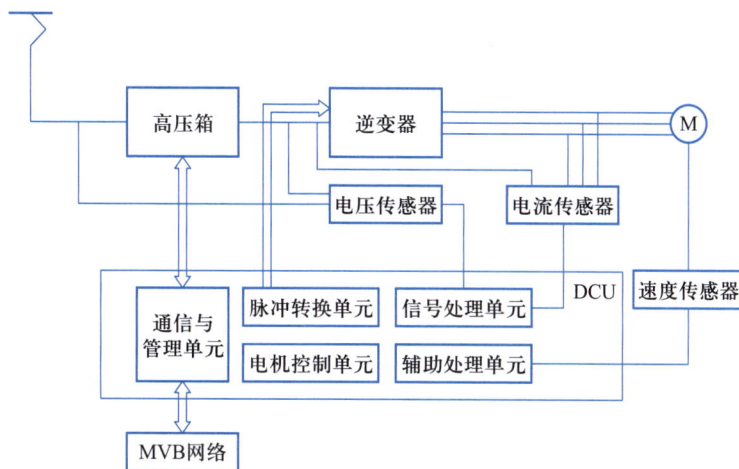

图 3-33　DCU 与逆变器的关系

DCU 也是组成列车通信网络的一部分,具有符合列车通信网络(TCN)IEC61375 标准的 MVB 通信接口,对外与车辆总线相连,与中央控制单元等形成控制与通信系统。DCU 内部则构成并行总线。同时,当列车控制与诊断系统出现故障时,可用硬线实现紧急牵引功能。

5.3　牵引逆变器的电路控制

位于 Mp 车和 M 车底部的牵引逆变器箱中配置了一个牵引逆变器,如图 3-34 所示,供电给 4 台牵引电动机。其电路控制的实质是牵引系统的主回路控制,包括牵引预备环节、充电限流环节、滤波保护环节、制动斩波环节、逆变驱动环节等。

微课
牵引系统故障处理实例

（1）牵引预备环节

首先司机确保列车能够控制动车,三位置开关在"运行"位,列车经过唤醒激活后牵引控制单元(DCU)得电,输出"主断允许"信号和"主断闭合"信号控制 HSCB 的闭合与断开。

（2）充电限流环节

当满足高速断路器闭合、方向手柄处于非零位、受电弓升起网压大于 1 000 V 三个条件时,DCU 输出充电接触器有效信号。为了防止过大的充电电流冲击损坏电器,此时充电接触器(KM2)闭合,直流 1 500 V 电源经充放电电阻(R_1)给牵引变流器内的直流支撑电容 C 充电,当电容电压在一定时间内上升到一定值时,短接接触器 KM1 闭合,电容充电完成。当高速断路器断开时,通过导通斩波器,支撑电容 C 上的电能通过制动电阻快速释放,放电时间小于 1 s。在电容 C 两端并联固定的放电电阻 R_{21}、R_{22} 可在 5 min 内将电容器 C 电压放电到安全电压以下。

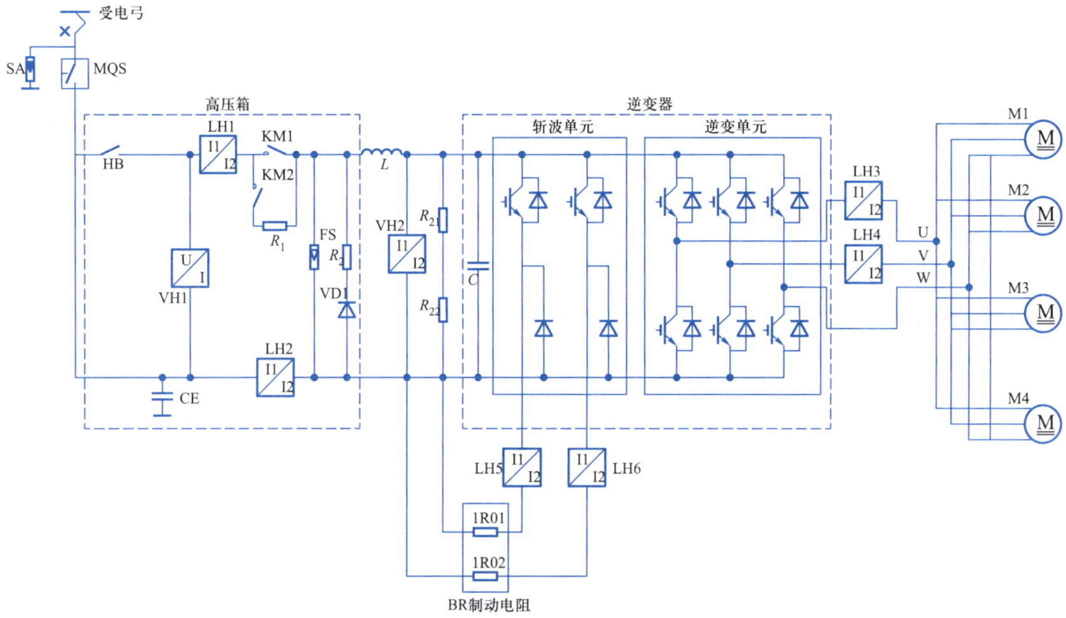

SA—浪涌电压吸收器;MQS—隔离开关;HB—高速断路器;LH1~LH6—电流传感器;VH1、VH2—电压传感器;

KM1—短接接触器;KM2—充电接触器;1R01、1R02—制动电阻;R_1—充电电阻;R_{21}、R_{22}—放电电阻;M1~M4—交流电动机

图 3-34　牵引逆变器的电路控制原理图

（3）滤波保护环节

每台牵引逆变器配置一个滤波电抗器。滤波电抗器的设计与高速断路器的分断能力协调一致,以保证滤波电抗器在突然接地时,不会损坏任何其他设备。滤波保护单元使主电路直流侧支撑电容器电压保持稳定并将电压波动限制在允许范围内,同时,吸收直流输入端的谐波电压,抑制逆变器对输入电源网的干扰。

（4）制动斩波环节

如图 3-34 所示的系统配有两个由 IGBT 模块和二极管构成的斩波器,有的系统配有一个制动斩波器。外部制动电阻 BR 与斩波单元一起构成制动斩波单元。当列车施加再生制动时,牵引电动机作为发电机运行,将列车动能转换成电能。此时逆变单元将交流电整流为直流电,反馈回牵引网。如果牵引网已达到电压限制的上限值,多余的电能则通过制动斩波单元转换为热能消耗掉。制动斩波环节一方面用于电阻制动,用来调节制动电流的大小及过电压保护;另一方面在逆变器的直流电路中若有短时间的过电压,则斩波器会起保护作用。

（5）逆变驱动环节

列车在牵引时,6 个开关管按顺序导通得到需要的电压波形。为了能够驱动逆变器,需要由牵引控制单元 DCU 发出控制脉冲,来控制 IGBT 的导通时间和周期,以改变输入到牵引电动机的电压与频率,从而调整牵引力的大小。

（6）检测环节

在牵引逆变器中检测单元由 LH1、LH2、LH3、LH4、LH5、LH6 等电流传感器以及 VH1、VH2 等电压传感器组成,传感器一般采用为霍尔电流、电压传感器。电流传感器 LH1、LH2 放置于 VVVF 逆变器箱中,用于牵引输入电流检测及接地保护。LH3、LH4、LH5、LH6、VH1、VH2 等安装在 VVVF 逆变器箱中,分别用于逆变器输出电流、斩波电路电流、输入电压及中间电路电压的检测。

任务实施

1. 小组讨论并画出两电平逆变器和三电平逆变器的结构原理图,说出两电平逆变器和三电平逆变器之间的区别。

2. 在地铁车辆段架修库内,观察牵引逆变器模块的各结构。

3. 结合电路图及各电气设备,简述牵引逆变器的工作原理。

任务拓展

牵引箱的检修要点

(1) 检查牵引箱外观,检查接地连接是否可靠、电缆接头有无损坏、平垫片有无损坏、悬挂支架的焊缝有无损坏、箱体有无明显损坏。

(2) 检查设备风扇和线路电抗器的通风区域,排气挡板应无污垢、灰尘沉积和破损。

(3) 检查装有入口筛网(FSA 过滤器)的盖板及紧凑型逆变器的散热片,应无污垢、灰尘沉积和破损。

(4) 检查非通风区电缆紧固件,应无污垢、灰尘沉积和破损。

(5) 检查触头线路接触器触头动作是否灵活、有无损伤。

任务评价

项目名称	城市轨道交通车辆牵引系统控制		学生姓名	
任务名称	列车牵引逆变器电气系统控制		分值配比	考核得分
评价要点	1. 逆变器的分类掌握情况		15	
	2. 试着画出两电平和三电平逆变器的结构图		15	
	3. 说出两电平和三电平逆变器的区别		20	
	4. 简述牵引逆变器的电路结构		20	
	5. 简述牵引逆变器的工作原理		30	

学习心得

教师评价

教师签名：

任务6　列车牵引电动机电气系统控制

任务导入

　　城市轨道交通车辆中采用电动机驱动的电气传动部分称为牵引传动系统。它以牵引电动机为控制对象，通过开环或闭环控制系统对电动机所产生的牵引力和速度进行调节，满足车辆牵引和制动特性的要求，从而实现对车辆的运行控制。牵引电动机的分类及调速控制方式如图 3-35 所示。

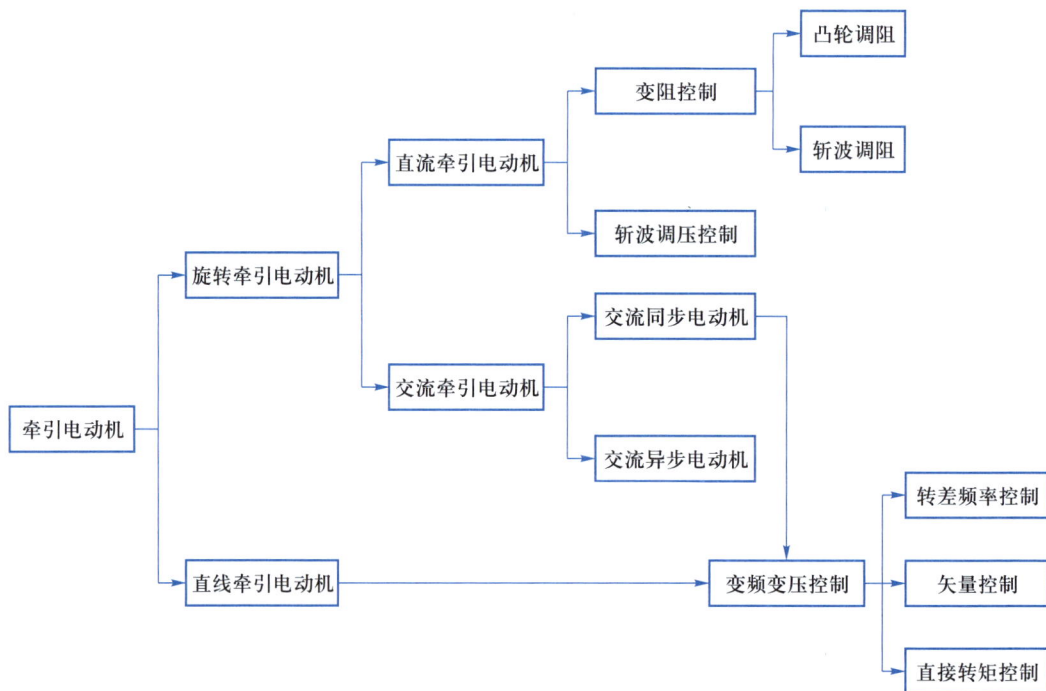

图 3-35　牵引电动机的分类及调速控制方式

在 20 世纪 70 年代之前的列车牵引系统中基本都采用直流牵引传动系统。在直流牵引传动系统发展中,串励式牵引电动机由于具有启动性能好、调速范围大、过载能力强、功率利用充分、运行可靠等优点一直作为轨道车辆的主要选择。北京地铁 1 号线和上海地铁 1 号线均采用了直流牵引传动系统。对于直流供电的城市轨道交通车辆,直流牵引传动系统的调速方式经历了凸轮调阻、斩波调阻、斩波调压 3 个阶段。

虽然直流牵引电动机具有良好的牵引和制动性能,但是其防空转性能较差,同等功率下电动机的体积和质量较大,换向困难、电位条件恶化、易产生环火和繁杂的维护等问题阻碍了其在轨道交通车辆上的发展。随着大功率晶闸管的发展,特别是采用了大功率自关断电力电子器件 IGBT 后,可调压调频的逆变装置已经成功解决了交流电动机的调速问题。交流异步电动机具有结构简单、成本低、工作可靠、寿命长、维修和运行费用低、防空转性能好等一系列优点,是一种更理想的牵引电动机。目前,交流牵引电动机正在迅速全面取代直流牵引电动机。本章主要讲述交流牵引传动系统中涉及的交流牵引电动机。

通过本任务的学习,需要达到的目标如下:① 了解列车牵引传动系统的种类;② 了解直流牵引传动系统的调速方式;③ 理解交流异步牵引电动机的调速原理;④ 了解交流牵引传动系统的牵引特性;⑤ 掌握各类交流牵引传动系统的特点;⑥ 了解直线牵引电动机的工作原理及应用。

知识准备

微课
交流牵引电动机结构

6.1　交流异步牵引电动机控制

交流牵引传动系统是指采用由各种变流器供电的交流异步电动机或交流同步电动机的牵引系统。交流牵引传动系统的发展始于 20 世纪 60 年代,我国对交流牵引传动系统的研究起步于 20 世纪 70 年代,在 20 世纪 90 年代中期逐步进入交流牵引系统的实用化开发和生产。交流牵引传动系统的发展与电力电子技术的发展密不可分。从晶闸管 SCR 到 MOSFET,再到 GTR,从 GTO 到 IGBT(IPM),再到 IEGT,电力电子技术的发展推动了交流牵引传动系统的发展。现代控制理论的发展则称为交流牵引传动系统发展的理论基础,产生从转差频率控制到矢量控制,以及直接转矩控制等控制技术的进步。

交流牵引传动系统在城市轨道交通车辆上的应用体现出的主要特点有:

① 具有优良的牵引特性和制动特性;

② 装机功率大,牵引电动机功率可达 1 600 kW,如图 3-36 所示;

③ 质量轻,轮对的簧下质量轻,对线路的作用压力小,适合高速运行;

④ 调速范围宽,可以满足现代化城市轨道交通车辆的运行速度需要;

⑤ 系统具有快速的动态响应性能,尤其是在牵引状态向制动状态转换时,交流系统能实现无缝对接;

⑥ 对逆变器合理的设计,可以使牵引系统的谐波小、效率高、可靠性好;

⑦ 由于牵引变流器能够逆向运行,因此能够方便地实现再生制动。

1. 三相交流异步电动机的调速

根据电动机学原理,三相交流异步电动机的定子绕组在加入频率 f_s 的三相交流电后,在电动机的气隙中产生一个旋转的磁场,其转速为 n_s,称为三相交流异步电动机的同步转速。同步转速

图 3-36　牵引电动机

的表达式为：

$$n_s = \frac{60f_s}{p} \qquad (3.1)$$

式中：n_s——电动机的同步转速；

　　f_s——定子频率，单位为 Hz；

　　p——电动机极对数。

由于电磁感应的作用，电动机的转子将以略低于同步转速的速度旋转，其转速为 n。同步转速 n_s 与转子转速 n 的差值与同步转速之比称为转差率 s。

$$s = \frac{n_s - n}{n_s} \qquad (3.2)$$

由此交流异步电动机的转速有如下表达式：

$$n = \frac{60f_s}{p}(1-s) \qquad (3.3)$$

从中可以得出交流异步电动机的转速 n 与转差率 s、定子频率 f_s 和电动机的极对数 p 有关。改变异步电动机转速的方法有三种：

（1）变极调速（p）

变极调速是通过改变电动机定子绕组的接线方式以改变电动机极对数来实现调速的，这种调速方法是有级调速，不能平滑调速，且只适用于鼠笼式异步电动机。因为鼠笼式异步电动机的磁极对数能自动地随着定子磁极对数的变化而变化，从而保证定子、转子磁极对数相等，以便转子产生恒定的电磁转矩。

变极调速通常采用的方法是单绕组变极调速，即在定子铁芯中装套绕组。通过改变定子绕组的连接方式，使部分绕组中的电流方向改变，来实现电动机的磁极对数和转速的改变。

这种调速方法的特点为：具有较硬的机械特性，稳定性良好；无转差损耗，效率高；接线简单、控制方便、价格低；有级调速，级差较大，不能获得平滑调速；可与调压调速、电磁转差离合器配合使用,获得较高效率的平滑调速特性;变极调速适用于不需要无级调速的生产机械,如风机。

(2) 变转差率调速(s)

变转差率调速可以通过调节定子电压、转子电阻(适用于绕线式异步电动机)、转差电压(适用于绕线式异步电动机)等方法来实现。这种调速方法能够无级调速,但当降低定子电压时,转矩也以电压的平方按比例减小,所以调速范围不大。为了扩大调速范围,调压调速应采用转子电阻值大的笼型电动机,如专供调压调速的力矩电动机。目前常用的调压方式有串联饱和电抗器、自耦变压器以及晶闸管调压等几种。晶闸管调压方式为最佳,其特点是调压调速线路简单,易实现自动控制。

(3) 变频调速(f_s)

变频调速通过改变电动机定子的供电频率,以改变电动机的同步转速达到调速的目的。其调速性能优越,调速范围宽,能实现无级调速。进行变频调速时,为使电动机获得满意的性能,通常保持气隙磁通不变,即可保持铁心磁路的饱和程度,励磁电流和电动机的功率因数基本不变。在改变频率的同时,必须相应地调节电压,这种变频调速常用 VVVF 来表示。

从调速范围、平滑性以及调速过程中电动机性能等方面看,变频调速最为优越,但需要专门的变频变压电压,控制轨道交通车辆异步电动机的变频变压装置采用脉冲宽度调制器,也称为 PWM 变频器。

从以上三种调速方式可以看出,异步电动机的调速性能不如直流电动机的调速性能好。原因在于异步电动机在接近同步转速工作时,机械性能较硬,效率和功率因数都较高;在远低于同步转速时,各方面的性能都要变差,所以目前变频调速的动态性能指标差不足以完全取代直流调速系统。

2. 交流牵引系统的牵引特性

在城市轨道交通车辆运行时,由于两站间的距离较短,需要电动机适应车辆周期性加速、减速的要求。车辆开始起步即进入牵引阶段,由于城市轨道交通车辆运行速度范围宽,牵引电动机既要保证低速时的大转矩,又要满足最高时速所需的功率。在启动过程中要求有一个均匀的加速度以实现平稳启动,这种方式称为恒转矩启动。当列车加速到额定速度并进入稳定运行状态时,为了使传动设备的装机能力得到充分利用,要求在任何速度下都达到额定功率,即按恒功率特性运行。城市轨道交通车辆在不同运行阶段的牵引运行模式及牵引特性如图 3-37 所示。

在列车的牵引加速和制动减速两个阶段的运行模式主要有:牵引加速的恒转矩模式、恒功率模式、恒转差频率模式和制动减速的恒转差频率模式、恒转矩模式。列车索引/制动时各参数之间的关系见表 3-3。

(1) 牵引加速——恒转矩模式

保持转差频率 f_2 恒定的同时,慢慢提高逆变频率 f_1,使其与车辆的运行速度相符合。当速度逐渐增加,异步电动机转子的实际旋转频率随之增加。若要保持转差频率恒定,则要增加逆变频率。在保持逆变电压频率比恒定的情况下,对逆变电路输出电压进行 PWM 控制。其具体控制形式为:牵引力保持一致,定子电流 I_1 也大致一定;当负载变化时,有必要改变牵引力,且保持 U_1/f_1 不变时,就要改变转差频率 f_2,以此来改变电动机电流,从而获得所要求的牵引力。转矩控制一直进行到速度上升到逆变器输出电压达到上限为止。牵引逆变器输出电压上限(U_{1max})和输入电压(U_c)的关系如下:

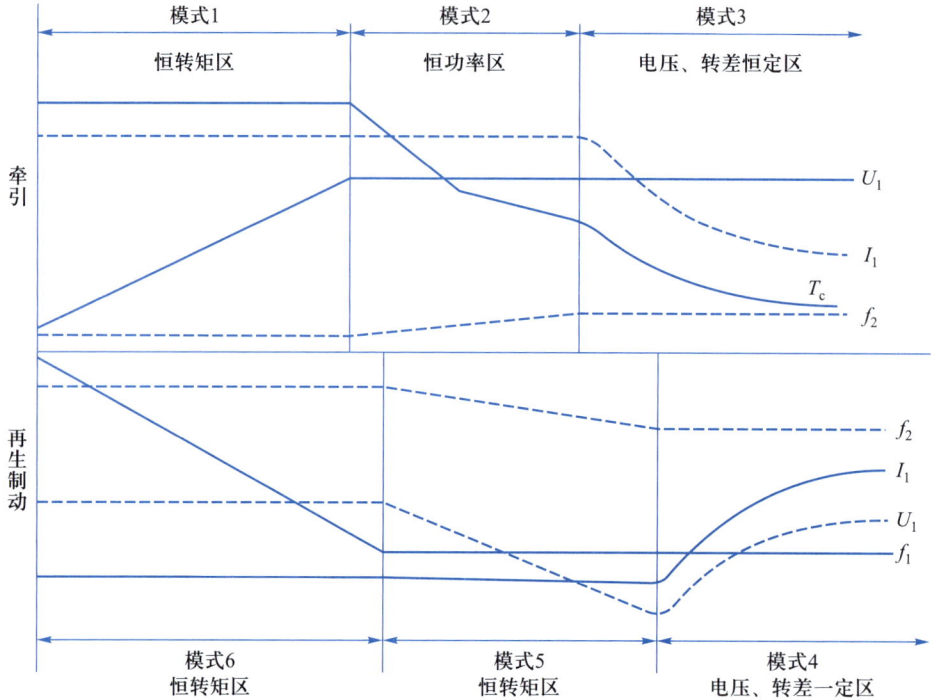

图 3-37　不同运行阶段的牵引运行模式及牵引特性

表 3-3　列车牵引/制动时各参数之间的关系

工况	模式	需要控制的因素		转矩	定子电流
牵引加速	恒转矩	f_1 提高	U_1/f_1 一定，f_2 一定	T_e 一定	I_1 一定
	恒功率		U_1 一定，$f_2 \propto f_1$	$T_e \propto \dfrac{1}{f_1}$	
	恒转差频率		U_1 一定，f_2 一定	$T_e \propto \dfrac{1}{f_1^2}$	$I_1 \propto \dfrac{1}{f_1}$
制动减速	恒转差频率	f_1 降低	U_1 一定，f_2 一定	$T_e \propto \dfrac{1}{f_1^2}$	$I_1 \propto \dfrac{1}{f_1}$
	恒转矩		U_1 一定，$\|f_2\| \propto f_1^2$	T_e 一定	$I_1 \propto \dfrac{1}{f_1}$
			U_1/f_1 一定，f_2 一定		I_1 一定

注：U_1—逆变电压；I_1—定子电流；f_1—逆变频率；f_2—转差频率；T_e—牵引力

$$U_{1\max} = \frac{\sqrt{6}\,U_c}{\pi} \tag{3.4}$$

（2）牵引加速——恒功率模式

当逆变器电压达到上限后保持一定，然后增大转差频率的同时定子电流维持恒定。由于电压电流都不变，所以处于恒功率模式。牵引力大致与逆变频率成反比，所以牵引力将随速度的上升而减少。恒功率控制将持续到转差频率达到所规定的最大值。

在逆变器容量有较大裕量,并在牵引加速—恒转矩模式逆变电压达到最大的情况下,可使电动机定子电流随速度成正比上升,继续进行保持牵引力恒定的恒转矩控制。在这种情况下,如果电动机电流达到了逆变器容量所限制的最大值,则转入牵引加速—恒功率模式。

(3) 牵引加速——恒转差频率模式

逆变输出电压保持可控最大值,补偿由于增加逆变频率 f_1 而导致 U_1/f_1 降低的数值,转差频率 f_2 无法再增加,即转差频率也保持最大值,随着速度的上升缓慢增加逆变频率。

电动机定子电流与逆变频率成反比地减小,牵引力也与逆变频率的平方成反比,这相当于直流电动机最弱磁场下的自然特性区。

(4) 制动减速——恒转差频率模式

逆变电压取最大值,转差频率也保持所规定的负最大值,随着速度的下降缓慢减小逆变频率。电动机电流与逆变频率成反比地增大,制动力与逆变频率的平方成反比地增大。使电动机电流增大到与下述模式(恒转矩控制)相符合的值,但是在达到恒转矩控制模式之前,若电动机电流已达到逆变器容量所制约的上限值的情况时,则要从电动机电流达到最大值的时刻起保持电动机电流恒定,进行恒流控制。在这种情况下,制动力将随逆变频率成反比增大,这相当于直流复励电动机的电流限制区。

(5) 制动减速——恒转矩模式

制动减速—恒转矩模式有两种。一种是逆变电压取最大值,在控制转差频率(负值)与逆变频率的平方成反比的同时,使逆变频率随速度下降而缓慢减小,电动机电流将随逆变频率成反比地减小,制动力大致保持一定。另外一种是保持转差频率为最小值,使逆变频率随速度下降而缓慢减小,采用 PWM 控制,在保持(逆变电压和逆变频率)恒定的条件下减小逆变频率(U_1/f_1 恒定)控制,其结果是制动力保持恒定,电动机电流也大致保持一定,这种模式下再生制动可持续到列车停止前(理论上再生制动可持续到列车速度为 0)。

以上的方法只适用于开环控制系统,应用在城市轨道交通车辆的牵引系统中不能满意地保证在突然加速或减速等定子频率突变时不超过颠覆点,必须采用当电压和负载波动时具有快速动态响应能力和精确稳态运行性能的反馈闭环控制系统,速度和电动机力矩值是系统的被调量,作为反馈控制信号。

3. 交流异步牵引电动机的调速控制

城市轨道交通车辆所使用的感应电动机是一个复杂的、非线性、多变量控制对象,尤其对于鼠笼式异步电动机无法检测鼠笼结构中的转子电流。异步电动机的励磁电流隐含在电动机定子绕组之中,定子电流中的励磁电流分量检测与控制比较困难。为了可以有效地控制力矩,又可以在快速暂态过载和稳态过载时保护功率变流器和电动机,各种交流传动系统的控制方法应运而生。城市轨道交通车辆要求高性能的异步电动机传动系统,为了建立一个有效的力矩控制环,根据异步电动机的基本性能方程组,可以有两种方法:一种是利用直接测定或估算的力矩值作为反馈信号,与给定力矩进行比较,产生力矩调节器的输入偏差信号;另一种是间接地由给定力矩信号产生相关联的其他物理量,如气隙磁通、滑差频率或定子电流作为给定信号,并测定这些物理量的实际值作为反馈信号,也可以有效地控制电动机力矩。当然,无论控制结构如何复杂,或采取什么样的反馈环和反馈量,功率变流器(逆变电路)只有两个控制变量,即电压和频率。目前,用于城市轨道交通车辆的闭环系统有转差—频率控制(上海地铁 2 号线),矢量控制(广州地铁 1

号线)和直接转矩控制(杭州地铁 2 号线)。这里主要介绍使异步牵引电动机具有更加优良动态性能的矢量控制和直接转矩控制。

(1) 矢量控制

1971 年,德国学者 F.Blaschke 提出交流电动机的磁场定向矢量控制理论,标志着交流调速理论的重大突破。在一定条件下,矢量控制系统相当于把非线性、强耦合的异步电动机调速系统分解成两个独立的线性系统:转速控制系统和磁链控制系统。线性系统的调节器比较容易设计,因此矢量控制交流调速系统的静动态性能可以和直流调速系统的性能媲美。

矢量控制交流牵引电动机的基本原理是以异步电动机的转子磁场为基准,基于直流调速系统的控制思想对异步电动机进行矢量分解,把一次电流分解为励磁电流分量和力矩电流分量进行单独控制,在保持磁通一定的情况下控制力矩电流分量,即使力矩目标值急剧变化时也不至于产生显著的振荡和时延,从而实现快速动态响应控制。此方式的调速范围宽,可使电动机力矩迅速变化到目标值,从而大大提高了对空转和滑行控制的效率。

以产生相同的旋转磁场为准则,三相交流电动机中 A、B、C 三相固定对称绕组通以三相正弦交流电流 i_A、i_B、i_C;两相交流电动机中 α、β 二相固定对称绕组通以二相正弦交流电流 i_α、i_β;以旋转磁场同步转速旋转,互相垂直的绕组 M、T 通以直流电流 i_M、i_T 时都可以产生同样的转速。也就是说,这些电流之间存在着确定的矢量变换关系。只要按照某种规律控制三相交流电动机中的三相正弦交流电流,就可以得到好的力矩控制性能。基于这种控制规律,以矢量变换为工具,将定子电流矢量分解为两个相互垂直的分量,一个相当于直流电动机的磁场电流,称为励磁电流分量;另一个相当于电枢电流,称为力矩电流分量。对各自独立的两个电流分量进行控制就构成了力矩瞬时值的矢量控制。

为此,第一步是将 A、B、C 三相坐标系的交流量变换为 α-β 坐标系的交流量(相当于把三相交流电动机变换为等值的两相交流电动机);第二步是将 α-β 坐标系的交流量再变换为以转子磁场定向的 M-T 坐标系的直流量(相当于把交流电动机模型转换为直流电动机模型)。在控制调节过程中,对用两相表示的电压、电流和磁通进行分析,确定幅值的大小和相位。

完成矢量变换运算的相应单元有三相/两相变换器、直角坐标/极坐标变换器(K/P)和矢量旋转变换器(VR),这些矢量变换最后必须将直流量还原为交流量以便控制交流电动机。因此,这些运算功能的变换是可逆的。

矢量控制交流牵引电动机的缺点在于需要经过两次坐标变换,并且求矢量的模和相角的计算特别复杂,应用在城市轨道交通车辆驱动上具有如下特点:

① 优化空转再黏着的控制性能;
② 提高轻负荷再生时的再生效率;
③ 提高乘坐舒适性(无转矩冲击);
④ 提高匀速驾驶和自动驾驶的精度。

(2) 直接转矩控制

直接转矩控制(DTC)是一种新型交流调速理论,在 1985 年由德国鲁尔大学的 Depenbrock 教授提出,在矢量控制和电流跟踪型 PWM 控制的基础上发展而来。相比矢量控制,其结构简单,在很大程度上克服了矢量控制中由于坐标变换引起的计算量大、控制结构复杂、系统性能受电动机参数影响较大等缺点,系统的动静态性能指标十分优越。为了获得最佳的牵引控制性能,在实际车辆中设计者通常将矢量控制和直接转矩控制进行融合考虑,构成更加优良的列车牵引控制系统。

采用直接转矩控制方式控制异步牵引电动机,是以异步电动机的定子磁场为基准,通过定子磁链定向,直接对转矩进行控制,省去繁杂的解耦过程,使控制性能不受转子参数变化的影响,此外,力矩和磁链都采用直接反馈的双位式 Band-Band 控制(又称棒棒控制,属于时间最优控制),从而不用将定子电流分解成力矩和励磁分量。而矢量控制是建立在转子磁场旋转坐标系中,主要的控制目标是采用坐标变换方法对定子电流进行解耦控制,并间接地实现对转矩和磁链的解耦控制。两者的区别在于,矢量控制一般具有 PWM 逆变器和定子电流闭环,而没有直接转矩控制。

总结直接转矩控制的特点有:

① 采用了直接反馈的双位式 Band-Band 控制,避免了将定子电流分解成力矩和磁链分量,省去旋转坐标变换,控制器结构简化,但却带来了力矩脉动,对列车调速范围有所限制;

② 以定子磁链为控制对象,稳态的机械性能会略差一些,但是控制性能摆脱了转子参数变化造成的影响;

③ 转矩响应速度快于矢量控制,关键在于它不采用电流调节方式,采用的是电压矢量一次到位来改变转矩。

(3) 矢量控制与直接转矩控制的比较

从总体控制结构上看,直接转矩控制与矢量控制一样,数学模型也基本相同,都是分别对异步电动机的转速和磁链进行控制,都能获得较高的静态、动态性能。但在具体控制方法以及状态变量方面,两者又存在一定的差异。矢量控制和直接转矩控制的数学模型基本相同,仅仅是所突出的状态变量不完全相同。直接转矩控制采用定子磁链、定子电流与转速作为状态变量,而矢量控制采用转子磁链、定子电流与转速作为状态变量。直接转矩控制选择定子磁链作为被控对象,而不像矢量控制选用转子磁链作为被控对象,这样计算磁链的模型可不受转子参数变化的影响,提高了控制系统的稳定性。如果从数学模型来推导,按照定子磁链控制的规律,显然要比按转子磁链定向时复杂,但由于采用 Bang-Bang 控制,这种复杂性对控制器并没有影响。

这两种方案都适用于高性能异步电动机的调速控制。矢量控制更适合于宽范围调速系统和伺服系统,直接转矩控制则更适合于需要快速转矩响应的大惯性运动控制系统。两者的性能与特点比较见表 3-4。

表 3-4　矢量控制与直接转矩控制性能与特点比较

性能与特点	矢量控制系统	直接转矩控制系统
磁链控制	转子磁链	定子磁链
转矩控制	连续控制,比较平滑	Band-Band 控制,有转矩脉动
坐标变换	需要	不需要
转子参数变化影响	有	无
调速范围	较宽	不够宽

6.2　永磁同步牵引电动机控制

随着下一代地铁列车的出现,城市轨道交通将朝着高效率、高可靠性和低能耗的方向发展。

交流同步电动机在牵引系统中的应用比交流异步电动机的应用还要早,也称为永磁牵引系统,如法国的 TGV-A 高速列车采用的就是交流同步电动机,中国首列永磁地铁有长沙地铁 1 号线,如图 3-38 所示。与交流异步电动机调速系统相比,永磁同步电动机被认为更有潜能作为下一代新型牵引电动机,其具有以下特性:

① 转矩过载能力强。永磁同步电动机的电磁转矩波动范围小,动态响应快,转速平稳,带载能力强。永磁同步电动机的最大瞬时转矩可达到其额定转矩的三倍以上,因此适合在负载转矩波动较大的工况下运行。

② 效率和功率因数高。永磁同步电动机具有较高的效率和功率因数。与异步电动机相比,永磁同步电动机无须无功励磁电流,所以功率因数比异步电动机高。

③ 体积小,重量轻。与异步电动机相比,永磁同步电动机结构更简单,重量也更轻。与相同容量的异步电动机相比,其体积和重量可减少 20%~30%,使其适用于许多特殊应用场合。

图 3-38 中国首列永磁地铁——长沙地铁 1 号线

永磁同步电动机的组成部分包括定子线圈、定子、转子、永久磁铁等,其结构示意图如图 3-39 所示。其定子结构与交流异步电动机中的结构一样,但不同的是转子结构,转子上安装有高质量的永磁体磁极。永磁同步电动机的工作原理是在电动机的定子绕组中通入三相电流,产生旋转磁场,由于在转子上安装了永磁体,永磁体的磁极是固定的,根据磁极同性相吸异性相斥的原理,在定子中产生的旋转磁场会带动转子进行旋转,最终达到转子的旋转速度与定子中的旋转磁极的转速相等。

由于在转子上安放永磁体的位置有很多选择,按永磁体结构可分类为表面式永磁同步电动机、内嵌式永磁同步电动机、插入式永磁同步电动机。按定子绕组感应电势波形可分类为正弦波永磁同步电动机和方波永磁同步电动机。城市轨道交通牵引系统工作负载大,制动频繁,同样

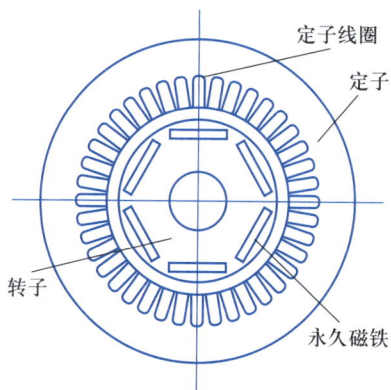

图 3-39 永磁同步电动机结构示意图

给永磁同步电动机提出了很高的控制要求。交流异步牵引电动机的调速方式主要有矢量控制和直接转矩控制,二者同样适用于永磁同步电动机,其中在永磁同步电动机中研究较多是正弦波永磁同步电动机直接转矩控制和方波永磁同步电动机直接转矩控制。

　　永磁同步电动机牵引系统因其诸多优点而被广泛应用于国内外轨道交通领域。国外轨道交通装备制造商,如法国阿尔斯通、德国西门子、日本东芝以及加拿大庞巴迪等公司已先后开展了对永磁同步电动机牵引系统的研究工作,目前已完成样机开发和试验验证工作,并逐步进入产业化和商业化应用阶段。2000 年,国内轨道交通企业以株洲中车时代电气为代表,相继开始对永磁同步电动机及其牵引系统展开了研究工作。2003 年,时代电气开始关注牵引系统的发展,并对永磁同步电动机的控制策略,永磁同步电动机牵引系统的设计方法及相关制造工艺开始进行深入研究;2009 年完成了永磁牵引系统样机的研制和试验平台的搭建工作;2010 年,通过多轮原型试制,完成了 190kW 地铁永磁同步电动机的地面试验研究,成功掌握了永磁同步电动机牵引系统的设计方法;2011 年,在沈阳地铁 2 号线上完成了空载(AW0)和负载(AW3)的现场装车试验;随后,在 2014 年完成了高速永磁动车组的装车试验;在 2015 年完成了长沙地铁 1 号线的装车运行等。近年来,国内地铁列车,如北京地铁 8 号线、天津地铁 6 号线等也都相继采用了永磁同步电动机牵引系统,并具备载客运营资格且成功投入使用。

6.3　直线感应牵引电动机控制

微课
直线牵引电动机结构原理

　　随着城市轨道交通系统降低建设、维护和运营成本,提高其便利性和创造舒适环境的要求日趋强烈,直线感应电动机牵引系统的应用可满足上述需求。直线感应电动机无旋转部件、呈扁平形,可降低车辆高度,从而缩小地铁隧道洞直径,降低工程成本。直线感应电动机运行不受黏着限制,可获得较高的加速度和减速度,噪声较小,这些都是适合轨道交通车辆应用的突出优点。广州地铁 4 号线与 5 号线,以及正在研制的磁悬浮列车都应用了直线感应电动机牵引系统。

1. 直线感应电动机的基本原理

　　直线感应电动机可认为是旋转感应电动机在结构方面的一种演变,将旋转感应电动机轴向切开,沿水平方向展开,就得到直线感应电动机的基本结构。由定子演变而来的一侧称为初级,由转子演变而来的一侧称为次级。初级和次级导体之间有一定气隙,一般来说直线感应电动机的气隙要比旋转电动机的气隙大。直线感应电动机可分为直线异步电动机、直线同步电动机和直线直流电动机,在城市轨道交通车辆中直线异步电动机应用居多。

　　如图 3-40(a)所示,将旋转感应电动机的顶部沿径向剖开并将圆周拉直,就得到如图 3-40 (b)所示的直线感应电动机。当直线感应电动机的三相初级绕组通入三相或两相正弦交流电时,会产生气隙磁场。当不考虑由于铁芯两端开断而引起的纵向边端效应时,这个气隙磁场的分布情况与旋转感应电动机相似,可看成沿展开的直线方向呈正弦分布。当三相电流随时间变化时,气隙磁场将按照一定相序排列方向沿直线移动,称为行波磁场。行波磁场的移动速度与旋转磁场在定子内表面上的线速度一样,称为同步速度(v_s)。

　　假定次级为栅形次级,整块的次级金属板可以看成无数并列安置的导条。这些导条在行波磁场的切割下,产生感应电动势和电流,并相互作用产生电磁推力。在这个电磁推力的作用下,如果初级固定不动,那么次级顺着行波磁场的方向做直线运动。若次级移动的速度用 v,转差率用 s 表示,则有

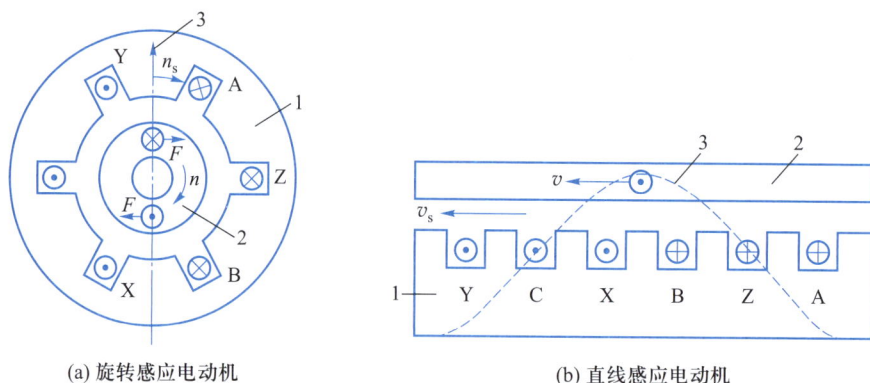

(a) 旋转感应电动机   (b) 直线感应电动机

图 3-40   电动机示意图

$$s = \frac{v_s - v}{v_s} \tag{3.5}$$

在旋转感应电动机中通过对换任意两相的电源线,可以实现反向旋转,这是因为两相绕组的相序对换后,旋转磁场的转向也随之反向,使转子转向也随之相反。同样,直线感应电动机对换任意两相的电源线后,运动方向也会反过来,这一原理可以使直线感应电动机做往复直线运动。

直线感应电动机的初级和次级的结构都很简单,特别是次级,有时甚至可直接利用部分设备本体或运行轨道。其最主要的优点是直接产生直线运动而不需要中间转换装置,启动推力大,可以实现大范围的加减速,直线速度不受限制。直线感应电动机可在条件恶劣的环境中使用,噪声小,质量轻,维修容易。但是由于初级和次级之间的气隙比旋转异步电动机的大一倍左右,需要的磁化电流大,空载电流也就大。边缘效应特别是纵向边缘效应减小了驱动推力,增大了损耗。除驱动推力外,直线感应电动机的初级和次级间有吸引力,必须增加构架强度。

2. 直线感应电动机在地铁中的应用

直线感应电动机牵引系统主要由牵引逆变器、直线感应电动机和牵引控制器等构成。直线感应电动机应用在城市轨道交通车辆上时,可以设置在车上,也可以设置在地上,分别称为车载初级式和地面初级式。直线感应电动机由牵引逆变器供电驱动,它没有旋转部件,不需要齿轮、轴承,不接触就可以传递动力。城市轨道交通车辆多采用车载初级式直线异步电动机,初级安装在车辆的转向架上,从接触网受电,电源的变换和控制设备都安装在车上。而次级沿线路敷设在两根走行钢轨之间的导体板上,建设费用较便宜。

根据线路特点和牵引计算,确定牵引逆变器的驱动方式,可以是车控(一个逆变器控制一辆车上的所有牵引电动机,一般为 4 个电动机)、架控(一个逆变器控制一个转向架上的所有电动机,一般为 2 个电动机),或轴控(一个逆变器只控制一个轴上的电动机,一般为 1 个电动机)。广州地铁 4 号线(如图 3-41 所示)和北京机场线均采用架控方式,每辆车由 2 个逆变器电路组成,每个逆变器电路包括一个直流滤波电容器、一个牵引逆变器单元,分别向两台直线感应电动机供电。每个牵引控制系统由一个牵引控制器实现控制。

目前,传统的旋转感应电动机的控制方式主要有 VVVF 标量控制、矢量控制和直接转矩控制。从原理上来看直线感应电动机与旋转感应电动机有着相通性,都是通过三相交流电产生的磁场与导体相互作用产生驱动力,因而,用于旋转感应电动机的控制方法也同样适用于直线感应电动机。牵引逆变器采用大容量的 IGBT 模块作为开关器件,采用脉宽调制技术,按照控制方式

图 3-41　广州地铁 4 号线

的要求输出电压和频率,实现列车的启动、加速、匀速、惰行减速、制动减速、制动停车等。

直线感应电动机车辆和旋转感应电动机车辆在驱动方式上有一定的差异,但它们对制动系统的基本性能和要求是完全一致的。由于直线感应电动机的效率和功率因数大,能耗损失大,直线感应电动机车辆的制动系统装置也应尽可能地从基础制动装置和电制动装置两方面来实现轻量化的要求。目前世界上的直线感应电动机车辆实际使用的制动方式有电气制动(再生制动、电阻制动、反接制动)和摩擦制动(盘形制动、磁轨制动)。磁轨制动的全称为电磁轨道制动。它是通过将车辆转向架上的电磁铁吸附在轨道上并使车辆在轨道上滑行产生的制动。这种主要应用在下述磁悬浮列车中。

3. 直线感应电动机在磁悬浮列车中的应用

磁悬浮列车是一种利用磁场的“吸或斥力”实现非接触支撑、导向,并利用直线感应电动机推进的轨道列车,主要由悬浮系统、推进系统和导向系统三大部分组成。磁悬浮列车按速度分类有低速、中速和高速 3 种,开发低速磁悬浮列车的原因包括:一是传统地铁系统的造价急剧上升;二是电力电子技术和控制技术的发展。这两个原因使其相比传统地铁具有了竞争力。

磁浮列车按其机理可分为以下两类。

① 常导吸浮型。用一般导体的线圈,以异性磁极相吸的原理,一般由同步或异步直线感应电动机驱动,这种磁悬浮列车称为常导吸浮型磁悬浮列车,时速可根据需要设计为 100 km/h 或 500 km/h。磁悬浮高度一般为 10 mm。国内的上海机场线磁浮列车速度为 500 km/h(如图 3-42 所示)、长沙磁浮快线列车速度为 110 km/h(如图 3-43 所示)均采用此类形式。

图 3-42　上海机场线磁浮列车

图 3-43　长沙磁浮快线列车

② 超导斥浮型。用低温超导的线圈，以同性磁极相斥原理，一般由同步直线电动机驱动的磁悬浮列车，称为超导斥浮型磁悬浮列车，一般多为高速，即时速 500 km 以上。磁悬浮高度可达 100 mm 以上。日本山梨试验线磁浮列车如图 3-44 所示，是利用同性电磁斥力悬浮的列车，时速可达 603 km。

图 3-44　日本山梨试验线磁浮列车

无论哪种磁浮列车，都采用了前面所述的直线感应电动机。在传统直线感应电动机的讨论中，大多只关注它的水平推力，忽略了垂直力。然而，在地面运输系统中，特别是在高速情况下，普通车轮支持系统远不如非常规的（气垫或磁）悬浮系统好。为了悬浮目的而特殊设计的电磁悬浮系统叫作直线磁悬浮电动机，它主要是为中高速列车而提出来的。

（1）直线磁悬浮电动机的结构与性能

直线磁悬浮电动机的基本形式有吸引型和推斥型两种，其电动机结构如图 3-45 所示。

这两种直线磁悬浮电动机在车上都装有两排电磁铁。两者的主要区别是：推斥型直线磁悬浮电动机具有良导电体的轨道，而吸引型直线磁悬浮电动机的轨道是由铁磁材料制成的。推斥型装置的作用原理是以装在车上的磁体与涡流轨道之间产生的推斥力为基础的，而轨道中的涡流则是由于磁体运动感应而产生的。在某种意义上可以认为，推斥型直线磁悬浮电动机是处于短路状态的交流电动机。吸引型直线磁悬浮电动机的工作原理比较简单，它是以车上的磁体与

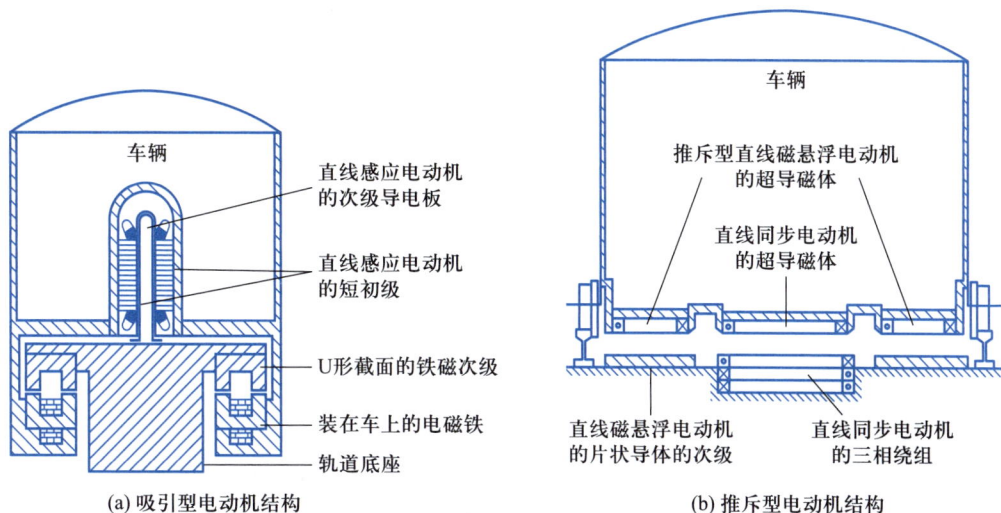

(a) 吸引型电动机结构　　　　　(b) 推斥型电动机结构

图 3-45　吸引型和推斥型直线磁悬浮电动机结构

铁磁轨道之间产生的吸引力为基础的。吸引型直线磁悬浮电动机由于轨道中感生的电流所产生的推斥力,而使得其特性有些变化。由上述可知,推斥型直线磁悬浮电动机只有在速度不为 0 时工作,而推斥力随车速的增加而增加。吸引型直线磁悬浮电动机则不受此限制,它不仅能在低速时工作,而且也能在高速状态下工作。从磁路的观点来看,与吸引型直线磁悬浮电动机相比较,推斥型的性能较差,然而气隙较大。

直线磁悬浮电动机是一种特殊的电动机。直线磁悬浮电动机的特性不能按其他电动机特性那样的指标来衡量。直线磁悬浮电动机的主要功能是悬浮车辆;其次,悬浮系统必须稳定。因此,提出两种性能指标:悬浮品质因数和悬浮刚度。它们近似地表明了直线磁悬浮电动机能够支撑的磁悬浮列车质量和系统的稳定性。

① 悬浮品质因数。

如前所述,推斥型直线磁悬浮电动机的电磁铁沿着导电板上面移动,而吸引型直线磁悬浮电动机的电磁铁沿着铁磁板上面移动。在这两种情况中,感生在板中的涡流产生了制动力,也可叫作磁阻力 F_d。此外,电磁铁需要输入功率 P_1(在超导磁体中可以忽略不计)。在任何情况下,若车速为 v,则对应于 P_1 的电磁力是 P_1/v。托起一辆质量为 m 的车辆需要的力是 mg(g 为重力加速度)。因此,我们可以将悬浮品质因数定义为

$$G_1 = \frac{mg}{F_d + \dfrac{P_1}{v}} \tag{3.6}$$

② 悬浮刚度。

直线悬浮电动机(即一般的悬浮系统)的悬浮刚度 S_z 定义为

$$S_z = \frac{\dfrac{\partial F_1}{\partial z}}{|F_1|} \tag{3.7}$$

式中,F_1——z 方向上的悬浮力。

非弹性的直线磁悬浮电动机悬浮刚度较大,由于轨面的不规则造成乘客乘坐不适。为了避免这一点,需要"软"悬浮。另一方面也可以采用降低悬浮刚度的控制系统来实现。

（2）常导吸浮型磁悬浮列车

在常导吸浮型磁悬浮列车中 T 形梁翼底部为同步直线电动机的定子,其下方为安装在车体上的悬浮电磁铁,该电磁铁同时兼作同步直线电动机的转子,该列车与路轨相互作用示意图如图 3-46 所示。悬浮电磁铁通电时产生磁场,与同步直线电动机定子的铁芯产生吸引力,把磁悬浮车体往上拉向定子。利用距离传感器控制悬浮电磁铁与定子的距离（即悬浮气隙）,保持在 10 mm 左右。

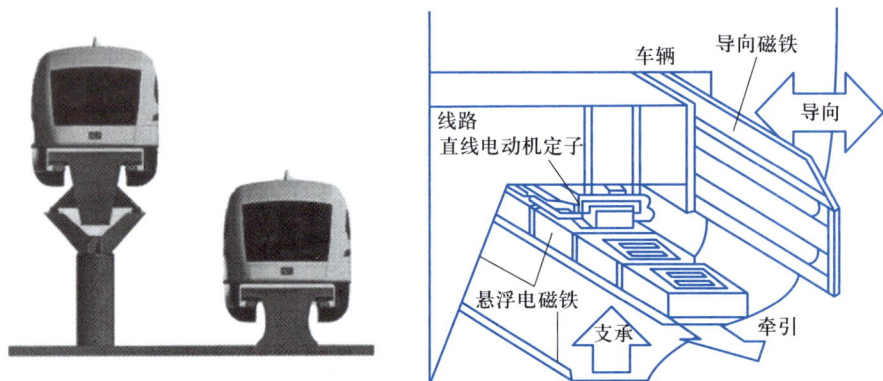

图 3-46　常导吸浮型磁悬浮列车与路轨相互作用示意图

磁悬浮列车的车体从两侧将 T 形轨道梁的翼缘同抱,T 形梁翼缘两侧面为导向轨,安装在车体上的导向电磁铁通电后将与之产生吸引力。通过测量两侧导向电磁铁与导向轨之间的距离,并调节导向电磁铁的电流,就可以控制列车位于道路中间。

在牵引工况下,磁悬浮列车的驱动靠同步直线电动机实现。列车的悬浮电磁铁通电后,就成为类似旋转电动机的转子（励磁磁极）。路轨上的初级（定子）中绕组产生移动行波磁场,作用于车上的悬浮磁铁（转子）,产生了同步的电磁牵引力,引导磁悬浮列车前进或后退。常导磁悬浮列车的正常制动方式均利用同步直线电动机作为发电机进行控制。在制动工况下,磁悬浮列车采用再生制动方式,即直线电动机的运作方式由牵引改为发电,将列车的动能转化为电能反馈回电网,以降低列车速度。当列车速度较低时,再生制动改为电阻制动,即电能不再反馈给电网,而是消耗在变电站的特殊电阻上以热能的形式散失。当列车的速度很低时,直线电动机改为反接制动,即电动机的牵引方向与列车的运行方向相反,直到列车停止。当供电产生故障导致直线电动机制动失灵或需要紧急制动时,采用涡流制动方式。即车上的涡流制动磁铁励磁,使侧向导轨上产生涡流,形成对列车的涡流制动力。

（3）超导斥浮型磁悬浮列车

超导斥浮型磁悬浮列车悬浮原理图如图 3-47 所示,"8"字形的悬浮短路绕组分布在路轨侧壁上。当车上超导磁铁以一定向速度通过时,如果它的位置偏低于侧壁绕组的中心线若干厘米,由于"8"字形上下绕组的交链磁通产生了不均衡,则在侧壁悬浮绕组里立即产生感应电流,同时产生电磁场。车上的超导磁铁受到"8"字形绕组上部的吸引力及下部的排斥力,使磁悬浮车辆悬浮起来。与常导吸浮型不同之处是超导斥浮型必须先使列车运动到一定速度（约 150 km/h 以上）,才能使"8"字形悬浮绕组产生足够大的感应电流及感应磁场,由此产生悬浮效应。故超导排斥型磁悬浮车上必须有辅助车轮支撑,并在车上安装有蓄电池组、发动机或其他车载电源,用于启动列车达到一定的速度后,产生足够稳定的磁悬浮作用。

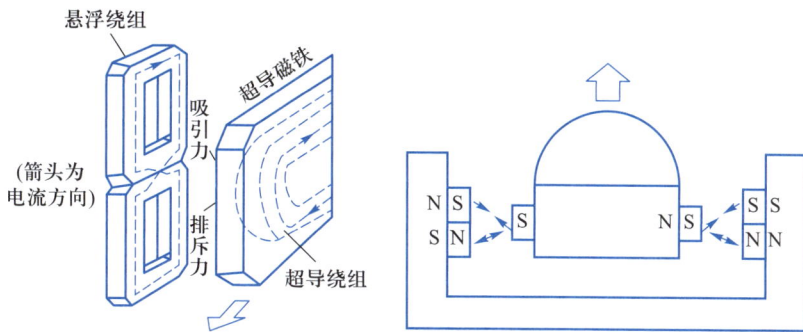

图 3-47　超导斥浮型磁悬浮列车悬浮原理图

　　路轨两侧侧壁上的"8"字形悬浮绕组通过路轨下方相连,构成一个凹路。在磁悬浮车辆运行中,如果超导磁铁横向位置发生了偏移,使车辆偏离中心位置时,左右两绕组的交链磁通将不一样,则在凹路中立即产生感应电流,在"8"字形绕组上产生电磁场使靠近磁悬浮车辆一侧的绕组产生一个排斥力,而远离磁悬浮车辆一侧的绕组产生一个吸引力。这样,运行中的磁悬浮车辆总是处于路轨两导向轨的中间位置。

　　在牵引工况下,超导斥浮型磁悬浮列车的牵引原理与常导吸浮型磁悬浮车相同。超导斥浮型磁悬浮列车在高速运行速度下进行制动时,也采用再生制动方式。当电网发生故障时,可采用电阻制动,将列车动能在牵引变电站的电阻上转化成热能消耗掉。也可以采用绕组短路制动,即将许多路轨侧面的绕组相互联结起来形成短路,以产生电磁阻力消耗列车能量。另外,对于超导斥浮型磁悬浮列车还有其他制动方式,如采用轮盘式制动作为保证列车安全可靠停车的机械制动方式,也可采用闸靴与导轨的摩擦制动方式及空气动力制动(张开空气阻力板)方式。

任务实施

1. 在城轨车辆实训中心,观摩交流异步电动机的结构。
2. 借助城轨车辆电气仿真软件,掌握交流异步电动机的工作原理。
3. 借助城轨车辆电气仿真软件,观察交流异步电动机的调速控制曲线变化。
4. 小组收集直线感应电动机的结构,并进行讨论,深入理解其在轨道交通车辆中的应用。
5. 小组讨论,对比交流异步电动机、永磁同步电动机、直线异步电动机之间的特点。

任务拓展

轮轨制式与低速磁浮的技术对比

　　磁悬浮列车是用电磁力将列车浮起、再进行导向和驱动的。与传统轮轨列车不同,它在运行时不与轨道发生摩擦,中低速磁悬浮列车(时速小于 200 km)在运行时发出的噪声非常低。磁悬浮列车还具有速度高、制动快、爬坡能力强、转弯半径小、振动小、舒适性好等优点。轮轨制式与低速磁浮的技术对比见表 3-5,具体如下:

(1)运行安全可靠、运营成本低、无脱轨风险。轨道无摩擦,阻力小,维护成本和全寿命成本低。

(2)大坡度、小半径、选线灵活。传统轮轨列车最大坡度 3%~6%,转弯半径 50~150 m,而磁浮列车爬坡能力强,最大坡度 7%~10%,转弯半径小,约 50 m,选线灵活,拆迁少,工程造价低。

(3)噪声低、对环境友好。通过对长沙磁浮列车运行噪声进行测试表明,相比地铁列车其在运行时外部噪声低 13 dB(A)(约低三倍),对周边环境影响降低到了最低。

(4)EM 电磁辐射完全满足标准。

(5)平稳、舒适。磁浮列车行驶时与轨道没有接触,在 100 km/h 速度下运行平稳、舒适,乘客乘坐时不受噪声和振动的影响,能轻松地交谈和活动,拥有愉快地乘坐体验。

表 3-5　轮轨制式与低速磁浮的技术对比表

	比较项目	磁浮车辆	地铁车辆	备注
载客能力	车辆宽度/m	2.8	2.8	取 B 型车
	车辆长度/m	15	19	按中间车
	空车重量/t	23	35	按中间动车
	最大载客/人	180	330	按 AW3
	单位长度载客/(人/m)	12.0	17.3	约 70%
牵引功耗和附加功耗	电动机及驱动效率	0.65	0.85	电动机 0.93, 齿轮 0.98 回转惯量系数取 1.06
	空车重量/t	23	35	取中间车比较
	牵引功耗/(空车/重车)	100%	115%/101%	以磁浮车辆为基准载客均按 180 人
	悬浮/阻力功率/(kW/t)	0.9~1.1	0.3~0.5	机械阻力约 2‰~3‰ 车重阻力功率随速度增加
	附加功耗/(kW·h/车·km)空车/重车	0.38/0.56 0.66/0.96	0.29/0.38 0.30/0.39	市域按均速 60 km/h 地铁按均速 35 km/h
寿命周期成本 LCC	轨道系统	几乎零维护	钢轨检修更换	钢轨约 10 年更换
	走行机构	电子插件	车轮轴承更换	轮轴 5~10 年更换
	检修人员	少	多	地铁多 50% 以上
	运营能耗	略高	基准	磁浮高 10%~30%
	寿命周期成本	基准	高	地铁高 50% 以上

续表

	比较项目	磁浮车辆	地铁车辆	备注
	线路轨道	高架	地下	地下工程成本剧高
	车辆系统	较高	较低	磁浮尚未形成批量
初期建造成本	供电系统	较低	较高	地铁功率较大
	信号系统	相当	相当	和制式关系不大
	拆迁成本	较低	极高	地铁弯道大,爬坡小
	系统造价	2~3 亿元/km	6~10 亿元/km	地铁运力高 1~2 倍

任务评价

项目名称	城市轨道交通车辆牵引系统控制		学生姓名	
任务名称	列车牵引电动机电气系统控制		分值配比	考核得分
评价要点	1. 列车牵引传动系统根据电动机的分类有哪些,请列出		10	
	2. 能说出交流异步电动机的传统调速方式		15	
	3. 能说出交流牵引传动系统的牵引特性		15	
	4. 能说出永磁同步电动机牵引系统的特点		15	
	5. 简述交流异步电动机的矢量控制与直接转矩控制的区别		15	
	6. 对比交流异步电动机、交流同步电动机、直线异步电动机在轨道交通中的应用		15	
	7. 能说出直线感应电动机牵引系统的特点		15	

学习心得

教师评价

教师签名:

👤 人物事迹

0.05 毫米间的工匠精神
大国工匠——宁允展

他是我国高铁首席研磨师,国内第一位从事高铁列车转向架"定位臂"研磨的工人。他曾获"第六届全国道德模范""全国五一劳动奖章""全国最美职工""全国职工职业道德建设标兵""中国质量奖提名奖""中国好人""央企楷模"等荣誉,被誉为"大国工匠",却乐于一心闷头在自己的"小车间"里潜心钻研。

他是宁允展,是中车四方股份公司的钳工高级技师,从铁路技校毕业后扎根生产一线,从事高速动车组转向架的研磨和装配工作,26 年来,精益求精,为中国梦"提速"。

转向架是高速动车组九大关键技术之一,转向架构架上的"定位臂",则是转向架的核心部位。正是这个接触面不足 10 cm^2 的"定位臂",一度成为高速动车组研制无法逾越的障碍。如果把高铁列车比作一位长跑运动员,转向架就是他的"腿脚",直接关系到高铁能否跑得又快又稳,而定位臂就相当于"脚踝",是转向架的核心部位。为了保证安全可靠,定位臂和轮对节点必须"严丝合缝",对精度要求极高,要靠手工研磨。然而经过机器粗加工后,定位臂上留给人工研磨的空间只有 0.05 mm 左右,相当于一根细头发丝的直径。磨少了,精度就达不到要求,磨多了,动辄十几万元的构架就会报废。在国内并没有可供借鉴的成熟操作技术经验的情况下,宁允展就是在这细如发丝的空间里精雕细琢,通过反复摸索和试验,他钻研出了一套研磨方法,将研磨效率提高了 1 倍多,研磨精度也有极大提高,有效保障了高速动车组转向架的高质量制造。

"我不是完人,但我的产品一定是完美的。做到这一点,需要一辈子踏踏实实做手艺。"宁允展说。11 年来,从"和谐号"到"复兴号",宁允展经手了不同速度等级、十多种动车组车型的转向架研磨,从没出现过次品。

在生产一线,宁允展勇于创新、勤于钻研,自学了多种"绝技",还发明了"精加工表面缺陷焊修方法""折断丝攻、螺栓的堆焊取出""开口销开劈工具""轨道车辆构架空簧孔的加工防护装置""转向架衬套安装判定装置"等 30 多项"绝招绝技"和工装,3 项发明获得国家专利,每年可为企业节约创效 300 万元,成为新时代中国高铁工人的突出代表。

--- 项 目 小 结 ---

列车牵引系统是城市轨道交通车辆驱动系统的组成部分,主要目的是把接触网上的直流电逆变成可变压变频的三相交流电,为牵引电动机运行提供能量。其主要由受电弓、高速断路器 HSCB、司机控制器、VVVF 牵引逆变器、牵引控制单元、牵引电动机等电气设备构成。受电弓是从接触网向整个列车电气系统供电以及输送再生制动能量的必要部件,一般位于 Mp 车车顶。受电弓的控制分为气路控制和电路控制,其工作模式有升前弓、升后弓和升双弓。高速断路器位于高压电器箱中,也是牵引系统主要构成部分之一,为牵引设备等其他设施传递电能并进行高压系统的控制、检测和保护。司机控制器位于驾驶控制台右侧,为凸轮触点式控制器,是列车牵引、制动指令的直接发出设备。司机在操纵司机控制器前须唤醒并激活列车,此时控制电路的直流

110 V 电源由蓄电池提供。牵引逆变器把直流电变换成频率和幅值均可调的三相交流电,主要由输入电路、变流器模块、牵引控制单元构成。从牵引逆变器中输出的交流电传递给交流牵引电动机驱动车轮前进。现行城市轨道交通车辆中多采用交流牵引电动机,根据车辆的牵引特性,主要的调速控制方式有矢量控制与直接转矩控制。此外,随着地铁列车新技术的发展,永磁同步电动机牵引系统与直线感应电动机牵引系统逐步发展起来。

习题与思考

一、单选题

1. 地铁车辆在正线运营中,受电弓的工作状态是(　　)。

A. 升双弓　　　　　　　　　　B. 升前弓

C. 升后弓　　　　　　　　　　D. 不升弓

2. 受电弓升起前,列车激活控制电路的供电来源于(　　)。

A. 蓄电池提供直流 110 V　　　　B. 辅助逆变器箱

C. 辅助电源箱中的充电机　　　　D. 牵引逆变器

3. 以下对牵引主回路设备描述不正确是的(　　)。

A. 受电弓是从接触网向整个列车电气系统供电以及输送再生制动能量的必要部件

B. 避雷器又称浪涌吸收器,能有效防止系统由于闪电或牵引变电站故障所造成的过压

C. 高压电器箱包含给牵引逆变器供电电路中的各种高压电器,高速断路器不在这个箱体中

D. 司机控制器(简称司控器)是用来操纵车辆运行的主令控制器

4. 目前在城市轨道交通车辆中应用最多的逆变器类型是(　　)。

A. 两电平逆变器　　　　　　　　B. 三电平逆变器

C. 四电平逆变器　　　　　　　　D. 五电平逆变器

5. 以下采用了直线电动机牵引传动系统的是(　　)。

A. 广州地铁 4 号线　　　　　　　B. 北京地铁 1 号线

C. 广州地铁 2 号线　　　　　　　D. 宁波地铁 1 号线

二、多选题

1. 驾驶控制器是列车牵引系统中重要的部件,主要包括(　　)。

A. 钥匙开关　　　　　　　　　　B. 方向手柄

C. 控制手柄　　　　　　　　　　D. 警惕按钮

2. 目前应用在交流牵引传动系统调速方式主要有(　　)。

A. 斩波调压控制　　　　　　　　B. 矢量控制

C. 直接转矩控制　　　　　　　　D. 变阻控制

3. 以下属于永磁同步电动机牵引系统特点的是(　　)。

A. 转矩过载能力强　　　　　　　B. 效率和功率因数高

C. 体积小,重量轻　　　　　　　D. 降低隧道高度

4. 交流牵引系统中列车牵引特性有(　　)。

A. 恒转矩　　　　　　　　　　　B. 恒功率

C. 恒转差频率   D. 恒速度

5. 直线电动机应用在城市轨道交通车辆中的特点有(　　)。

A. 直接产生直线运动而不需要中间转换装置

B. 启动推力大,可以实现大范围的加减速

C. 直线速度不受限制

D. 直线电动机的初级和次级间有吸引力,必须增加构架强度

三、判断题(对的在括号中打"√",错的打"×")

1. 降弓过程中既可以通过司机控制台按下降弓按钮,又可以按下紧急制动按钮进行降弓。
(　　)

2. 列车在运行过程中改变方向手柄位置,将不影响列车继续运行。(　　)

3. 牵引方向是由驾驶控制方向手柄给定的。列车静止时,必须先推动方向手柄确定列车的运行方向。(　　)

4. 高速断路器作为主电路总的电源开关和保护电器,分断的电流大、电压高,实际中不能频繁合闸操作。(　　)

5. 永磁同步电动机属于交流电动机。(　　)

四、讨论题

1. 城市轨道交通车辆牵引主回路一般由哪些电气设备构成?

2. 在城市轨道交通牵引传动系统发展中,为什么交流牵引传动系统全面取代了直流牵引传动系统?

3. 请简要描述牵引变流器在牵引传动系统中的实施原理。

4. 请比较交流牵引传动系统中矢量控制与直接转矩控制的区别。

5. 请简要描述永磁同步电动机在城市轨道交通车辆中的应用特点。

项目4
城市轨道交通车辆制动系统控制

【项目体系】

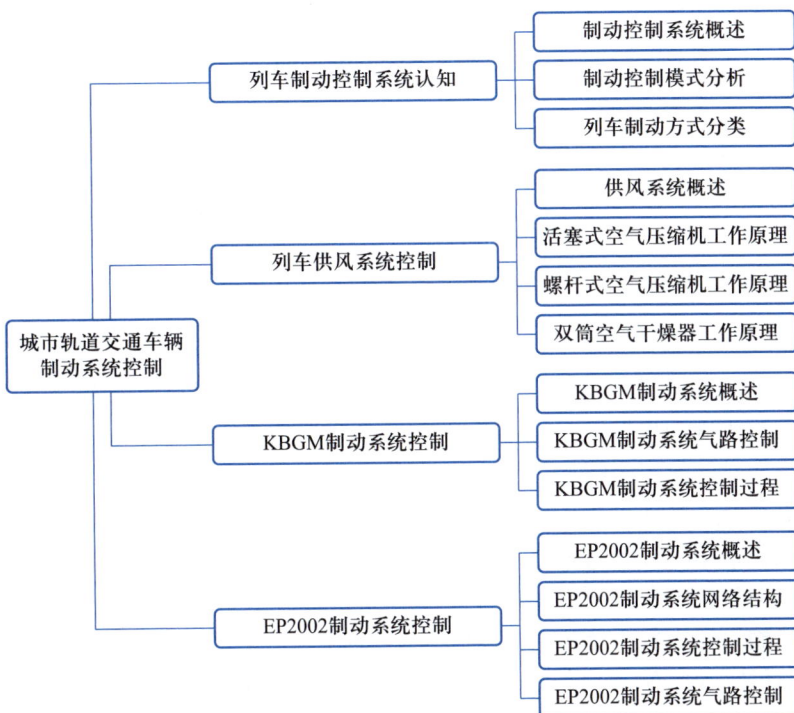

【学习重点】

1. 掌握制动系统的分类。
2. 了解城轨车辆制动模式类别和各自特点。
3. 理解活塞与螺杆空气压缩机工作原理。
4. 理解空气干燥器工作原理。
5. 掌握 KBGM 模拟式电气指令制动系统的构成。

6. 了解电子制动控制单元 EBCU 的功能。

7. 掌握制动控制 BCU 的工作原理。

8. 理解 EP2002 模拟式电气指令制动系统的工作原理。

9. 掌握 EP2002 阀的分类结构与功能。

10. 掌握 EP2002 制动系统的网络结构。

任务 1　列车制动控制系统认知

任务导入

日常生活中,我们知道自行车通过车闸、汽车通过刹车装置实现制动,那么城市轨道交通车辆的制动是如何实现的呢? 它是由哪些部分组成的呢? 城市轨道交通车辆又有哪些种制动模式呢?

通过本任务的学习,需要达到的目标如下:① 了解制动系统的组成;② 理解列车不同制动模式的运用与特点;③ 理解电制动与空气制动。

知识准备

1.1　制动控制系统概述

制动是城市轨道交通车辆安全运行的生命线。目前城市轨道交通车辆均采用以电制动为主、空气制动为辅的电—空联合制动,包括三种不同的制动工况,即电阻制动、再生制动和空气制动。电阻制动与再生制动均属于电制动范畴;当电制动失效时,空气制动可独立实施,确保实现车辆的减速和停车;同时空气制动还能自动弥补电制动的不足,当列车速度降到一定值以下,再生制动和电阻制动等电制动力很小时,保证车辆制动减速度达到司机手柄的指令值,做到准确停车。故城市轨道交通车辆对空气制动的可靠性、反应性、舒适性、协调性要求很高。其中关键问题就是空气制动的指令传输与控制策略。

列车制动控制系统提供的设备主要包括空气制动系统及相关气动控制部分,主要包括:风源系统、制动控制系统(包括制动控制模块和停放制动控制模块)、基础制动(闸瓦或盘形制动装置)、防滑装置和空气悬挂辅助装置等。

干线铁路广泛应用的利用空气压力传输制动指令的方法,因为其难以实现电气制动与空气制动的自动协调,在现代化网络化的城市轨道交通车辆中已不再使用。目前城市轨道交通车辆的制动系统无一例外地采用电气指令单元来快速、准确、可靠地传递司机控制器的指令。采用电气指令可以使列车制动迅速施加与缓解、停车平稳无冲动,可缩短制动距离。电气指令制动大大削减了空气管路,有利于制动系统的小型轻量化和降低列车制造成本;制动装置操纵灵活,反应迅速;在整个速度范围内,适应电—空联合制动的控制要求和协调配合,可以获得最佳的制动性能。目前城市轨道交通车辆中常见的空气制动按照电气指令的不同,可以分为数字式电气指令制动控制系统和模拟式电气指令制动控制系统。自 20 世纪 90 年代以来,随着计算机通信技术的发展,城市轨道交通领域中利用计算机局域网的列车指令总线技术随之产生。采用 Lon Works 现场总线技术的城市轨道交通车辆制动系统也已成功应用。

1. 数字式电气指令制动控制系统

指 0 和 1 两个数字,在组成 3 位数字时,除了 000 外,还有 001、010、011、⋯、111 共 7 种组合,分别用三根编码线使三个电磁阀各自得电(相当于 1)或失电(相当于 0)组成的组合,从而获得 7 档制动指令。

数字式指令实际上指开关指令的组合,属于分档控制。这样的分档制动指令通过具有多块气动膜板的中继阀的动作,使制动缸获得恒定的七级压力。数字式电气指令制动控制系统操作灵活,可控性能好。常见的数字式电气指令制动控制系统有 SD 型数字式电气指令制动控制系统、HRDA 型数字式电空制动控制系统。

常用的数字式制动控制系统特点:

① 反应迅速,可靠性好;

② 电信号没有临界限制,制动力一般只根据载荷变化进行调整;

③ 除了信号传输系统外,其他部分结构较为简单;

④ 有些数字式制动控制系统如气运算型等,空气制动与动力制动的混合使用比较困难,特别适合于动力制动和空气制动单独使用的地铁列车;

⑤ 由于制动指令是有级传输的,与列车自动驾驶系统一起使用的适应性不如模拟式制动系统。

2. 模拟式电气指令制动控制系统

模拟式电气指令制动控制系统采用连续变化的模拟信号作为常用制动的电气指令,可以实现无级制动和连续操纵,有利于制动力的细微调节。常用的模拟电信号有电流、电压、频率、脉冲等,这些模拟量可以传递制动控制信号。

用直流电压作为电气指令是最直接的传输方式,但为确保指令的可靠传输,需要增加复杂的滤波等抗干扰措施。从目前趋势来看,城市轨道交通车辆采用脉冲宽度调制的模拟式电气指令制动控制系统,应当是较为先进的列车制动控制系统。该种制动控制方式在欧洲国家应用较广泛,抗干扰性较直流电压方式好,但调制解调电路增加了系统的复杂度,对可靠性不利。

目前常见的模拟式电气指令制动控制系统有 KBGM 模拟式制动控制系统、EP2002 模拟式制动控制系统。

常用的模拟式制动控制系统特点:

① 指令传输系统简单;

② 由于采用计算机控制,能容易地增加诸如根据载荷变化进行控制;减速度控制和减速度微分控制等功能。能够控制列车或列车基本单元内的制动力分配,如动力制动剩余可用于停放/停车制动,也可对动力制动和空气制动进行防滑控制,不必另设防滑控制单元;

③ 能够适应空气制动和动力制动的混合作用;

④ 由于制动指令是无级传输的,能对制动系统精确控制。所以能更好地适应列车自动驾驶的要求。

3. 计算机局域网制动控制系统

城市轨道交通车辆制动控制系统使用的计算机局域网中,头尾控制单元(HEU)和各车厢的制动控制单元(BCU)均由以微处理机为核心构成的工作节点组成。制动指令总线采用双绞线或光缆作为双向传输通信介质,将各节点连接。各车厢要求的制动控制功能分别由各 BCU 独立完成。以微处理机为核心的工作节点不仅可以输出制动级位指令,还可以输入传感器状态、执行控制算法;也可用充分可靠的通信标准与其他节点进行互操作,并且可以连续监视系统的完整性和各节点状态,确保制动系统的可靠性,即使遇到突发情况或列车总线失效时,也能可靠地独立保证列车尽可能地快速停车。

微课
某地铁制动系统构成及制动模式

1.2 制动控制模式分析

根据车辆的运行要求不同,制动系统存在以下五种制动控制模式:

1. 常用制动(Service Brake)

司机将控制手柄移入常用制动区后,发出相应制动信号,其中反映制动力大小的制动指令信号经过变换被送至各车的电子制动控制单元(EBCU)。EBCU 根据制动指令、车辆载客重量、冲击限制要求、电制动条件等计算制动力,然后再考虑快速制动、紧急制动的因素,输出信号到 EBCU。

常用制动是可恢复的制动。正常运行下为调解或控制动车列车速度,包括进站停车所实施的制动,特点是制动力的施加与缓和能够连续调节,制动过程中能够根据车辆载荷自动调整制动力,当常用制动力最大时即为常用全制动。

常用制动为电—空混合制动,其优先级为:第一级再生制动,第二级电阻制动,第三级空气制动。首先在拖车上施加空气制动,当速度减小到一定值时(约 6 km/h),电制动力衰减,这时所有车上施加空气制动,空气制动能够补足电制动力不足的部分。

2. 紧急制动(Emergency Brake)

紧急制动是一种"非常制动",是在紧急情况下为使列车尽可能快地停车而施加的一种制动,其制动力与快速制动相同。列车配备"得电缓解"的紧急制动环路。贯穿整个列车的直流 110 V 连续电源线控制紧急制动的缓解。线路一旦断开,所有车辆立即实施紧急制动。紧急制动信号直接作用在 EBCU 的紧急制动电磁阀上,同时该信号也送到 EBCU,EBCU 根据紧急制动的要求计算后输出制动信号至模拟转换器,模拟转换器输出相应的控制压力作为紧急电磁阀失效的后备控制压力。

紧急制动施加时仅采用空气制动,电制动不参与,在施加之后不可以缓解,在停车后,才能对紧急制动进行缓解。紧急制动的特点是作用比较迅速,而且将列车制动能力全部使用,其安全设计原则为"失电制动,得电缓解"。因为紧急制动时考虑了脱弓、断钩、断电等故障情况,故只采用空气制动且停车前不可缓解,紧急制动不受冲击率极限的具体限制。

3. 保压制动(Holding Brake)

保压制动是为防止车辆在停车前有过大冲击,以使车辆平稳停车,通过 EBCU 内部设定的执行程序来控制。它分两个阶段实施:

第一阶段:当列车制动到速度 8 km/h(可调)时,牵引控制单元(DCU)触发保压制动信号,同时输出给 EBCU,这时,由 DCU 控制的电制动逐步退出,由 EBCU 控制的空气制动来逐步替代。

第二阶段:当列车速度小于 0.5 km/h(列车即将停车)时,一个小于制动指令(最大制动指令的 70%)的保压制动由 EBCU 开始自动实施,即瞬时地将制动缸压力降低。

如果由于故障,EBCU 未接收到保压制动触发信号,EBCU 内部程序将在列车为 8 km/h 的速度时自行触发。

4. 快速制动（Fast Brake）

快速制动是为了使列车尽快停车而实施的制动，其制动力大于常用全制动（快速制动力大于常用全制动的 22%）。这种制动方式是在紧急情况下、制动系统各部分作用均正常时所采取的一种制动方式，其特点是与常用制动相同，制动过程可以进行缓解。受冲击率极限的限制，主控制器手柄回"0"位，可缓解，具有防滑保护和载荷修正功能。

快速制动同样为电—空混合的可恢复制动，气路走向与常用制动相同。快速制动与常用制动的区别在于：相同工况下 EBCU 计算制动力时，快速制动力大于常用制动力。

5. 停放制动（Parking Brake）

为防止车辆在线路停放过程中，发生溜逸，城轨车辆设有停放制动装置。停放制动通常是将弹簧停放制动器的弹簧压力通过闸瓦作用于车轮踏面来形成制动力。弹簧停放制动可以解决库内停车时因制动缸压力管路漏泄，使车辆失去制动力的问题。在正常情况下，弹簧力的大小不随时间而变化，由此获得的制动力能满足列车较长时间的断电停放要求。

停放制动由弹簧施加，压缩空气缓解——即"排气施加，充气缓解"。当按下司机室停放制动施加按钮（或按下脉冲阀的手动按钮）后停放制动脉冲阀施加电磁阀得电，停放制动施加。

当按下司机室停放制动缓解按钮（或按下脉冲阀的手动按钮）后停放制动脉冲阀的缓解电磁阀得电，停放制动缓解。

1.3　列车制动方式分类

制动按照不同的标准可以有不同的分类，这里主要讨论两种分类方式，分别为按照制动时列车动能的转移方式分类、按照制动控制方式分类。

1. 按制动时列车动能的转移方式分类

按制动时列车动能的转移方式可分为摩擦制动和动力制动两大类，摩擦制动常通过空气制动实现，动力制动又分为再生制动和电阻制动。

（1）摩擦制动

摩擦制动通过摩擦将列车的动能转变为热能，散失于大气中，从而产生制动作用。城轨车辆常用的摩擦制动方式主要有闸瓦制动、盘形制动和磁轨制动。

闸瓦制动，也称踏面制动，它是一种最常用的制动方式，如图 4-1 所示。制动时闸瓦压紧车轮，轮瓦之间发生摩擦，使列车的运动动能通过轮瓦摩擦转变为热能，散失于大气中，从而实现制动。

盘形制动是在车轴上或在车轮辐板侧面安装制动盘，用制动夹钳把合成材料制成的两个闸片紧压在制动盘侧面，通过摩擦产生制动力，把列车动能转化为热能，散失于大气中，从而实现制动。制动盘安装在车轴上称为轴盘式，如图 4-2(a) 所示，制动盘安装在车轮侧面称为轮盘式，如图 4-2(b) 所示。非动力转向架一般采用轴盘式，动力转向架由于轴身上装有齿轮箱，安装制动盘困难，所以采用轮盘式。

磁轨制动，又叫轨道电磁制动，其结构如图 4-3 所示。在转向架构架侧梁 4 下通过升降风缸 2 安装有电磁铁 1，电磁铁下设有磨耗板 5，以电操纵并作为动力来源。制动时，导电后将起磁感应的电磁铁放下压紧钢轨，使它与钢轨产生摩擦而形成制动。其优点是制动力不受轮轨间黏着

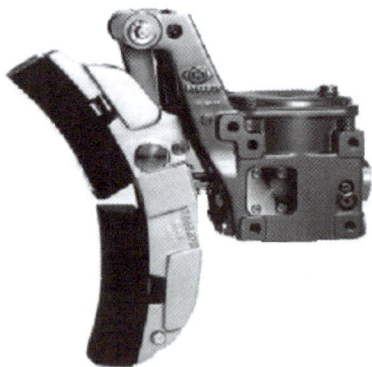

图 4-1   踏面制动

(a) 轴盘式

(b) 轮盘式

图 4-2   盘形制动

的限制,不易使车轮滑行,但其质量较大,增加了车辆的自重。在高速列车上与空气制动机并用(特别是在紧急制动时),可缩短制动距离。如北京地铁机场线由于列车运行速度较高,最高时速可达 100 km,该车组上就装有轨道电磁制动机。

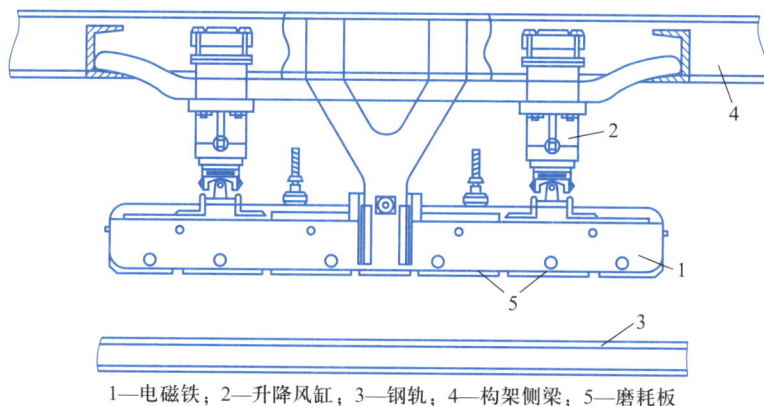

1—电磁铁;2—升降风缸;3—钢轨;4—构架侧梁;5—磨耗板

图 4-3   磁轨制动结构

(2) 动力制动

动力制动也称电制动,列车制动时,牵引电动机变为发电机,使动能转化为电能,对这些电能不同处理方式形成了不同的动力制动。

电制动是车辆在常用制动下的优先选择,仅带驱动系统的动车具有电制动,电制动又有再生制动和电阻制动两种形式。电制动具有独立的滑行保护和载荷校正功能。为此,每节动车装备有:一个三相调频调压逆变器(VVVF);一个牵引控制单元(DCU);一个制动电阻;四个自冷式三相交流牵引电动机 M1、M2、M3、M4(每轴一个,相互并联)。

再生制动是把列车的动能通过牵引电动机转化为电能后,再将电能反馈回供电网。显然,再生制动比电阻制动更加经济,既节约能源,又减少制动时对环境的污染,并且基本上无磨耗。因此,20 世纪 90 年代后在各国的动车组和城市轨道交通车辆上获得了广泛应用。再生制动原理图如图 4-4 所示,当发生常用制动时,电动机 M 变成发电机状态运行,将车辆的动能转变为电能,经 VVVF 逆变器整流成直流反馈给接触网,供列车所在接触网供电区段上的其他车辆牵引使用和供给本车其他系统。

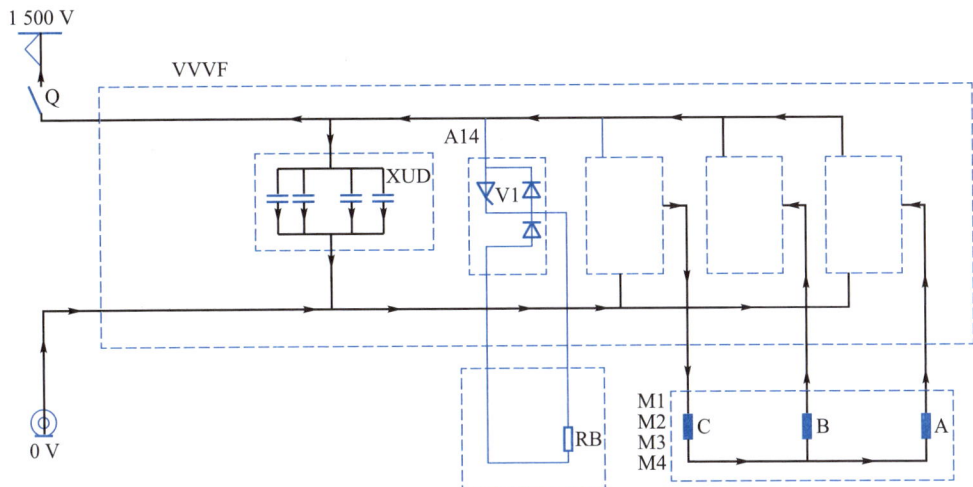

图 4-4　再生制动原理图

　　再生制动取决于接触网的接收能力,亦即取决于网压高低和负载利用能力。以上海地铁 2 号线为例,接触网额定电压为直流 1 500 V,车辆最大运行速度为 80 km/h,实际运行过程中制动初速度约为 70 km/h。当列车进站前开始制动时,列车停止从接触网受电,电动机改为发电机工况,将列车运行的动能转换为电能,产生制动力,使列车减速。设接触网额定电压为 U,当满足以下两个条件时列车可以实行再生制动并向接触网反馈电能:① 接触网电压在 1~1.2 U(理论值,对应于上海地铁 2 号线为直流 1 500~1 800 V)范围内;② 再生电能必须要由一定距离内的其他列车吸收。当两辆列车相距足够近且接触网电压在直流 1 500~1 800 V 时,一辆列车可以吸收另外一辆列车所产生的反馈电能,从而使另外一辆列车产生再生制动。当接触网电压过电压、欠电压或一定距离内无其他车辆吸收反馈能量时,通过车辆牵引控制单元切断向接触网反馈的电能,再生制动不能实现,此时列车会自动切断反馈电路,实施电阻制动。当列车速度小于 8 km/h 时,利用压缩空气作为动力源,对车辆实施机械制动,直至列车停止。

　　如果在电制动的情况下,能量不能被电网完全吸收,多余的能量必须转换为热能消耗在制动电阻上,否则电网电压将抬高到不能承受的水平而产生危险。制动斩波器的存在确保大部分的能量能反馈回电网,同时又保护了电网上其他设备。

　　如果制动列车所在的接触网供电区段内无其他列车吸收该制动能量,VVVF 则将能量反馈在线路电容上,使电容电压 XUD 迅速上升,当 XUD 达到最大设定值直流 1 800 V 时,DCU 启动能耗斩波器模块 A14 上的门极可关断晶闸管 GTO:V1,GTO 打开制动电阻 RB,制动电阻 RB 与电容并联,将电动机上的制动能量转变成电阻产生的热能消耗掉,即电阻制动(亦称能耗制动),电阻制动能单独满足常用制动的要求。电阻制动原理如图 4-5 所示。

2. 按制动控制方式分类

　　制动系统制动力的控制以单辆车、转向架或者车轴为最小单元进行控制称为总体控制方式,制动过程中根据制动力最小控制单元的不同对应的控制方式是不一样的。以单辆车、转向架或车轴为制动力控制最小单元分别称作车控、架控、轴控,比如,车控方式以车为控制单元进行系统制动力计算和控制,而架控车辆以转向架为单元进行控制。车控为当前高速列车和城轨车辆的主流,架控以 EP2002 和 EP09 为典型。这里主要讲解车控和架控。

图 4-5　电阻制动原理图

（1）车控式

车控方式（集中式）制动系统包括集中气动控制、集中电子控制和本车转向架气动控制阀。制动控制是由一个电子控制单元（包括制动控制电子装置和防滑电子装置）控制一节车两个转向架，车控式制动系统示意图如图 4-6 所示。

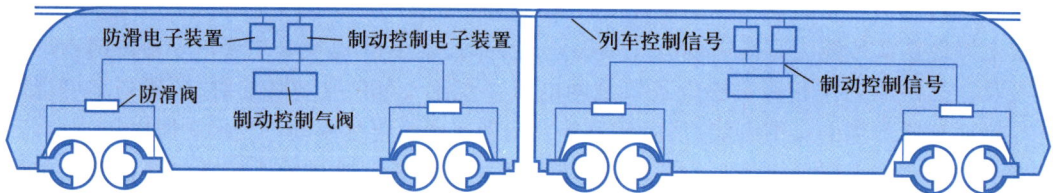

图 4-6　车控式制动系统示意图

（2）架控式

架控式制动控制是指一个电子控制单元控制一个转向架。如德国克诺尔公司生产的 EP2002 型制动系统以及我国铁科院与广州地铁公司共同研制的 EP09 型制动系统都是架控式。

架控（分布）式制动系统将制动控制和带气动阀的制动管理电子装置结合在了安装于每个转向架上的单个机电一体化包（EP2002 阀）中，架控式制动系统示意图如图 4-7 所示。

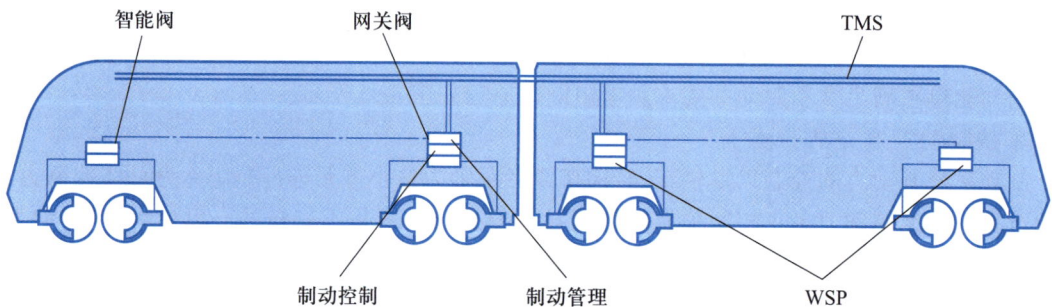

图 4-7　架控式制动系统示意图

本书在后面章节将分别详细讲解车控式 KBGM 制动系统以及架控式 EP2002 制动系统。

任务实施

1. 梳理任务 1 知识准备内容,请描述常用制动、紧急制动、快速制动、保压制动、停放制动五种制动方式的特点与区别。

2. 请收集资料,厘清车控、架控、轴控三种制动系统的典型代表及技术区别。

任务拓展

制动控制策略认知

城市轨道交通车辆载客情况变化很大,无论空载、满载或超员,都应保证列车的减速度与司机制动命令相对应。因此,列车控制系统必须检测各节车辆的负载重量,对应于各动车和拖车的负载重量变化而自动调整各级制动缸压力。在运行过程中,司机控制器的各制动级位都可以保持恒定制动率,得到恒定减速度。

列车控制系统将每节车各个空气弹簧的压力信号由压力传感器变换为电压信号后,取平均值;按照满载和空载极限值设置上、下界限,作为车辆负载信号电压输出范围。

车辆负载信号与制动指令相乘得到对应的各车负载的制动力指令曲线,将一个动车组单元中的各动车和拖车制动力指令曲线相加、放大后作为需求制动力指令输入列车制动系统,就能实现恒制动率控制。

(1) 空气制动滞后控制

随着近年来逆变控制的三相感应电动机牵引系统(VVVF)的大量应用,由于三相感应电动机的优良特性,黏着系数的期望值大大提高,既可以最大限度地使用电制动又不会发生滑行。因此,各节车厢在分担制动力时,在其利用黏着不超过限制的范围内,提高动车的制动力而减少拖车的制动力,以实现最大利用动力制动的目的。

所以采用 VVVF 控制或斩波控制的列车,可以取得较高的黏着系数,在不超过黏着限制的范围内充分利用动车的电气制动力,不足部分再由拖车的空气制动力补充,这样可以节约能源,降低拖车机械制动的磨耗。这种控制方式称为空气制动滞后控制。

(2) 拖车空气制动优先补足控制

拖车空气制动优先补足控制方式也是拖车所需要的制动力首先由动车的电气制动力承担,但当再生制动力不足时,先由拖车的空气制动力来补充,再由动车的空气制动力补足。当再生制动失效时,动车和拖车空气制动共同起作用。

(3) 拖车空气制动滞后补充控制

拖车空气制动滞后补充控制方式为拖车所需制动力先由动车的再生制动力承担,然后根据电气联合制动运算,不足部分的制动力也先由动车的空气制动力补充。这样,动车的空气制动力和再生制动力都承担了一部分拖车所需的制动力,但再生制动力的设定不能超过空气制动力的黏着限制。

任务评价

项目名称	城市轨道交通车辆制动系统控制		学生姓名	
任务名称	列车制动控制系统认知		分值配比	考核得分
评价要点	1. 动能转移分类制动		20	
	2. 摩擦制动有哪些		15	
	3. 动力制动工作原理		20	
	4. 再生制动与电阻制动原理		20	
	5. 制动控制方式分类		25	

学习心得

教师评价

教师签名：

任务 2　列车供风系统控制

任务导入

　　空气制动是城轨车辆重要的制动方式之一,空气制动的驱动力为压缩空气,那么城轨车辆的压缩空气是如何产生的呢？又是如何传递的呢？地铁车辆的供风系统是制动系统的重要组成部分,它为制动系统和辅助系统部件提供压缩空气,其中辅助系统主要包括空气弹簧、汽笛和刮雨器装置、门控装置、空调和受电弓、车钩等。

　　通过本任务的学习,需要达到的目标如下:① 掌握供风系统的基本组成;② 理解螺杆式与活塞式空气压缩机工作原理;③ 理解双筒空气干燥器工作原理。

知识准备

2.1　供风系统概述

　　一般城市轨道交通列车是以电动车组进行编组,供风系统一般也以电动车组为单元进行设置。每个单元车设置一套供风模块,向主风缸供风并通过主风管等设备与其他车相连,主要由空气压缩机、空气干燥器和风缸、驱动电动机等部分组成,另外还包括一些小部件像软管、安全阀、排水塞门,截断塞门、压力调节器等,这些装置有的集中在拖车底部,有的安装在动车单元底架上,比如,上海地铁 1 号线的空气压缩机组安装在每个单元的 C 车上。供风模块布局图如图 4-8 所示。

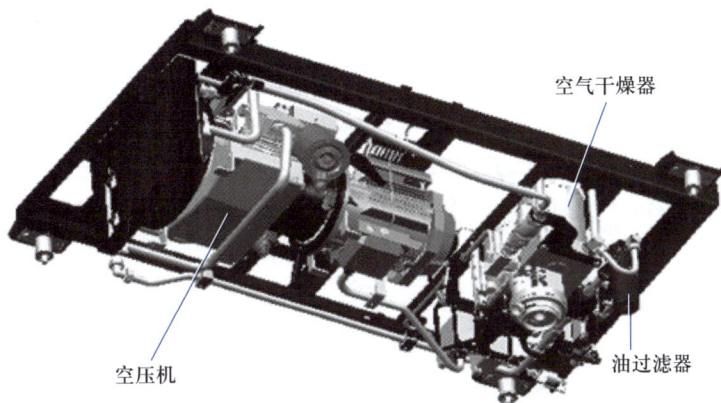

图 4-8　供风模块布局图

　　空气由压缩机上的空气过滤器过滤后进入压缩机,在电动机的驱动下被压缩的空气进入冷却器冷却、干燥器干燥后,同时通过主风管送入三个主风缸,相邻车辆风管通过截断塞门连接。空压机通过压力调节器控制,当主风管压力 ≤750 kPa 时,空压机自动启动,主风管压力 ≥900 kPa 时,空压机则停机。一般情况下,6 节车辆编组的列车有两套供风模块,如果一套供风模块不能工作,另一套供风模块也能提供足够的压缩空气保证整列车全部供气需求。为保证两套压缩机的累计工作时间均衡,采用隔日起动的方式。列车控制单元(VCU)会根据记录将当日工作的主压缩机,在第二日将其设为从压缩机;而将当日工作的从压缩机,在第二日设为主压缩机。可以通过司机室显示屏显示的压缩机工作状态来判断主、从压缩机。

　　城市轨道车辆使用的空气压缩机要求具有噪声低、振动小、结构紧凑、维护方便、环境实用性强的特点。目前直流电动机驱动型空压机已逐渐被交流电动机驱动型空压机取代。空气压缩机由 AC380 V/50 Hz 三相交流鼠笼式异步电动机驱动。空气压缩机的正常工作范围为 750～900 kPa,其产生的压缩空气经空气干燥器供给制动、车门、空气弹簧、受电弓、刮雨器等系统使用。城市轨道车辆中采用的主要有活塞式空气压缩机和螺杆式空气压缩机两种。

　　(1) 活塞式空气压缩机

　　这种压缩机具有体积小、重量轻、维护方便、噪声低,飞溅润滑等特点,在 1 500 r/min 转速时压缩空气的排量为 920 L/min,一般采用三缸二级压缩风扇冷却。电动机与压缩机采用耐久性连接,不需要维护;采用弹性方式安装在车体上,以消除空压机组振动对车体的影响。

（2）螺杆式压缩机

这种压缩机与活塞式压缩机相同,属于容积式压缩机,具有可靠性高、零部件少、易损件少、运转可靠、寿命长、操作维护方便等特点。螺杆压缩机可实现无基础运转,特别适合于做移动式压缩机,另外它的容积流量几乎不受排气压力的影响,在很宽的范围内能保持较高效率,适用于多种工况。

2.2 活塞式空气压缩机工作原理

微课
活塞式空气
压缩机工作
原理

目前,城市轨道交通车辆使用的活塞式空气压缩机虽然类型很多,但基本结构却大同小异。活塞式空气压缩机一般均由固定机构、运动机构、进排气机构、中间冷却装置和润滑装置等组成。其中,固定机构包括机体、气缸、气缸盖,运动机构包括曲轴、连杆、活塞,进排气机构包括空气滤清器、气阀,中间冷却装置包括中间冷却器(简称中冷器)、冷却风扇,润滑装置包括润滑油泵、润滑油路等。

微课
活塞式空气
压缩机构成

活塞式空气压缩机因体积较小、维护方便、噪声低等优点,在各方面得到广泛的应用,与其他压缩机相比应用更为广泛。VV120/150-1型电动空气压缩机结构示意图如图4-9所示,是专门用于地铁车辆的全新型压缩机,也是城轨车辆上目前最常用的空气压缩机,其最大工作压力1 000 kPa时的转速为1 450 r/min,排气量为920 L/min。它由交流380 V电源供电的三相电动机通过一种新型耐用联轴器驱动,压缩机装有自定心的法兰结构。

图4-9 VV120/150-1型电动空气压缩机结构示意图

该空气压缩机由交流电动机、空气过滤器、高压缸、低压缸、曲轴、中间冷却器、后冷却器等组成。该压缩机为两级压缩和两级冷却,低压级有两个气缸,高压级只有一个气缸。空气由低压缸吸入并由一个干式空气过滤器滤清。压缩机里有一个集成的内冷却器和二次冷却器,空气在通过内冷却器前已进行了预压缩,此空气送到高压缸进行下一步压缩,直到达到最后的压力。

活塞式空气压缩机的工作过程主要包括两部分:

(1) 机械工作部分

交流电动机通电转动通过柔性连接与曲轴相连带动曲轴转动,曲轴上连接活塞杆,带动活塞杆在活塞缸内做活塞运动,相当于一个曲柄滑块机构,活塞缸内有大量的油,既可以实现飞溅润滑,同时又具有散热的功能。

(2) 气体压缩部分

空气经空气过滤器进入集气室,然后同时进入两个低压缸进行一次压缩,空气经过一次压缩后进入中间冷却器进行一次冷却后进入高压缸进行两次压缩,经后冷却器进行二次冷却,两次压缩后空气的压力已达到使用要求,但空气的相对湿度较高,需要空气干燥器进行干燥处理,相对湿度低于 35% 时方可使用。

2.3　螺杆式空气压缩机工作原理

螺杆式空气压缩机是城轨车辆上另外一种常用的空气压缩机,它的特点是温控能力好、压缩效率高,但是压缩机结构较为复杂。螺杆式空气压缩机主要部件包括交流电动机、空气滤清器、冷却器、吸气阀、机头、油筒、油气分离器、温控阀压力维持阀等部件组成,其结构如图 4-10 所示。

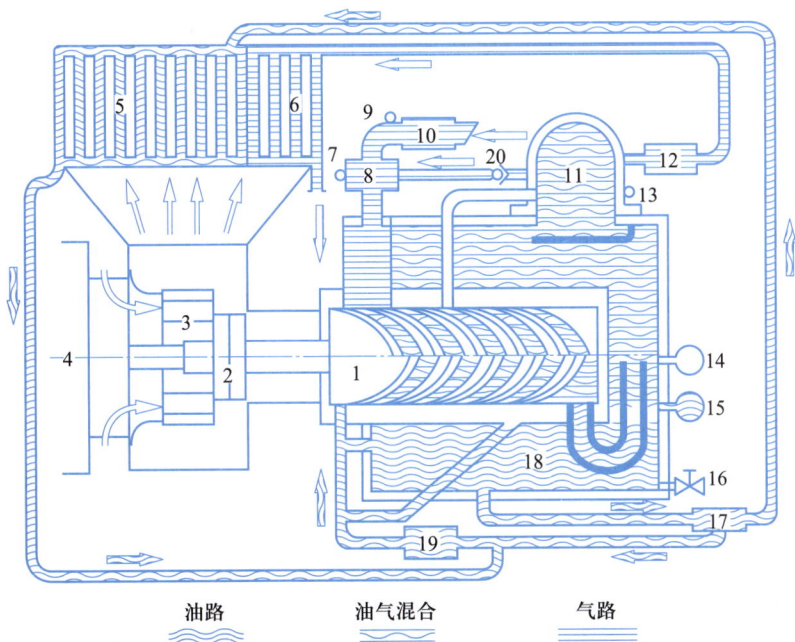

1—螺杆式空气压缩机;2—联轴器;3—冷却风机;4—电动机;5—空、油冷却器(机油冷却单元);
6—冷却器(压缩空气后冷单元);7—压力开关;8—进气阀;9—真空指示器;10—空气滤清器;
11—油细分离器;12—最小压力维持阀;13—安全阀;14—温度开关;15—视油镜;16—泄油阀;
17—温度控制阀;18—油筒组成;19—机油过滤器;20—逆止阀

图 4-10　螺杆式空气压缩机结构

螺杆式空气压缩机的工作过程是电动机转动带动机头主螺杆转动,主螺杆与从螺杆在油膜的作用下形成密封空间,进而对空气进行压缩,另外电动机主轴带有风扇,可以进行通风散热。

螺杆式空气压缩机主要有三种工况,分别为无负载时循环润滑、压缩工况、停机排气工况。

当压缩机外部无负载启动时,压缩机不向外部输出压缩空气,只在内部进行油路的循环润滑。此时油气混合体经过机头进入油气筒,液态油经隔板汇聚到油气筒底部,沿着底部管路流入油过滤器,经温控阀进入后冷却器,完成冷却后回流入机头,对机头进行循环润滑,温控阀可以调节油温,进入油气筒的雾化状的油沿着油细分离器的管路回流进入机头进行机头润滑;当压缩机外部有负载时,空气从空气滤清器由吸气阀吸入机头,机头转动啮合,由于机头内部存在大量的油,在啮合过程中两个螺杆之间形成油膜使得空气在油膜内进行压缩,从机头流出的气体为具有一定压力的油气混合体,油气混合体在隔板处进行一次过滤,过滤处理液态油,在油细分离器进行二次过滤,过滤掉雾化状的油,当油气筒内压力不断增大,达到 600 kPa 时,压力维持阀打开,气体进入冷却器冷却压缩气体,完成冷却后将气体送入干燥塔干燥;当车辆无电而空气压缩机停机时,油气筒内的残留气体经左侧节流管路流入卸荷阀,然后经管路排向大气。

螺杆式空气压缩机中润滑油的作用比较多,具体包括以下几种:

润滑作用:喷入的机油在螺杆的齿面形成油膜,使啮合齿的齿面,齿顶与机壳间不直接接触,不产生干摩擦及由此引起的磨损。

密封作用:润滑油油膜填充了螺杆啮合齿与齿间及齿顶与机壳间的间隙,阻止压缩空气的泄漏,起密封作用,提高压缩机的容积效率。

降噪作用:喷入的机油与压缩空气混合,在油气混合物压力变化时,不可压缩的液态油可以部分地吸收缓和压缩空气膨胀产生的气动高频噪声。

冷却作用:喷入的润滑油接触到螺杆、机壳壁和压缩空气,吸收压缩热并将其带出。通过机外冷却系统将机油带出来的热,转由冷却空气散发掉,从而保证压缩机在理想的工作温度下工作,保证机器的可靠性和使用寿命。

2.4 双筒空气干燥器工作原理

微课
双筒空气干燥器工作原理

微课
双筒空气干燥器构成

现代化的城市轨道交通运输通常运行迅速、操纵灵活,加上自动化程度高,气动装置一般都具有动作精确、可靠和平稳的特性。空气压缩机输出的高压压缩空气中含有较高的水分和油分,必须经过空气干燥器将水分和油分分离出去,防止管路堵塞,才能达到车辆中各用气设备对压缩空气的要求。若高压压缩空气中含有的水蒸汽量超过限度,多余的水蒸汽会结露变成水滴。随着温度变化,温度越低含量越少,例如,按二次冷却器冷却温度排出结露的水后,由于配管或设备内气温的变化或绝热膨胀再冷却后会再次有冷凝水产生。冷凝水会使设备及配管内锈蚀,缩短使用寿命;污染设备及配管内部,造成检修困难;发生锈蚀引起网眼堵塞等危险。

因此,城轨车辆供风系统中压缩机提供的风源必须经过干燥器的干燥,去除压缩空气中存在的水分和油汽。干燥器有单筒式和双筒式,目前以双筒式为主,双筒空气干燥器实物外形如图 4-11 所示。选用时必须满足下列条件:

① 干燥器必须能经受地铁长期运行的考验,可靠性高,能适应复杂的实际工作环境;

② 结构紧凑,占用空间小,适于在地铁车辆上安装,应能集干燥、去油污功能于一体;

③ 干燥容量要满足要求,并且应具备在工作中进行干燥、再生的功能;

④ 工作性能稳定、维修少、耐振动等。

广州地铁车辆采用的双筒式无热再生工况空气干燥器,干燥处理量为 1 200 L/min。除了符合上述选用条件外,最大的特点是吸附剂(干燥剂)的吸附工况与再生工况分别在两个干燥筒内同时进行,且循环交替工作,从而可以经常保证其干燥功能。

双筒式空气干燥器由干燥筒、干燥器座、双活塞阀、电磁阀四个主要部分组成,空气干燥器结构示意图如图 4-12 所示。

干燥器座上设置有再生节流孔、两个止回阀、一个旁通阀和一个预控制阀。电磁阀和电子循环控制器相配合,控制干燥器的干燥和再生循环。另外,每一个干燥筒还有一个压力指示器用于观察干燥筒的工作状态;压力指示器红针显示压力为干燥工况;相反,红针复位则为再生工况。进气口 P_1 可选择为前面或右侧,排气口 P_2 可选择为左侧或右侧。

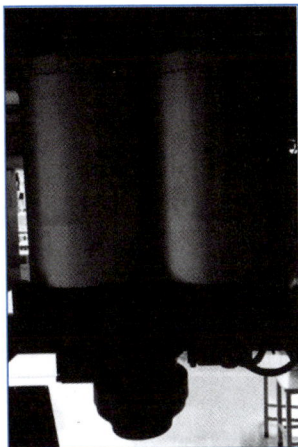

图 4-11　双筒空气干燥器实物外形

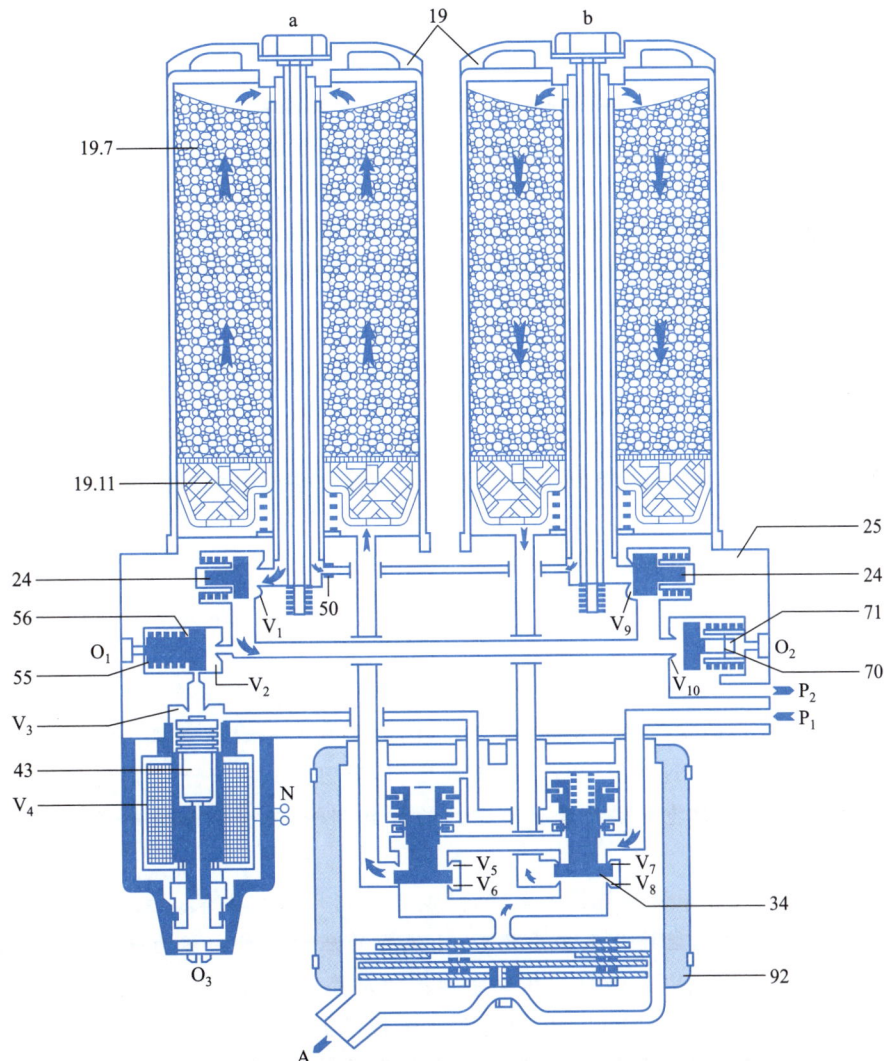

19—干燥筒;19.7—吸附剂;19.11—油水分离器;24—止回阀;25—干燥器座;34—双活塞阀;
56、70—克诺尔K形环;43—电磁阀;50—再生节流孔;55—预控制阀;71—旁通阀;92—隔热材;
A—排泄口;$O_1 \sim O_3$—排气口;P_1—进气口;P_2—出气口;$V_1 \sim V_{10}$—阀座
(干燥筒19a为干燥工况,干燥筒19b为再生工况)

图 4-12　空气干燥器结构示意图

干燥筒中吸附剂的结晶为金属硅酸铝,当带水分的压力空气流过吸附剂时,吸附剂上规律性的微孔能够吸附流过的空气中的水分。而且这种硅酸盐吸附剂的微孔大小可选择适应于吸附水分子,而较大的油分子却不能同时吸附。吸附作用的特点是在压力下吸附,在大气压或负压下再生,即压力越高,温度越低,单位吸附量所能吸收的水分量就越多;反之,吸附量就少。这就是"压力吸附与无热再生"。

干燥筒 19a 处于吸附工作状态,干燥筒 19b 则处于再生工作状态。

循环控制器控制电磁阀,当电磁阀得电时,从干燥后的压缩空气中部分分流出来的用于控制的压力空气,通过打开的阀 V_2 和阀 V_3 后,到达双活塞阀。预控制阀用来防止双活塞阀动作时处于中间位置;其流程如下:

空气压缩机输出压力空气→进气口 P_1→阀 V_5→干燥筒 19a 中油水分离器、吸附剂→干燥筒 19a 中心管,由此分两路;一路到止回阀 V_1→旁通阀 V_{10}→出气口 P_2→总风缸;另一路至再生节流孔 50→干燥筒 19b 中吸附剂、油水分离器→阀 V_8→消声器→排泄口→大气。

这样,干燥筒 19a 对空气压缩机输出的压力空气进行油水分离和干燥,干燥筒 19b 则对吸附剂再生及排除油污。

循环控制器在空气压缩机启动的同时也开始工作,它根据规定的程序控制电磁阀 43 的开关时间;从而控制双干燥筒工作循环,每两分钟转换一次工作状态。当空气压缩机停止工作或空转时,循环控制器记忆实际的循环状态,当空气压缩机重新启动后,循环控制器从原有的状态上执行控制,这样就可以保证吸附剂充分地再生,并保证吸附剂不会因工作循环的重新设置而产生过饱和情况。如果循环控制器或电磁阀出现故障,空气压缩机输出的压力空气仍可以通过干燥器中的一个干燥筒干燥,保证压力空气的供给。

任务实施

1. 以小组为单位学习并讨论供风系统在列车制动控制系统中发挥哪些作用?
2. 头脑风暴:活塞空气压缩机和螺杆式空气压缩机的工作过程有什么区别?
3. 讨论并说出空气干燥器的工作原理。

任务拓展

某地铁车辆所提供的空气供给装置(供风系统)主要包括一台电动机、VV120 型 2 级活塞式空压机单元(配有干式空气过滤器、中冷器、后冷器、弹性固定)、一套干燥剂型空气干燥器单元、油过滤器和所有控制/操作空气供给装置所需的的控制部件、安全阀和截断塞门等,供风系统的气路图如图 4-13 所示。

供风系统通过主风管等设备与其他车相连,向各个用风系统供风。主风管和主风缸的压力由压力传感器、压力开关来监控。正常情况下,主风管的压力信息由压力传感器 08 监控并将其传给列车控制单元(VCU),VCU 控制空压机电动机的启停。当主风缸压力低于 750 kPa 时空压机开始工作,当主风缸压力升到 900 kPa 时空气压缩机停止工作。

压缩空气经过空压机 01 通过软管 02 到达空气干燥单元 04,安全阀 03 保护其下部气路安全;空气干燥器 04 去除压缩空气中的水分,通过低压露点停止水汽凝结(相对湿度≤35%);油过滤器 05 减少油性浮粒并把压缩空气中的杂质过滤到较少水平;安全阀 11 保护其下部气路安全。

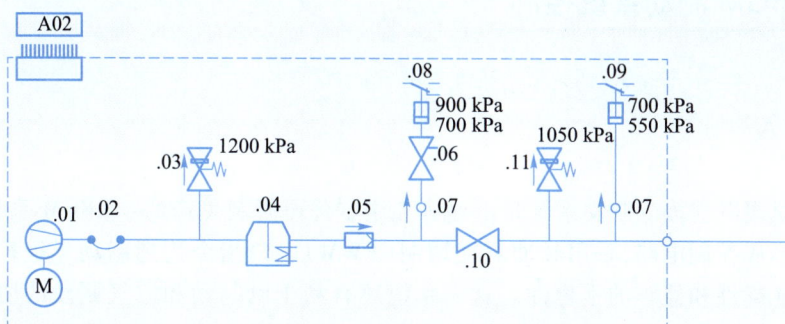

01—空压机;02—软管;03—安全阀(>1.2 MPa 排风);04—双塔式干燥器;05—过滤器(过滤油、水杂质);

06—截断塞门(带排风);07—压力表测试接口;08—压力开关(>900 kPa,两台压缩机都关;<700 kPa,两台都开);

09—压力开关(>700 kPa,紧急制动缓解,<550 kPa,触发紧急制动);10—截断塞门(不带排风);11—安全阀

图 4-13　供风系统的气路图

任务评价

项目名称	城市轨道交通车辆制动系统控制		学生姓名	
任务名称	列车供风系统控制		分值配比	考核得分
评价要点	1. 思维导图画出供风气路图		20	
	2. 活塞式空气压缩机的组成		15	
	3. 螺杆式空压机的工作过程		20	
	4. 油的作用		20	
	5. 空气干燥器工作原理		25	

学习心得

教师评价

教师签名:

任务3　KBGM 制动系统控制

任务导入

KBGM 模拟式电气指令制动系统是由德国克诺尔公司研制生产的。KBGM 系统用一条列车线贯穿整列车形成控制电路,采用脉冲宽度调制(PWM)电气指令达到制动无级控制的目的,从而实现制动的准确性和停车的平稳性。这一系统还有利于电制动和空气制动的协调配合,操纵灵活方便,反应迅速,是当今制动控制的最佳方式之一,上海地铁1号线就采用了该制动系统。按照控制形式分类,KBGM 制动系统属于车控式制动系统。那么 KBGM 制动系统的工作原理是什么呢?

通过本任务的学习,需要达到的目标如下:① 掌握 KBGM 制动系统的特点;② 掌握 KBGM 制动系统的组成;③ 理解 KBGM 型制动系统的控制过程和作用原理。

知识准备

3.1　KBGM 制动系统概述

KBGM 模拟式电气指令制动系统由制动控制单元(BCU)、电子制动控制单元(EBCU)、空气制动系统及指令与通信网络系统组成。KBGM 模拟式电气指令制动系统有如下特点:

① 具有先进的防空转和滑行保护功能,能有效地防止轮轨异常磨耗。

② 具有载荷校正功能,能根据车辆载荷的变化,自动调整制动力,使车辆制动率基本保持恒定,能有效地减小车辆间的纵向冲动。

③ 车辆控制系统具有故障诊断、故障贮存及故障显示功能。

④ 制动策略为拖车空气制动优先补足。

1. 电子制动控制单元

电子制动控制单元(EBCU)是空气制动管理控制的核心,如图4-14所示。可通过列车总线(MVP)接受各种与制动有关的信号(载荷、电制动实际值、PWM 信号),计算出一个制动指令,输出到 BCU。检测轴的转速,一旦发生滑行,防滑装置使制动缸排气,解除滑行。每辆车有一个电子制动控制单元(EBCU),用于整个空气制动系统及车轮防滑保护装置(WSP)电子控制。EBCU 使用快速连接的多芯插头实现电气连接,安装和拆卸方便,无气动连接。

EBCU 具有以下主要功能:

① 接收司机控制器发来的指令信号,并通过 PWM 波控制常用(1-7N)制动级别命令。

② 接收速度传感器信号,通过速度解调器读出列车的运行速度。

③ 根据不同的制动级别命令和从载重传感器得到的车重信息算出要求的总的制动力。

④ 通过 EP 单元实施对空气制动的控制。

⑤ 常用制动和快速制动时实施冲动限制控制,把减速度的变化率限制在一定数值以下,以提高乘坐的舒适性。

图 4-14　电子制动控制单元

⑥ 当 EBCU 检测到列车发生滑行时,控制防滑阀产生动作,防止列车车轮磨损严重,获得最佳滑行控制。

⑦ EBCU 在开机时进行系统自检,并且在列车运行过程中将根据检测到的信号进行部件的故障判断。

⑧ 具备足够的容量用以储存故障信息,储存的故障信息包括故障名称、代码、所在部件或元件、故障发生日期和时间、故障消失日期和时间、同类故障统计数、运行千米数及相关的环境。

⑨ 有便携式测试仪器通信的接口(USB 或网口)及相应的软件,用于调试、测试及读取存储器内的信息等。

2. 制动控制单元

制动控制单元(BCU)主要由模拟转换阀、紧急阀、称重阀和均衡阀组成,是制动控制的核心,如图 4-15 所示。它是一个高度集成的控制单元,将上述四种阀安装在一个铝合金的气路板上,气路板上设置了部分测试接口,用于测量各个控制压力和制动缸压力。

(1)模拟转换阀

模拟转换阀又称电气转换阀(或 EP 阀),是由一个稳压气室、一个电磁进气阀 3(类似控导阀)、一个电磁排气阀 2 及气电转换器 1 组成,其结构如图 4-16 所示。当微处理机 EBCU 发出制动指令时,进气阀的励磁线圈得电励磁,顶杆克服进气阀阀弹簧弹力,压开阀芯,打开进气阀,使制动贮风缸压力空气通过进气阀进入模拟转换阀输出口,作为预控制压力 C_{V1} 输出。C_{V1} 一路送向紧急阀 E,同时 C_{V1} 也送向气—电转换器和电磁排气阀口,气—电转换器将该压力信号转换成相对应的电信号,并馈送回微处理机,微处理机将此信号与制动指令对应的参考值比较。当小于参考值时,则继续开放进气阀口,预控制压力 C_{V1} 继续增高;而当大于参考值时,则关闭进气阀并打开排气阀,压力空气从 O 口排向大气,预控制压力 C_{V1} 降低,当预控制压力 C_{V1} 降到符合制动指令的要求大小时,进气阀和排气阀均处于关闭状态。从模拟转换阀出来的 C_{V1} 压力空气通过气路板内的气路进入紧急阀的旁路。

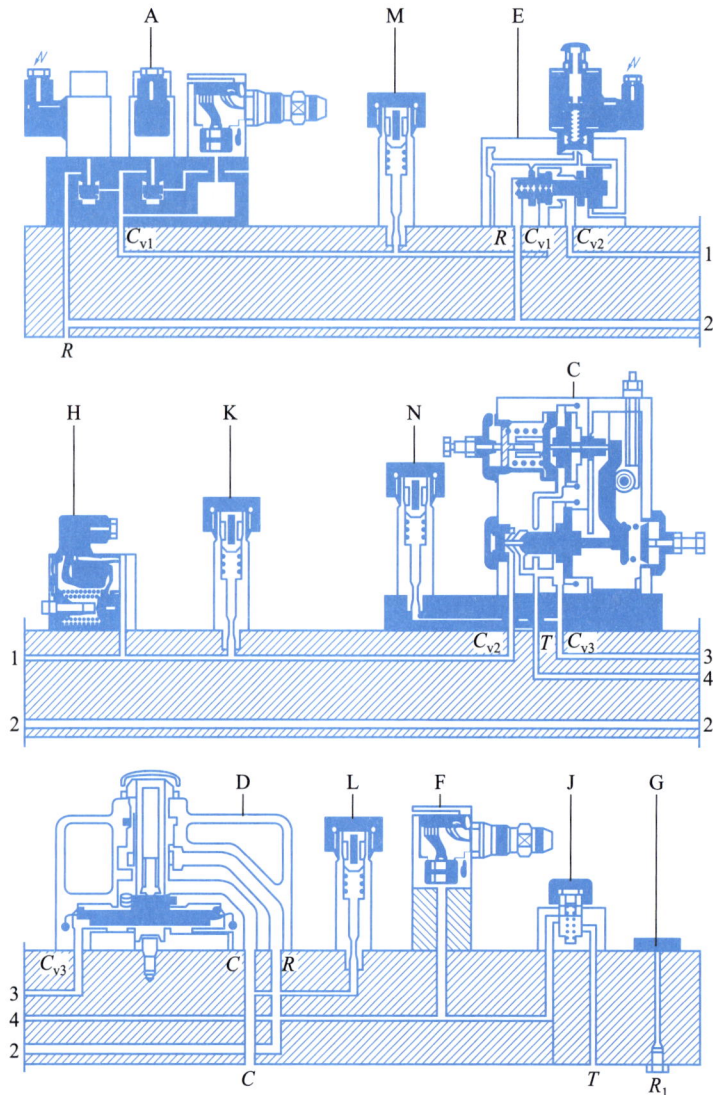

图 4-15　制动控制单元

（2）紧急阀

紧急阀是一个电磁阀控制的二位三通阀,其两种工况如图 4-17 所示,它的三个阀口分别通制动贮风缸(A1),模拟转换阀输出口(A2)及称重阀输入口(A3)。它主要由空心阀、阀座,空心阀弹簧、活塞、活塞杆、活塞杆反拨弹簧和电磁阀组成。其中空心阀还起到阀口的作用,而活塞杆顶部做成阀口结构。

在常用制动时,紧急阀的电磁阀得电励磁,阀芯吸起,打开下阀口 V1,由 A4 输入的控制压力空气送入活塞右侧,推动活塞、活塞杆和空心阀左移,一方面关闭制动贮风缸 A1 的气路;另一方面开放 A2 与 A3 的通路,这时由模拟转换阀输出的预控制压力 C_{V1} 便可通过紧急阀输出到称重阀 C。

在紧急制动时,紧急阀失电,其电磁阀不励磁,电磁阀阀芯在其反力弹簧作用下,关闭下阀

1—气—电转换阀；2—电磁排气阀；3—电磁进气阀(图示线圈处于励磁状态)；4—阀座；5—阀；
6—弹簧；7—阀体；R—由制动贮风缸引入压力空气；C_{V1}—预控制压力空气引出；O—排气口

图 4-16　模拟转换阀结构

口,切断控制压力空气的通路(A4),活塞右侧压力空气经电磁阀上阀口 V2 排入大气。于是,空心阀在弹簧作用下右移,关闭 A2 与 A3 通路,而活塞在弹簧作用下继续右移,活塞杆顶部离开空心阀,打开 A1 与 A3 通路,制动贮风缸压力空气越过模拟转换阀而直接进入称重阀 C。

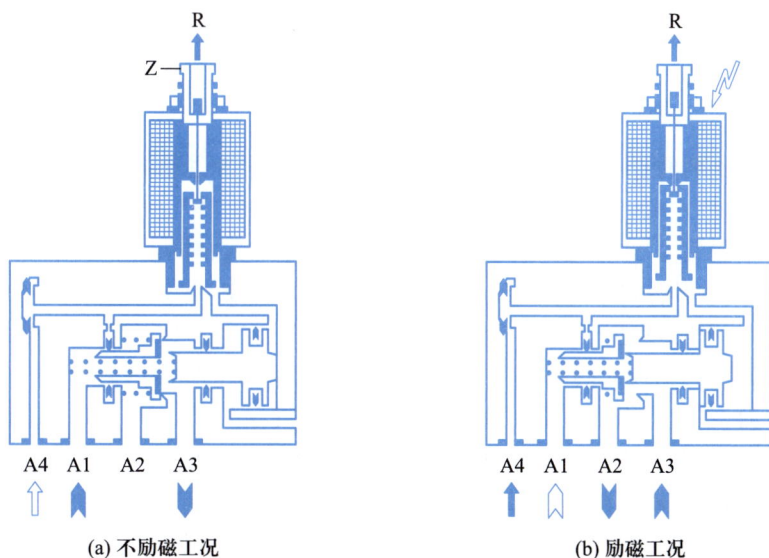

(a) 不励磁工况　　　　　　　　　　(b) 励磁工况

A1—通制动贮风缸；A2—通模拟转换阀；A3—通称重阀；A4—控制空气通路

图 4-17　紧急阀两种工况

(3) 称重阀

称重阀为杠杆膜板式结构,其作用是根据车辆载重的变化,即根据乘客的多少自动调整车辆的最大制动力,其结构如图 4-18 所示,主要由负载指令部、压力调整部和杠杆部组成。负载指令部由主动活塞(活塞)、主动活塞膜板、从动活塞、K 形密封圈及弹簧、调整螺钉等部分组成;压力调整部由橡胶夹芯阀、活塞、空心杆、阀座、弹簧和调整螺钉等组成;杠杆部由杠杆、支点滚轮和调整螺钉组成。

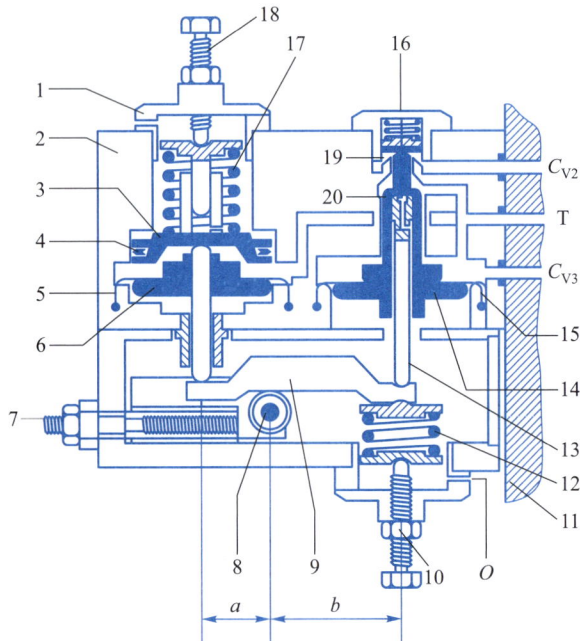

1—螺盖;2—阀体;3—从动活塞;4—K 形密封圈;5—膜板;6,14—活塞;
7,10,18—调整螺钉;8—支点滚轮;9—杠杆;11—管座;12,17—弹簧;
13—空心杆;15—膜板;16—橡胶夹芯阀;19—充气阀座;20—排气阀座;O—排气口

图 4-18　称重阀结构

与负载重量成比例的空气压力信号(空气弹簧压力)T 输入主动活塞的上部,将主动活塞向下推,活塞杆顶在杠杆左端,使杠杆左端下降而右端上升,绕支点沿逆时针方向转动,同时右侧压力调整弹簧的向上作用力,也推动杠杆右端上升,从而使空心阀杆向上运动,推开夹芯阀,开放充气阀口,由紧急阀来的预控制压力 C_{V2} 经充气阀座,成为预控制压力 C_{V3} 输出到中继阀。同时该压力送到均衡活塞(膜板活塞)上方,当均衡活塞上方空气压力和下方空心顶杆压力(即杠杆力调整弹簧力之和)平衡时,夹芯阀在夹芯阀弹簧作用下关闭,停止向中继阀供风。

当乘客减少时,空气弹簧压力 T 下降,均衡活塞上方的空气压力大于下方顶杆推力,于是均衡活塞下移,空阀杆离开夹芯阀,C_{V3} 压力空气经空心阀杆阀口排向大气,直到均衡活塞上下方压力达到平衡,均衡活塞重新上移,关闭排气阀口。

当空气弹簧压力很低,甚至空气弹簧破损无压力时,从动活塞向上的作用力不足以平衡调整弹簧的力,由两个调整弹簧的作用力使称重阀输出压力保持一定的值。

由于模拟转换阀输出的预控制压力是受微处理机控制的,而微处理机的制动指令本身就是根据车辆的负载、车速和制动要求而给出的。因此,在常用制动中称重阀几乎不起作用,仅起预防作用,以防模拟转换阀控制失灵,而主要作用是在紧急制动发生时体现。由于紧急制动时预控制压力是从制动贮风缸直接经紧急阀到达称重阀的,中间没有受模拟转换阀的控制,而紧急阀也仅仅作为通路的选择,不起压力大小的控制作用。所以,在紧急制动时,预控制压力只受称重阀的限制,即制动贮风缸空气压力经称重阀限制后作为最大的预控制压力输出。同样,控制压力 C_{V2} 流经称重阀时,也受到阀的通道阻力,压力有所下降,成为预控制压力 C_{V3} 并通过管路板进入中继阀。

（4）中继阀（均衡阀）

KBGM 型模拟制动机的空气制动装置是一个间接控制的直通式制动机,即由制动控制单元 BCU 控制预控制压力,再由中继阀根据预控制压力的大小控制车辆制动缸的充风和排风作用,即中继阀起到“放大”作用。它由带橡胶阀面的空心导向杆、膜板、活塞（即均衡活塞）、进/排气阀座、弹簧等部分组成,其结构如图 4-19 所示。

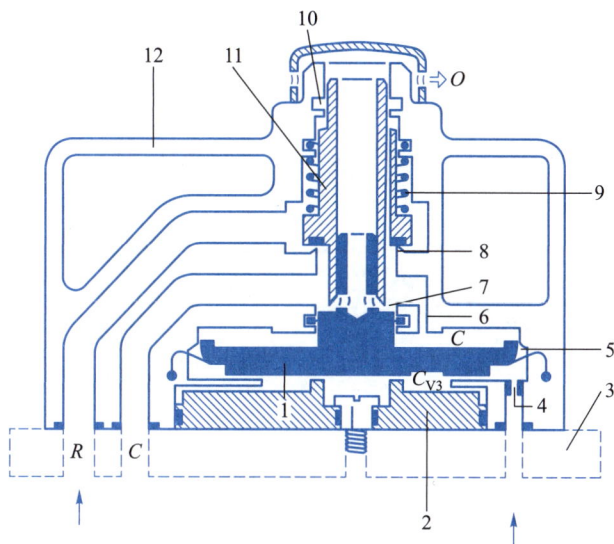

1—膜板；2—中继阀安装面；3—气路板；4—节流孔；5—活塞；6—节流孔；7—排气阀座；
8—进气阀座；9—弹簧；10—K 形密封圈；11—带橡胶阀面的空心导向杆；12—阀体；
R—接口通向制动贮风缸；C—通向各个单元制动缸；C_{V3}—来自称重阀的控制压力(空气)；O—排气口

图 4-19　中继阀(均衡阀)结构

由节流孔 4 进入中继阀的预控制压力 C_{V3},推动具有膜板 1 的活塞 5(均衡活塞)上移,首先关闭了通向制动缸的排气口(下橡胶面与排气阀座 7 密贴),然后进一步打开进气阀口(上方的橡胶阀面离开进气阀座 8),使从制动贮风缸来的压力空气经接口 R 进入中继阀,再经打开的进气阀口、接口 C 充入单元制动缸,使制动缸压力上升,闸瓦压向车轮,从而列车产生制动作用。同时,该压力经节流孔 6 反馈到活塞 5 上腔 C 的制动缸的压力与活塞下腔的 C_{V3} 压力相等时,关闭进气阀口,制动缸压力停止上升。

从上述可知,中继阀能迅速地进行大流量的充、排气,大流量压力空气的压力变化是随预控制压力 C_{V3} 的变化而变化的,并且两者的压力传递比为 1:1,即制动缸压力与 C_{V3} 相等,从而实现了小流量压力空气控制大流量压力空气的作用。

同样,模拟转换阀接到微处理机发出的缓解指令后,将其排气阀打开,使具有预控制压力 C_{V1}、C_{V2}、C_{V3} 的压力空气都通过此阀口向大气排出。由于 C_{V3} 压力空气的排出,均衡活塞在其上方的制动缸压力空气作用下向下移动,于是中继阀中的进气阀关闭,排气阀打开,使各制动缸中的压力空气经开启的排气阀排出,列车得到缓解。

3. 辅助控制单元

辅助控制单元是将 BCU 外的其他阀体集成为一体的一个单元,也是控制停放制动施加与缓解的模块,其实物图如图 4-20 所示,其主要组成如下所述。

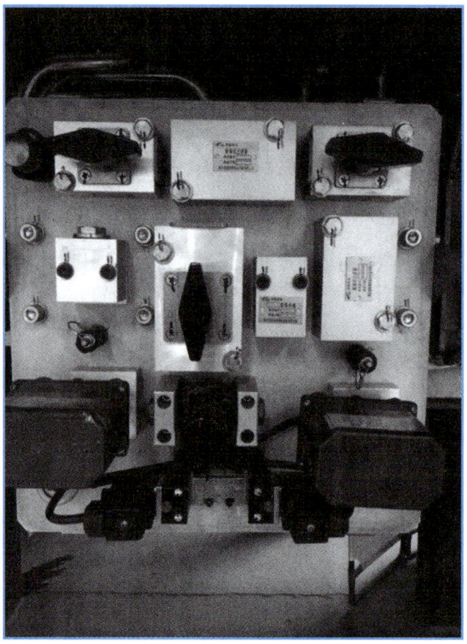

图 4-20　辅助控制单元实物图

① 对应图 4-21,辅助控制单件制动部件见表 4-1。

表 4-1　辅助控制单元制动部件

部件符号	部件名称	部件作用
B02	截断塞门	切除制动系统管路与主风管的通路
B03	止回阀	防止制动系统管路的压力空气逆流
B07	压力测试点	测试主风管压力
B08	压力开关	用于监控主风管压力
B12	减压阀	将主风管压力空气减压至 630 kPa
B19	脉冲阀	用于控制停放制动的施加与缓解
B20	双向阀	防止常用制动与停放制动同时施加时造成的制动力过大
B21	压力开关	控制停放制动指示灯的动作
B22	压力测试点	测试停放制动的压力
L02	截断塞门	用来切除空气弹簧控制系统管路与主风管的通路,便于测试与检修

② 对应图 4-21,其车门控制元件(气动门)见表 4-2。

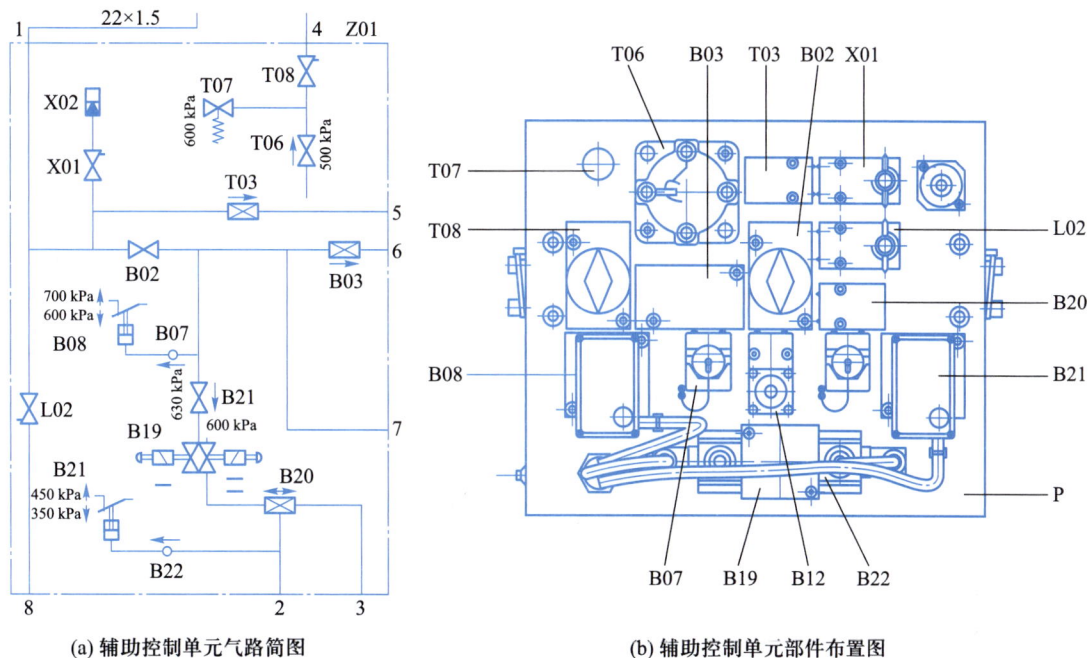

(a) 辅助控制单元气路简图　　　　　　　　　(b) 辅助控制单元部件布置图

图 4-21　辅助控制单元的主要组成部件

表 4-2　辅助控制单元车门控制元件

部件符号	部件名称	部件作用
T03	止回阀	防止车门控制系统管路的压力空气逆流
T06	减压阀	将主风管压力空气减压至 350 kPa,供车门控制系统用
T07	安全阀	防止车门控制系统压力过大
T08	截断塞门	切断车门控制系统管路与主风管的通路

③ 对应图 4-21,其车间外接供气元件如表 4-3 所示。

表 4-3　辅助控制单元车间外接供气元件

部件符号	部件名称	部件作用
X01	截断塞门	切断车间外接供气管路与主风管的通路
X02	快速接头	车间外接供气快速接头

　　辅助控制单元与外接设备的接口关系是:接口 1 与主风管相连;接口 2 与踏面单元制动器的弹簧制动缸相连;接口 3 与踏面单元制动器的制动缸相连;接口 4 通往门控设备及空调;接口 5 与门控风缸 T04 相连;接口 6 与制动贮风缸 B04 相连;接口 7 通往防滑阀 G01 的控制管路;接口 8 通往空气弹簧。

4. 执行部分

　　执行部分由基础制动装置:踏面单元制动器及滑行保护的控制执行元件防滑阀 G01 组成。踏面单元制动器有 PC7Y 和 PC7YF 两种形式。PC7Y 型不带弹簧制动器,而 PC7YF 型带有弹簧制动器,能起到停放制动作用,每根轮轴装备一个。PC7Y 单元制动器如图 4-22 所示。

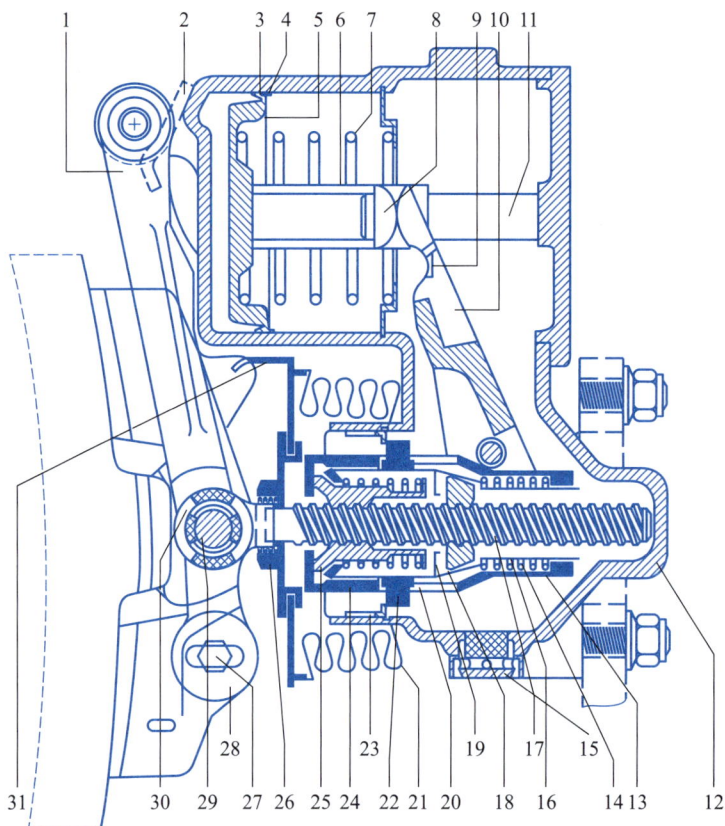

1—吊杆；2—扭簧；3—活塞涨圈；4—滑动环；5—活塞；6—活塞杆；7—缓解弹簧；8—止推片；9—凸头；10—杠杆；
11—导向杆；12—外体；13—闸调器外壳；14—压紧弹簧；15—滤尘器；16—离合器套；17—主轴；18—调整螺母；
19—轴承；20—轴承；21—波纹管；22—引导螺母；23—止环；24—调整弹簧；25—止推螺母；26—回程螺母；
27—摩擦联轴器；28—闸瓦托；29—销；30—主轴鼻子；31—波纹管安装座

图 4-22　PC7Y 单元制动器

　　PC7YF 型踏面单元制动器是在 PC7Y 型的基础上增加了一个用于停车制动的弹簧制动器,它包括停车缓解风缸、缓解活塞、活塞杆、螺纹套筒、停放制动弹簧、缓解拉簧、停放制动杠杆等。

　　当列车制动时,制动缸充气,在压力空气的作用下,制动缸活塞压缩缓解弹簧右移,活塞杆推动制动杠杆,而杠杆的另一端则带动闸瓦间隙调整器向车轮方向推动闸瓦托及闸瓦,使闸瓦紧贴车轮。

　　缓解时,制动缸排气,这时闸瓦及闸瓦托上所受到的推力被撤除,在制动缸缓解弹簧及闸瓦托吊杆上端头的扭簧的反弹力作用下,闸瓦及活塞等机构复位。

微课
空气制动控
制电路

3.2　KBGM 制动系统气路控制

　　KBGM 单节车气路阀如图 4-23 所示,空气压缩机(A01)产生压缩空气经干燥塔(A07)干燥送入主风管,进而进入主风缸(A10)。空气制动施加时,气体经过主风管进入制动缸(B04),然后进入制动控制单元 BCU,在 BCU 内经过调解、放大输出,经过防滑阀(G01)分别送入 2 个转向节的 8 个单元制动缸;停放制动气路由主风管经过空气控制屏进,经停放脉冲电磁阀调解,由 2 号口分别送入 2 个转向节的停放制动缸。另外一主风管还将一些气体送入车钩的解钩风缸、气动受电弓以及气动车门等部件。

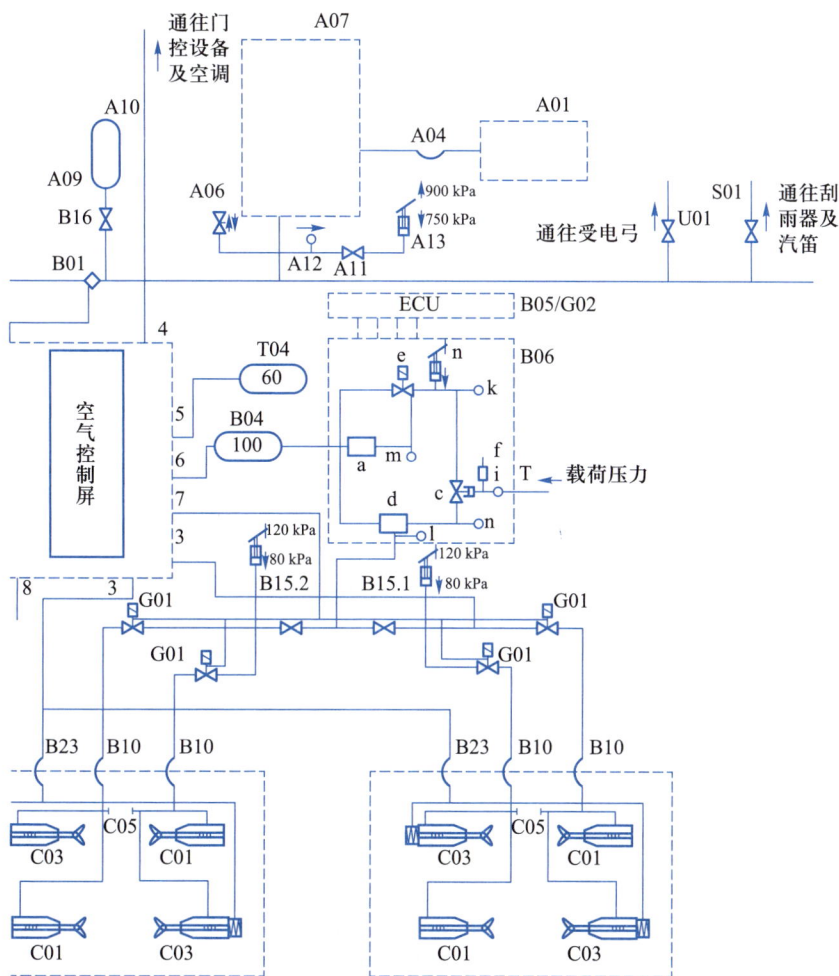

图 4-23　KBGM 单节车气路图

3.3　KBGM 制动系统控制过程

微课

KBWB 制动系统及制动过程

1. 电空联合制动及其转换原理

主控制器产生制动指令,经脉冲调制转换器转换成 PWM 信号传送到 DCU 和 EBCU,DCU 产生电制动,并向本车和 A 车 EBCU 发出信号。各车 EBCU 根据信号判断电制动能否满足要求,不足则要补足空气制动力,并向 EBCU 中模拟转换阀发出空气制动指令信号,产生相应的压力。

2. 常用制动作用原理

常用制动指令经列车总线传送给每辆车的 EBCU,EBCU 对制动指令信号,牵引系统电制动信号,空气弹簧压力信号进行综合计算,得到一个需要补充的电指令信号。电指令信号在 EBCU

中的过程:模拟转换阀把电指令转换成相应的空气指令 C_{V1},C_{V1}通过紧急电磁阀成为 C_{V2},在通过称重阀变成 C_{V3},控制中继阀动作。

制动过程:制动风缸→中继阀→截断塞门→防滑电磁阀→制动软管→制动缸→单元制动机。

3. 紧急制动作用原理

紧急制动时,紧急电磁阀失电,紧急制动的产生过程如下所述。

BCU 中的过程:直接开通制动风缸→紧急电磁阀→称重阀→中继阀;

制动过程:主风缸→中继阀→截断塞门→防滑电磁阀→制动软管→单元制动缸→单元制动机;

缓解过程:单元制动缸→制动软管→防滑电磁阀→截断塞门→中继阀→大气。

4. 停放制动作用原理

司机按压停放制动施加按钮,停放电磁阀动作,停放制动的过程如下所述。

制动过程:停放制动缸→软管→双向阀→停放制动电磁阀→大气;

缓解过程:主风缸→停放制动电磁阀→双向阀→软管→停放制动缸充气。

任务实施

1. 小组讨论 KBGM 制动系统工作原理。
2. 头脑风暴:制动控制单元 BCU 的组成? 气路流动过程?

任务拓展

KBGM 制动控制与 KBWB 制动控制的区别

KBGM 模拟式电气指令制动控制系统由德国克诺尔制动机有限公司生产,KBWB 模拟式电气指令制动控制系统是由英国的西屋电气公司(已并入德国克诺尔公司)设计的制动系统,二者均是采用 PWM 脉冲信号调制的模拟电气指令制动系统,总体来讲,KBGM 制动系统出现早,技术成熟,故障率小,而 KBWB 制动系统突出特点是模块化、集中化,很大程度地方便了车辆的检修维护工作。具体区别如下:

(1)制动策略不同

KBGM 制动系统是拖车空气制动优先补足。列车施加制动时,车辆先采用再生制动,后电阻制动,再后采用拖车的空气制动,最后采用动车的空气制动;KBWB 制动系统制动策略是拖车空气制动滞后控制。列车施加制动时先采用电制动,后采用动车空气制动,最后采用拖车的空气制动。

(2)集成程度不同

KBGM 制动系统集成程度不高,其空气制动控制单元(BCU)由模拟 1 转换阀、紧急阀、空重车调整阀、中继阀组成。而 KBWB 制动系统的集成度非常高,将计算机制动控制单元、空气制动控制单元、风源等设备安装在一个高度集成的模块内,能够实现自我诊断、故障保护显示,且重量轻、结构简单、便于维护。其空气制动单元在 KBGM 制动系统的基础上做了改变,由 EP 阀、主控阀、称重阀组成,EP 阀是一个气路连接板安装基座,主控阀与称重阀都安装在该基座上,该基座 5 个气路口分别与 2 阀体相连。主控阀包含了气电转换、紧急阀、中继阀的功能。

任务评价

项目名称	城市轨道交通车辆制动系统控制		学生姓名	
任务名称	KBGM 制动系统控制		分值配比	考核得分
评价要点	1. 画出 KBGM 制动控制系统的工作原理的思维导图		20	
	2. 制动控制单元 BCU 的组成		15	
	3. 简要说出 PC7Y 基础制动装置工作过程		20	
	4. 简要画出单节车气路走向框图		20	
	5. 空气控制屏气路图		25	

学习心得

教师评价

教师签名：

任务 4　EP2002 制动系统控制

任务导入

　　EP2002 制动系统为电气模拟指令式制动控制系统,其核心部件为 EP2002 阀,负责空气制动系统的控制、监控和车辆控制系统的通信。EP2002 制动控制系统与常规制动控制系统的最大区别在于设计思想不同:常规的制动控制系统采用车控式,即一个制动电子控制单元控制同一节车的 2 个转向架;而 EP2002 制动控制系统采用架控式新概念,即 1 个 EP2002 控制 1 个转向架。由于其与常规制动系统相比具有制动精度高、响应时间短的优点,目前在国内多条新建的轨道交通车辆上得到广泛应用。那么 EP2002 制动系统的工作原理是什么呢?

　　通过本任务的学习,需要达到的目标如下:① 了解 EP2002 制动系统的组成;② 掌握 3 个 EP2002 阀的功能与分类;③ EP2002 型制动系统的控制过程和作用原理。

微课

EP2002 制动
控制单元在
地铁车辆中
的分布

知识准备

4.1 EP2002 制动系统概述

EP2002 制动系统将制动控制和制动管理电子设备以及常用制动(SB)气动阀、紧急制动(EB)气动阀和车轮防滑保护装置(WSP)气动阀都集成到各转向架上的机电包中,该机电包包括 EP2002 网关阀、RIO 阀(远程输入/输出阀)和智能阀。气动系统可以通过一个中心点向各个 EP2002 阀门供风或从各处向阀门供风。

EP2002 阀有完全分布式控制和半分布式控制两种形式。完全分布式控制如图 4-24 所示,半分布式控制如图 4-25 所示。

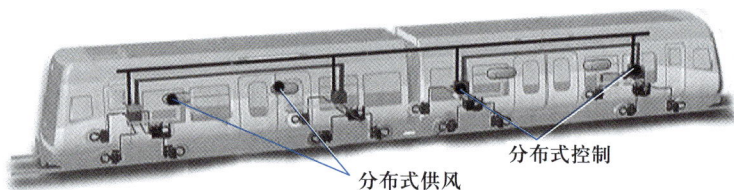

图 4-24 完全分布式控制

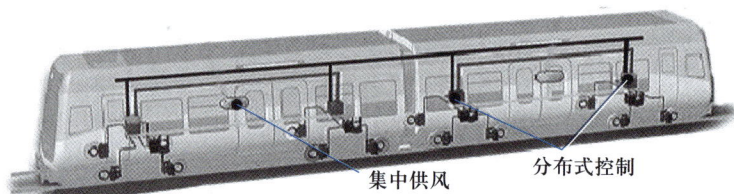

图 4-25 半分布式控制

整个 EP2002 制动系统,包括它的空气压缩机、空气干燥塔、大小贮风缸、控制单元和检测点,均采用模块化设计。因此,它的结构紧凑、重量轻,适用于各种不同的安装方式,使用、维护方便。EP2002 制动系统的设计寿命为 40 年,大修周期间隔为 9 年,而且所有设备都有一个基于软件的寿命过期指示器,提示系统部件何时需要预防性大修。

EP2002 制动系统主要由 EP2002 阀、制动控制模块以及其他辅助部件组成,EP2002 阀按照功能分类可以分为网关阀(Gateway Valve)、智能阀(Smart Valve)和远程输入/输出阀(RIO Valve)。网关阀和输入/输出阀的外形如图 4-26(a)所示,智能阀外形如图 4-26(b)所示,EP2002 阀安装位置如图 4-27 所示。三个阀分别装在其所控制的转向架上(每个转向架对应一个阀),三个阀通过一个专用的 CAN 总线连接在一起。

1. 智能阀

智能阀是机电一体的产品,包括一个直接安装在气阀上的电子控制部件。智能阀产生的电控制信号直接输出到气阀,并对该阀所在转向架的电—空制动和车轮滑行进行控制,并通过 CAN 总线与其余 EP2002 阀进行通信。

(a) 网关阀外形　　　　　(b) 智能阀外形

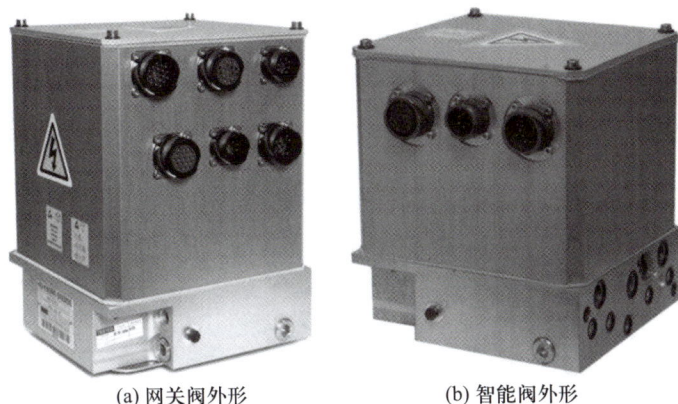

图 4-26　EP2002 阀

图 4-27　EP2002 阀安装位置

　　EP2002 智能阀侧面有 3 个连接器接口,分别为 PL1 连接器、PL2 连接器、SK1 连接器;PL1 连接器提供轴速度信号(1、2),PL2 连接器提供电源、紧急制动硬线信号、制动施加状态信号、制动缓解状态信号、远程缓解硬线信号;SK1 连接器提供 CAN 网(内网)。

　　智能阀的内部结构如图 4-28 所示。智能阀是一个"机电 EP"装置,其中包括一个电子控制板(RBX 卡),该电子控制板直接装在一个称为气动阀单元(PVU)的气动伺服阀上。起控制作用的 EP2002 网关阀通过 CAN 制动总线传达制动要求,每个阀门据此控制着各自转向架上制动调节器内的制动缸压力(BCP)。该设备通过转向架进行常用制动和紧急制动,同时通过车轴进行车轮防滑保护控制。阀门受软件和硬件的联合控制和监控,并可以检测潜在的危险故障。结合各车轴产生的车轴速度数据和其他阀门通过专用 CAN 制动总线传来的速度数据即可进行车轮防滑保护。智能阀的输入、输出接口如图 4-29 所示。

　　从输入输出关系可以看出,智能阀的主要功能有以下几方面:

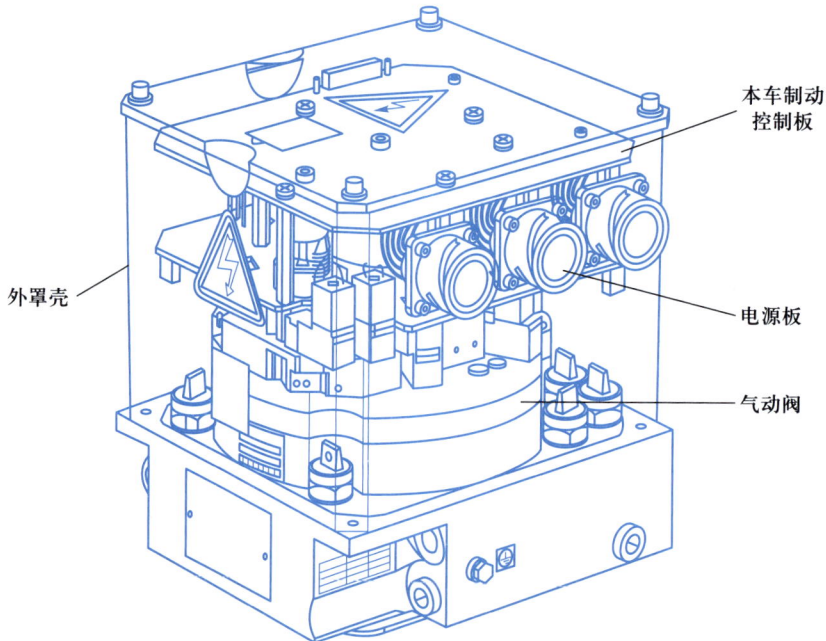

图 4-28　智能阀的内部结构

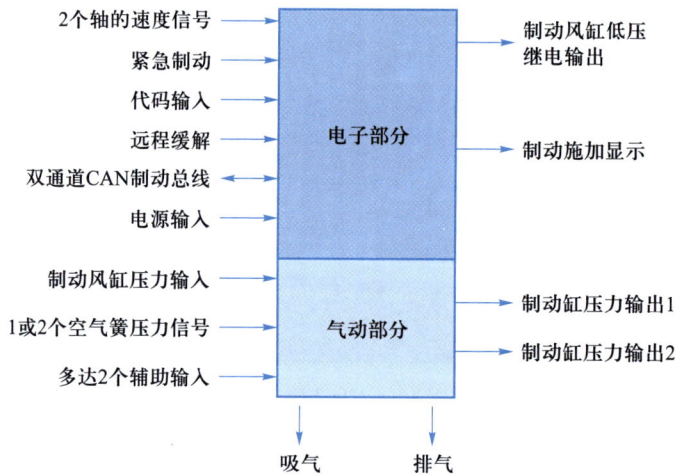

图 4-29　智能阀的输入、输出接口

① 常用制动时根据转向架的负载对输出制动压力进行调整并输出制动压力；

② 紧急制动时根据转向架的负载对输出制动压力进行调整并输出制动压力；

③ 对每个轮对的滑行进行保护（WSP 控制）；

④ 制动应用显示；

⑤ 贮风缸失压时向继电器输出断开信号；

⑥ 通过 CAN 总线向网关阀报告本车故障监视情况。

2. RIO 阀

RIO（远程输入/输出）阀的内部结构如图 4-30 所示。它比智能阀多了两块电子控制板，即制动控制单元板和模拟输入输出板。除了具有智能阀的所有功能外,RIO 阀还可以通过制动控制单元板和硬线与其控制的转向架上的牵引控制单元通信,使电制动和空气制动协调工作。

与网关阀有着相同的 I/O 口,但没有安装网络接口卡,不进行制动控制运算。输入的数据被 RIO 阀读取,然后通过 EP2002 双通道 CAN 总线传至主网关阀。RIO 阀的可编程输出状态由主网关阀控制。

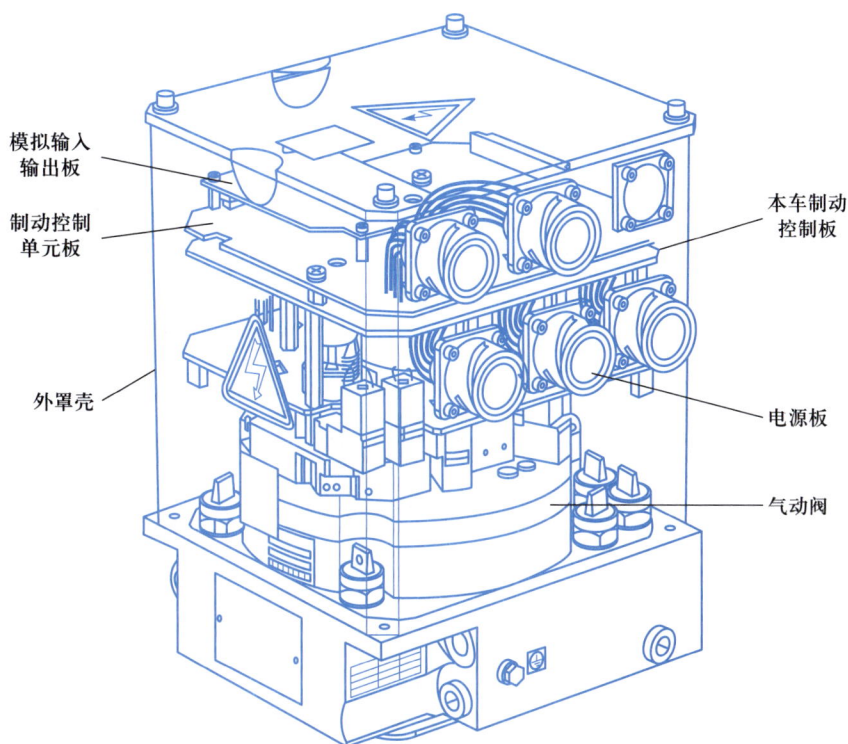

图 4-30　RIO 阀的内部结构

3. 网关阀

网关阀的内部结构如图 4-31 所示。它比 RIO 阀又多了一块网络通信板,具备 RIO 阀和智能阀的所有功能,并将常用制动压力要求分配至所有装在本地 CAN 网络中的 EP2002 阀门。网关阀也可以提供 EP2002 控制系统与列车控制系统的连接。EP2002 网关阀可以根据要求定制通信协议,以连接 MVB、LON、FIP、RS485 通信网络以及传统列车线缆和模拟信号系统。网关阀除了具有 RIO 阀所有功能外,还具有制动管理功能并提供 EP2002 控制系统与列车管理系统的接口。

EP2002 网关阀侧面有 6 个连接器接口,PL1 连接器提供轴速度信号(1、2);PL2 连接器提供电源、紧急制动硬线信号、制动施加状态信号、制动缓解状态信号、远程缓解硬线信号;PL3 连接器提供快速制动硬线信号、非零速信号、超速信号、里程信号;SK1 连接器提供 CAN 网(内网);SK2 连接器提供 I/O 接口。

4. EP2002 阀内部设备各部件作用

① 设备外壳:外壳为阳极氧化铝重载挤出成型。外壳保护内部电子部件与外部工作环境隔离并为设备提供 IP66 级密封。

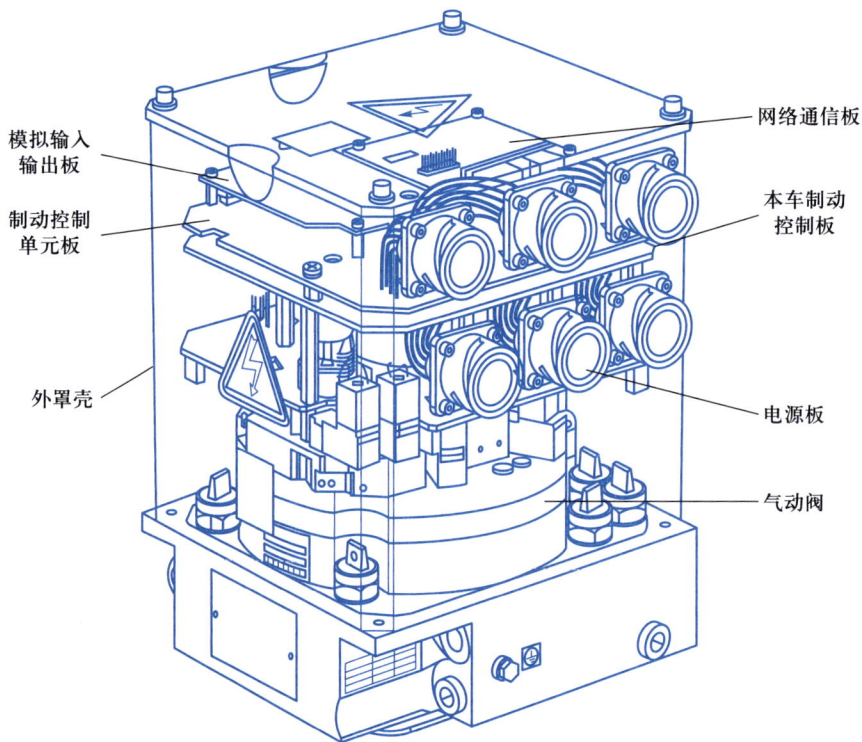

图 4-31　网关阀的内部结构

②气动阀单元(PVU):此气动阀单元由本地制动控制卡发出指令,用来控制进行常用制动、紧急制动和车轮防滑保护的各车轴上的 BCP 压力。

③供电单元(PSU)卡:供电单元卡接收所输入的电池供电和加热器供电。主供电经调控后在内部被传送至设备内的其他电子元件卡上。加热器供电则被传输至加热器单元,使其可以在极低温度下进行工作。

④本地制动控制(RBX)卡:本地制动控制卡根据主网关单元通过专用 CAN 总线传达的制动要求来控制 PVU 以进行常用制动、紧急制动和车轮防滑保护。

⑤制动管理(BCU)卡:制动管理卡仅安装在 EP2002 网关阀中,包括对整列列车进行制动管理的所需功能,而且还可以支持可配置的 I/O 端口。如果使用主网关阀则制动管理功能激活,并且通过 CAN 总线与所有其他的智能阀和网关阀建立通信。如果未使用主网关阀而仍使用一个普通网关阀,则 BCU 卡将作为一个远程输入/输出阀(RIO)工作,可以允许直接进入制动 CAN 总线而无须直接发送线缆信号至主网关阀。

⑥可选网络 COMMS 卡:可选择的网络通信卡仅安装在 EP2002 网关阀中,此卡符合 MVP、FIP、LON 和 RS485 接口标准(一个通信卡对应一种协议标准),通信连接可以用于控制和诊断数据传输。

⑦可选模拟 I/O 卡:可选择的模拟 I/O 卡可安装到各种型号的网关阀和 RIO 阀上以提供进行常用制动控制时所需的模拟信号。

5. EP2002 阀的气动结构

位于各种型号的智能阀和 RIO 阀、网关阀中的 EP2002 阀气动段均相同,并且被视作气动阀单元(PVU),其功能区域可分为下列组别,其气路图如图 4-32 所示。

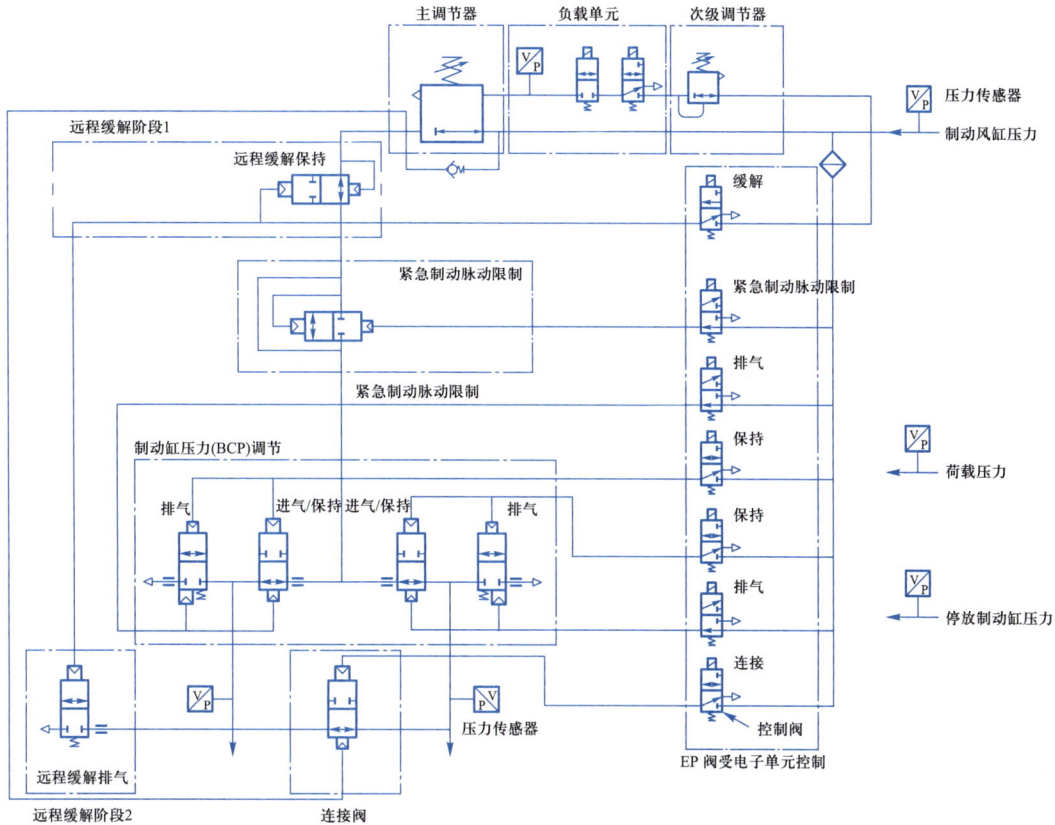

图 4-32　PVU 气路图

① 主调节器:中继阀负责调节装置的供风压力并将其降低至一个按负荷增减的紧急制动压力的水平,中继阀同时还负责在电子负荷系统出现故障时提供机械系统产生的最小紧急制动压力。

② 次级调节器:位于主调节器上游,负责将供给制动缸的压力限定在最大紧急制动压力。

③ 负荷单元:负荷单元用于向主调节器继动阀提供一个按负荷增减的紧急制动控制压力,此控制功能一直保持激活状态并与空气悬挂系统压力成一定比例。

④ BCP 调节:BCP 调节功能负责从主调节器处接收输出压力并进一步将其调节至常用制动所要求的 BCP 等级。在进行车轮防滑保护时,BCP 调节区域同样负责对制动缸压力进行气动控制。

⑤ 连接阀:可以使 BCP 输出以气动方式汇合或分开。在常用制动或紧急制动时,两个 BCP 输出汇合以通过转向架进行制动控制。在经车轴进行车轮防滑保护的系统上,当 WSP 动作时,两车轴互相被气动孤立,每个车轴上的 BCP 都通过各自 BCP 调节区域得到独立控制。

⑥ 远程缓解:远程缓解功能可以使用也可以不使用。作为 EP2002 阀功能的一个组成部分。当远程缓解输入得电时,供风压力被隔离,制动缸经阀门的输出被排向大气。系统还具有一个硬件互锁,可以在出现紧急制动要求时防止 EP2002 阀被远程缓解。

⑦ 紧急制动脉动限制:紧急制动脉动限制可以使用也可以不使用。如果不使用紧急制动脉

动限制,将气路中的紧急制动脉动限制电磁阀换成一块孔板。

4.2 EP2002 制动系统网络结构

EP2002 制动系统的网络结构关系到列车制动控制以及制动力分配等关键问题。制动系统网络结构的设计应主要从安全性、可靠性、经济性等方面来综合考虑。由于网关阀功能要求,在EP2002 网络结构中,CAN 网络中必须至少有一个 EP2002 网关阀来执行制动管理功能(主网关阀)。主网关阀将制动信息发送至一个 CAN 总线段中的 EP2002 智能阀,或从智能阀处获取制动信息。目前,应用较多的有以下两种网络结构。

1. 半列车 CAN 网络总线

空气制动系统通过使用 EP2002 的网关阀和智能阀来实现分布式制动控制网络。在整个系统中,每节 Tc 车有一个网关阀和一个智能阀;每节 Mp 车配有两个智能阀,每节 M 车有一个网关阀和一个智能阀。每个阀都安装在其控制的转向架附近(每个转向架一个阀)。

智能阀提供其控制的对应转向架的常用制动、紧急制动和车轮滑动保护,通过结合本转向架上的轴速和 CAN 总线上来自其他阀的速度信号来控制车轮滑行,并根据来自 CAN 总线的压力信号调整压力值。网关阀除了提供 EP2002 智能阀所具有的功能外,还负责配合管理常用制动、保压制动和停车制动的空气制动力,将命令传到与 CAN 总线相连的智能阀。同时,通过集成的MVB 网络通信卡提供 EP2002 制动控制系统与列车管理系统的接口,一旦 MVB 总线出现故障,一套预先设计好的限制模式能够提供简单、备用的制动功能。如图 4-33 所示,半列车 CAN 总线网络结构是将半列车所有的 EP2002 阀用 CAN 总线相连,并由两个网关阀通过 MVB 总线与列车控制系统进行通信,每半列车上网关阀被定为主网关阀和从网关阀。当主网关阀出现故障时,从网关阀能够自动接替主网关阀的工作,保证了系统的冗余性。如果 MVB 总线出现故障,则网关阀将按默认状态工作。

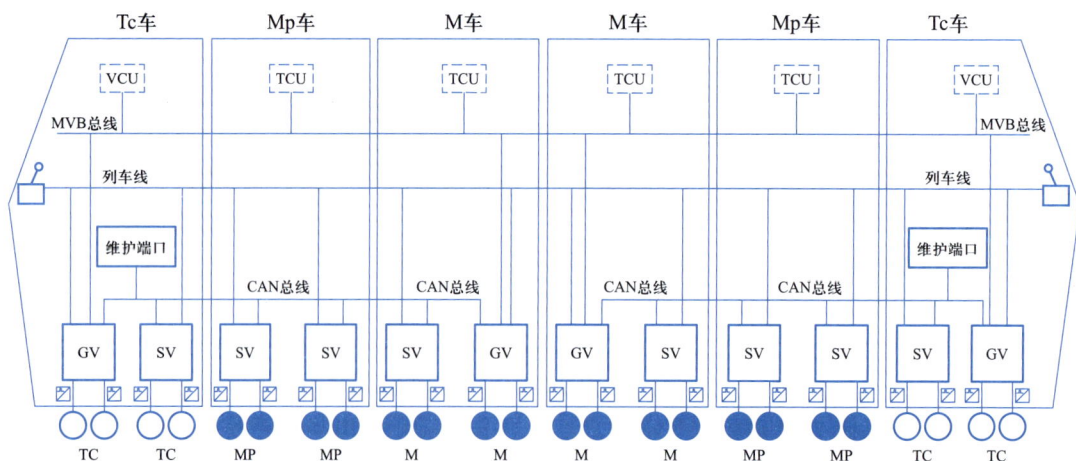

图 4-33 半列车 CAN 总线网络结构图

2. 单节车 CAN 总线网络结构

单节车 CAN 总线网络结构是将每节车上的两个 EP2002 阀用 CAN 总线相连,并由每节车上的网关阀通过 MVB 总线或其他总线与列车控制系统进行通信,其示意图如图 4-34 所示。如果MVB 总线出现故障,网关阀则按默认状态工作。

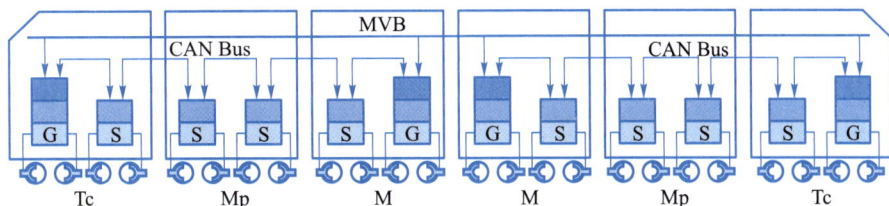

图 4-34　单节车 CAN 总线网络结构示意图

从可靠性角度分析,半列车 CAN 总线网络结构中的从网关阀作为主网关阀的备份,具有较好的冗余性,如果 CAN 总线在 Tc 车和 Mp 车之间断开,将导致 Tc 车的空气制动失效。而如果单节车 CAN 总线网络结构中某节车的网关阀出现故障,则该节车的空气制动失效;如果某节车上的 CAN 总线断开,则一个转向架上的空气制动失效。因此,半列车 CAN 总线网络结构的可靠性略高于单节车 CAN 总线网络结构,从经济角度分析,综合阀体和线路各方面因素,两者的成本基本相同。

4.3　EP2002 制动系统控制过程

1. 常用制动

在常用制动模式下,电制动和空气制动一般都处于激活状态,以便电制动和空气制动之间的及时转换,优先采用电制动。每个 EP2002 阀测量本转向架的负载,并通过本车制动控制板传输数据到 CAN 总线。CAN 总线内的主网关阀通过 MVB 总线或其他总线与列车控制系统进行通信,根据列车控制数据和转向架负载为本车的每个转向架产生单独的、与负载信号相关的空气制动指令,再通过 CAN 总线将指令发给各个 EP2002 阀。上述过程考虑到了每个转向架的黏着限制情况,每个局部制动控制板通过气动阀和气动阀单元内的传感器反馈信号提供闭环空气制动控制。

快速制动有防滑保护和冲动限制,工作原理与常用制动时相同。

2. 紧急制动

紧急制动是通过列车安全回路来控制的,紧急按钮被按下、列车超速、警惕按钮松开、车钩断钩和 ATP 系统的报警触发信号等都会触发列车紧急制动信号。紧急制动信号一经触发,列车安全回路中断,触发信号传输给列车控制单元和牵引控制单元,牵引控制单元中断牵引系统工作。紧急制动全部由空气制动承担,而且制动命令是不可自动恢复的,紧急制动有防滑保护,但不受冲动极限限制。

3. 停放制动

停放制动由弹簧施加,采用充气缓解,放气施加,为被动制动。停放制动仅在静止时采用,用来防止列车滚动,可保证超负载荷(AW3)载荷的列车停在不超过 35‰ 的坡道上。停放制动由车辆控制电路控制并由控制系统监控,正常情况下,停放制动未缓解,将禁止列车牵引动作;运行中,检测到停放制动施加,列车将封锁牵引。EP2002 阀将实时监控停放制动缸的空气压力。停放制动缸压力大于 480 kPa 时缓解,小于 380 kPa 时施加。

4. 保压制动

(1) 激活保压制动的条件

当地铁列车施加制动后,速度传感器检测到列车速度约为 0.5 km/h 时(该速度值可加以调整),由 EP2002 阀激活保压制动,以防止列车溜车。保压制动可使 AW3 载荷的列车停放在最大坡度线上而不产生溜滑。

（2）缓解保压制动的条件

缓解保压制动的条件有以下几项：

① 司机将主控制器手柄放在牵引位上，每个牵引系统将牵引力的实际值发送给列车主 VCU；

② 主 VCU 计算列车牵引力实际值的总和；

③ 牵引力实际值的总和足以启动列车（不会引起列车后溜）；

④ 主 VCU 向 EP2002 阀发出缓解保压制动信号。

空气制动状态信号将反馈给 VCU，VCU 通过该信号确认制动是否缓解，如果空气制动在某一时间内没有缓解，则主 VCU 向各牵引系统发出中断牵引指令，并再次施加保压制动。

5. 防滑保护功能

轮对防滑保护系统采用轴控防滑方式，包括防滑阀、测速齿轮、速度传感器和防滑电子控制单元，防滑电子控制单元和防滑阀都集成在 EP2002 阀内。

系统通过控制制动力来检测和校正车轮滑行。安装于每根轴上的速度传感器用来监控轴速，这个信息共享于 CAN 区域内的 EP2002 阀。

如果 EP2002 阀检测到列车滑行，它将通过控制制动缸压力来校正该轴上的车轮滑行，当列车制动并且检测到滑行存在时，车轮防滑保护控制能独立控制每根轴制动力。以下两种检测车轮滑行的方法可用于确定低黏着情况的存在：① 单一车轴的减速过量（-4.5 m/s^2）；② 车轴与车轴最高转速之间出现的速度差异（5%）。

当由上述任意一条件检测到车轮滑行时，则对应转向架的 EP2002 阀将快速连通该轴制动缸与大气之间的通路，通过减小制动缸的压力来消除滑行现象；同时，控制系统将定期执行地面速度检测，以便更新计算真实的列车速度。轮对防滑保护系统能根据轨道条件精确地控制滑行深度，这将改进后面车轮的黏着条件，在低黏着情况下使用最大制动力，同时确保没有车轮擦伤。当车轮防滑保护装置计算确定的黏着条件回到正常状态，系统将返回到最初的状态，地面速度检测将结束。

为了确保制动在延长期内不出现缓解，硬件监视器定时器电路会在持续保持超过 8 s 和持续排气超过 4 s 内监测阀门的状态。每个车轴的减速检测是独立于其他车轴的，而且车轴之间补偿也不会影响精确性，但该软件会使用从维护连接处输入的实际车轮尺寸信息来对每个车轴进行准确的减速检测。

6. 制动风缸压力过低检测功能

EP2002 阀可以防止车轮防滑保护的动作将供风压力消耗到低于支持启用紧急制动的水平。每个 EP2002 阀都对供风压力进行监控，如果压力降至极限值以下，则 EP2002 进气阀和排气阀的车轮防滑保护控制都会由阀门控制器硬件进行本地隔离，并且 EP2002 阀的一个无电压输出口也会改变状态。EP2002 进气阀和排气阀的常用制动控制功能仍然保持激活状态。

7. 制动指示与位置编码

当压力大于 40 kPa 时，无电压继电器输出进行指示，制动指示独立于 EP2002 微控制器，装置带有一个位置编码输入插头，装在阀门安装集合管上的插头依据列车位置来调整紧急制动压力。

4.4 EP2002 制动系统气路控制

EP2002 制动系统气路图如图 4-35 所示，网关阀与智能阀为制动系统的核心，B00 为制动控制模块，主风缸 A01 通过截断塞门 B01 与单向阀 B02 一部分进入悬挂风缸 L02，为空气弹簧备气;另一部分气体进入制动风缸 B04,当车辆施加常用或紧急制动时,制动气体分别进入两个转向架的智能阀与网关阀的 1 号气路口,从 2、3 号气路口流出,分别流向 4 个车轴的制动缸,当车辆施加停放制动时,制动风缸 B04 的气体通过停放脉冲电磁阀 B06 进入车辆的停放制动缸用于停放制动。智能阀与网关阀的 4 号气路口为采集空气弹簧载荷气路口,可根据载荷对制动力进行调整。空气供气装置给车辆主风管供气,分别给受电弓、汽笛、车钩供气;B14 为双针压力表,能够显示主风管与单元制动缸空气压力值。

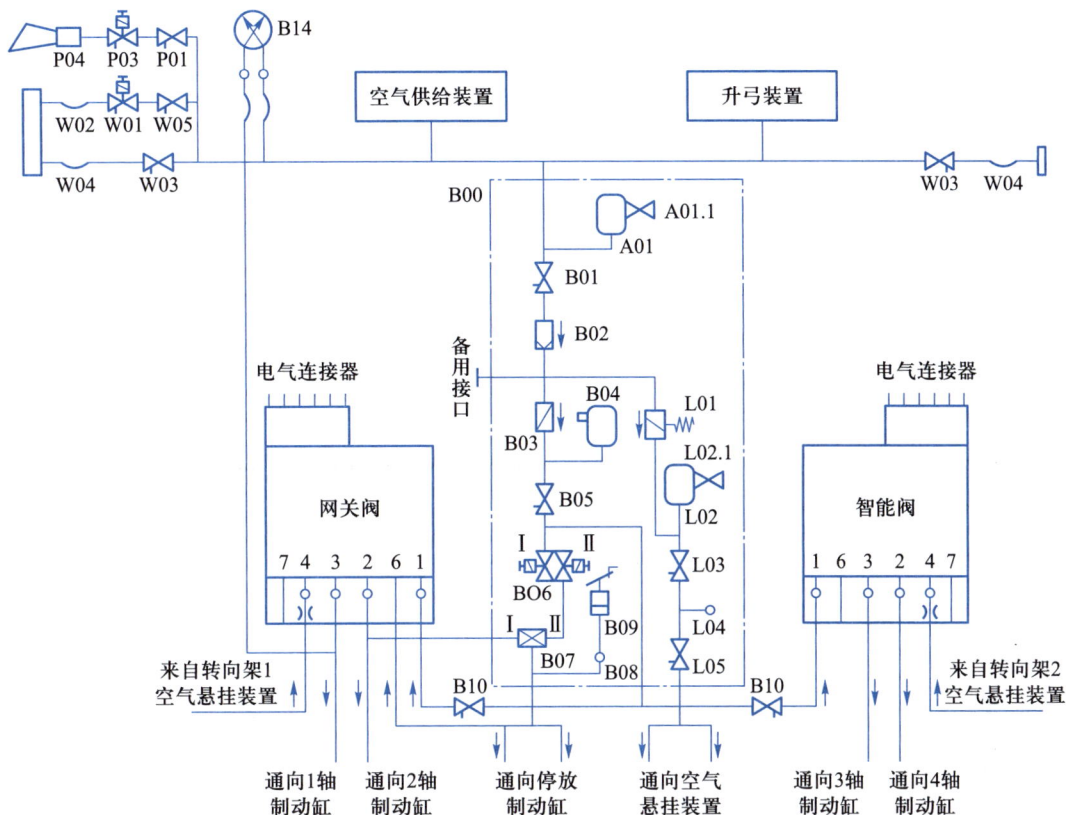

图 4-35 EP2002 制动系统气路图

🔧 任务实施

1. 小组讨论 EP2002 制动系统工作原理。

2. 头脑风暴:EP2002 阀的分类与组成? PVU 气路流动过程?

🔧 任务拓展

EP09 型制动系统的技术特点

EP09 型和 EP2002 型制动系统一样,均采用架控方式,由中国铁道科学研究院研制而成,每辆车都配有两套电空制动控制模块（BCU）。每辆车有两套制动控制单元，从功能上可以分为制动网关单元、制动控制单元和制动扩展单元。制动网关单元负责和车辆制动系统的通信；并进行制动计算，分配制动力给其他单元。制动控制单元执行相关转向架的制动控制；制动扩展单元（EP09R）不进行制动控制计算，没有安装网络接口，但具有模拟和数字量接口功能，还接收列车硬线信号，执行相应的操作模式和制动级别。其主要技术特点为：

（1）常用制动时制动力随输入指令大小无级控制，并可随载重变化自动调整，并优先利用再生制动力不足部分由空气制动力补足，并满足常用制动 $0.75 \ m/s^3$ 纵向冲击率要求。

（2）高性能的空气防滑控制，根据列车减速度、速度差进行滑行检测，同时实现列车的全轴滑行控制，满足列车安全应用要求。

（3）独立紧急制动控制安全回路，紧急制动采用纯空气制动的方式，其制动力随载重变化通过电子称重自动调整。

（4）具有保持制动、制动力不足检测、不缓解检测等功能。同时具有故障记录功能，便于故障分析和处理。

（5）具备稳定成熟的盘形制动装置，满足 100 km/h 及以上各速度等级车辆要求。

任务评价

项目名称	城市轨道交通车辆制动系统控制		学生姓名	
任务名称	EP2002 制动系统控制		分值配比	考核得分
评价要点	1. 简要描述 EP2002 阀的分类组成		15	
	2. 阐述气动阀单元工作原理		25	
	3. 说出 EP2002 阀网络结构		15	
	4. 绘制单节车 EP2002 制动系统气路图		25	
	5. 说出 EP2002 制动系统的优点		25	

学习心得

教师评价

教师签名：

👤 人物事迹

精益求精　技能报国
——大国工匠李万君

　　他是一名普通焊工,即便获得"中华技能大奖",依然手握焊枪活跃在生产一线;他更是"工人院士",钻研创新,破解各种焊接难题,帮助中国高铁储备世界级人才。他是中车长春客车股份有限公司高级技师李万君,以精湛技能打造最安全可靠的中国制造高速列车,为中国梦"加速"。

　　李万君,男,汉族,1968 年出生,中共党员,1987 年 7 月,毕业于长春客车厂职业高中,而后进入客车厂焊接车间工作至今。2017 年 2 月 8 日,获得"感动中国 2016 年度人物"十大人物的荣誉。2019 年 1 月 18 日,当选 2018 年"大国工匠年度人物"。

　　"技能报国"是他的终生夙愿,"大国工匠"是他至尊荣光。他从一名普通焊工成长为中国高铁焊接专家,是"中国第一代高铁工人"中的杰出代表,是高铁战线的"杰出工匠",被誉为"工人院士""高铁焊接大师"。为了在外国对中国高铁技术封锁面前实现"技术突围",他凭着一股不服输的钻劲儿、韧劲儿,积极参与并填补国内几十种高速车、铁路客车、城铁车转向架焊接规范及操作方法的空白,先后进行技术攻关 100 余项,其中 21 项获国家专利,《氩弧半自动管管焊操作法》的发表,填补了中国氩弧焊焊接转向架环口技术的空白。专家组以他的试验数据为重要参考编制了《超高速转向架焊接规范》。他研究探索出的"环口焊接七步操作法"成为公司技术标准。依托"李万君大师工作室",先后组织培训近 160 场,为公司培训焊工 1 万多人次,创造了 400 余名新员工提前半年全部考取国际焊工资质证书的"培训奇迹",培养带动出一批技能精湛、职业操守优良的技能人才,为打造"大国工匠"储备了坚实的新生力量。

　　"啥活都得有人干,啥活干精了都会有出息",这是李万君经常说的一句话,这就是工匠精神,作为一名地铁人,更要在平凡的岗位上脚踏实地,向"李万君们"学习。

项　目　小　结

　　城市轨道交通车辆为了能施加制动或缓解制动,需要在列车上安装一套完整可操纵并能进行控制和执行的系统,称为列车制动系统。它是车辆安全运行的生命线,其主要包括了动力制动系统(电制动)、空气制动系统、指令和通信网络系统。城市轨道交通车辆制动系统以电制动为主,空气制动为辅,其中电制动包括了再生制动和电阻制动。根据车辆运行要求不同,制动系统存在常用制动、紧急制动、保压制动、快速制动、停放制动五种制动模式;按照制动时列车动能的转移方式不同可以分为摩擦制动和动力制动(电制动),按制动控制方式分为车控、架控、轴控三种形式。

　　城市轨道交通车辆供风系统是制动系统的重要组成部分,为制动系统和辅助系统部件提供压缩空气。制动所需的风源由空压机提供,主要有活塞式空气压缩机和螺杆式空气压缩机两种。城轨车辆供风系统中压缩机提供的风源必须经过干燥器的干燥,去除压力空气中存在的水分和油汽。干燥器有单筒式和双筒式,目前以双筒式为主。

　　本书分别以 KBGM 模拟式电气指令制动系统和 EP2002 制动系统为例进行系统构成及制动控制原理的阐述。

习题与思考

　　1. 常见数字式和模拟式电气指令制动系统分别有哪些？

　　2. 城市轨道交通车辆制动系统按照动能转移制动可以分为哪几类？按照制动控制单元制动可以分为哪几类？

　　3. 请简要描述动力制动的工作原理。

　　4. 请说出供风系统由哪几部分组成。

　　5. 活塞式空气压缩机由哪些部分组成？

　　6. 请简要描述活塞式空气压缩机的气体压缩工作原理。

　　7. 请说出城轨车辆干燥器的选用条件。

　　8. 请说出 KBGM 模拟式电气指令制动系统的特点。

　　9. 请说出 EBCU 的功能有哪些。

　　10. 请说出 BCU 制动控制单元由哪几部分组成。

　　11. 请说出 KBGM 制动系统常用制动模式控制过程。

　　12. 请描述 EP2002 制动系统与 KBGM 制动系统的区别。

项目5

城市轨道交通车辆辅助供电系统控制

【项目体系】

```
                                              ┌─ 辅助供电系统的作用
                         辅助供电系统认知 ──────┼─ 辅助供电系统的要求
                                              └─ 辅助供电系统的构成

                                              ┌─ 辅助逆变器的作用及
                                              │   原理认知
                       辅助逆变器及其电气控制 ───┼─ 辅助逆变器电路应用分析
                                              └─ 辅助逆变器的启动操作
城市轨道交通车辆
辅助供电系统控制
                                              ┌─ 蓄电池及充电机系统概述
                        蓄电池系统及其电气控制 ──┤
                                              └─ 蓄电池及充电机控制系统
                                                  电路应用分析

                                              ┌─ 辅助供电系统控制器
                                              ├─ 辅助供电系统的冷却
                    辅助供电系统控制器及其他功能 ─┤
                                              ├─ 辅助供电系统应急功能
                                              └─ 辅助供电系统故障工作工况
```

【学习重点】

1. 掌握车辆辅助供电系统的作用。
2. 了解车辆辅助供电系统的供电方式。
3. 掌握车辆辅助供电系统的构成。
4. 掌握辅助逆变器、充电机和蓄电池的作用。
5. 理解辅助逆变器和充电机的电气工作原理。

6. 了解蓄电池箱内结构以及相关参数。

7. 了解 SIBCOS 控制器的作用。

8. 掌握蓄电池应急启动模块的功能和操作方式。

9. 掌握蓄电池应急供电应满足的要求。

10. 掌握辅助供电系统在故障工况下,列车负载的工作情况。

任务 1　辅助供电系统认知

任务导入

城市轨道交通作为现代城市中快速、便捷、绿色、高效的公共交通工具,已经成为一个国家综合国力、城市经济实力、人民生活水平及现代化的重要标志。车辆的供电系统则为车辆安全、可靠运行提供必要的电能,其分为牵引供电系统和辅助供电系统。除牵引供电系统外,辅助供电系统也是城市轨道交通车辆必不可少的关键电气系统,主要负责将高压箱输送的高压电转换成低压电,供车辆的低压交、直流负载使用,它直接关系到列车照明系统、空调系统、风机系统等的使用性能。

通过本任务的学习,需要达到的目标如下:① 掌握车辆辅助供电系统的作用;② 了解车辆辅助供电系统的供电方式;③ 掌握车辆辅助供电系统的构成。

知识准备

1.1　辅助供电系统的作用

目前我国大部分城市轨道交通车辆以电力作为能源,辅助供电系统则是列车供电系统的重要组成部分。如果说牵引供电系统提供的是列车行进的动力,那么辅助供电系统则起到为列车其他设备提供用电支撑、保证列车其他功能正常运作的作用,同时还能为蓄电池充电。

辅助供电系统可为列车提供的电压制式如下:

① 三相交流 380 V。主要用电设备为空调单元、客室座椅电加热器、空气压缩机、牵引逆变器冷却风机、制动电阻冷却风机等。

② 单相交流 220 V。主要用电设备为客室内外接负载插座、司机室通风单元等。

③ 直流 110 V。主要用电设备为列车各控制系统、乘客信息系统、照明系统、车门系统、车载通信与信号系统等。

过去传统的城市轨道交通车辆上,辅助供电系统通常采用旋转式电动发电机组的供电方案,电动机从受电装置获取直流电源,发电机输出三相交流电向负载供电。对于直流 110 V 和直流 24 V 的用电设备,仍需通过三相变压器和整流装置变换后向其提供电源。这种供电方式所使用的机组设备体积大、输出容量小、效率低,而且电源易受直流发电机组工况变化的影响,输出电压波动大,可靠性较差。

近年来,我国北京、上海和广州等城市的城市轨道交通车辆上,辅助供电系统均采用了静止式辅助逆变电源。静止式辅助逆变电源直接从城市轨道交通车辆受流装置受电,经 DC/DC 斩波变换后,向三相逆变器提供稳定的输入电压,通过 VVVF 变频调压控制,逆变器输出三相交流电。对于多路输出电源,电路还采用变压器隔离形式。这种辅助逆变电源的优点是输出电压的品质因数好,电源使用效率高、工作安全可靠。

1.2　辅助供电系统的要求

辅助供电系统是城市轨道交通车辆重要电气系统之一,对于辅助逆变设备通常需要满足如下基本的要求:

① 输出电压为三相四线制,输出电压和频率满足规定的精度要求。

② 在宽输入电压变化范围内,输出额定容量的工作能力,输出电压与频率应能满足额定负载容量的正常工作能力。

③ 输出电压为正弦波形或准正弦波形。在整个输入电压范围内,输出电压的总谐波含量都要求小于规定值。

④ 较强的负载突变能力。具备允许空调压缩机、通风机、空气压缩机等负载直接启动和切除的能力,并且其输出电压的瞬时变化不超过规定值及能在规定的时间内恢复稳定,以满足在带有部分负载的情况下空调压缩机、通风机、空压机等负载频繁切换的要求。

⑤ 一定的冗余度。部分辅助逆变器发生故障时,在去除部分负载的条件下,其余正常工作的辅助逆变器应可同时向列车运行所需的必要负载供电。

> 微课
>
> 城市轨道交通车辆辅助供电系统的构成

1.3　辅助供电系统的构成

1. 列车辅助供电方式

城市轨道交通车辆多采用两节动车加一节拖车构成一个单元,两个单元构成一列车。辅助供电系统供电方式有多种分类。

(1) 根据辅助供电系统设备布置位置,可分为分散供电与集中供电两种方式

分散供电方式指的是每节车辆均配备一台辅助供电装置为列车 380 V 交流母线供电。其特点是供电冗余度大,可均衡配置列车各轴重,但造价高,总重量大,集成化程度低,故障率较高。我国早期引进的地铁车辆辅助供电多采用这种供电方式,例如,广州地铁 1 号线车辆辅助供电方式如图 5-1 所示,图中 AC 为列车交流负载,DC 为直流负载,SIV 为辅助逆变器,分布在每节车厢,DC/DC 变流器设置于 A 车,负责直流负载供电。

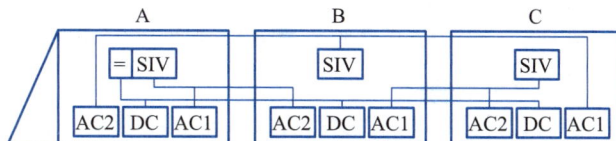

图 5-1　广州地铁 1 号线车辆辅助供电方式

集中供电方式指的是在列车上集中安置一定量的辅助逆变器(通常设置在两端的 Tc 车),由它们为整车提供辅助电源。其特点是供电冗余度小,列车每轴的配重难以一致,但总重量小,组成部件集中,集成化程度高,故障率较低,且成本也低。我国在上海地铁 2 号线车辆后引进的城市轨道车辆辅助供电多采用这种供电方式。例如,宁波轨道交通 1 号线一期车辆辅助供电方式如图 5-2 所示,采用集中供电的方式,每节 Tc 车下设置一个辅助逆变箱,每个辅助逆变箱内含两个辅助逆变单元,所有辅助逆变单元通过并联方式向列车 380 V 交流母线供电。

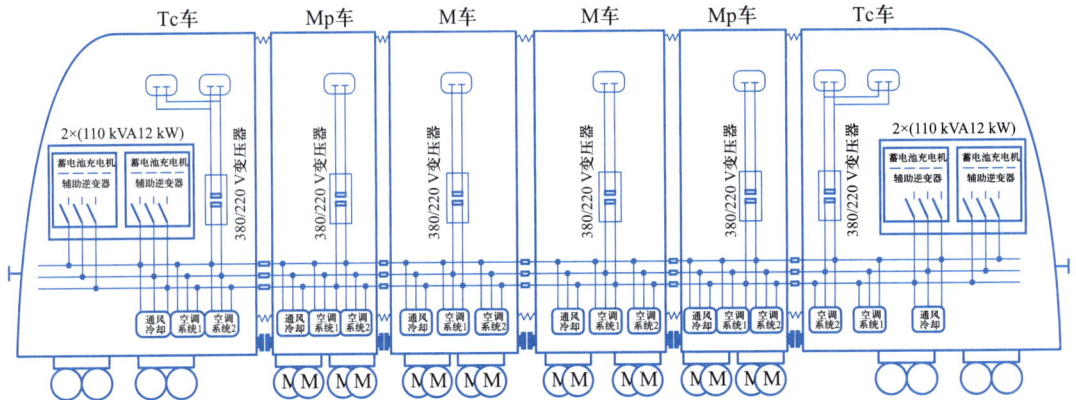

图 5-2　宁波轨道交通 1 号线一期车辆辅助供电方式

(2) 根据辅助供电系统的交流 380 V 供电模式,可分为交叉供电、扩展供电和并网供电

交叉供电是将每节车厢的交流负载采用分组式母线供电。正常供电时,每节车负载根据功率平均分为两组,由两套辅助逆变设备通过两路不同供电干线对列车负载进行供电。对于牵引、辅助系统的冷却风机等重要负载,两套辅助供电设备均为其供电,起到冗余作用。

扩展供电是将车辆分为两个独立的供电单元,仅有一路供电母线贯穿整列车。两套辅助逆变设备均连接到母线上,中间设有一个接触器将两套辅助逆变设备分断,使其不会并网运行。当两套辅助逆变设备都正常工作时,扩展接触器处于断开状态,每套逆变器为本单元交流负载供电。当其中一套逆变器故障时,通过控制扩展接触器闭合,由工作状态良好的逆变器为整列车的交流负载供电,考虑到逆变器的容量限制,此时每节车的空调需要减载运行。

并网供电同扩展供电,仅有一路供电母线贯穿整列车,两套辅助逆变设备同时向交流母线进行供电,整列车的负载都从母线上受电。在设备故障时,故障的辅助逆变器停止工作,由剩余的辅助逆变器向母线供电。当故障的辅助逆变器数量达到设定值时(如 1/2 或 3/4 故障),相关负载将会减载运行。

交叉供电、扩展供电与并网供电三种供电方式的比较:

从负载切换方式来看,交叉供电和并网供电负载切换方式简单,影响较小,扩展供电影响较大。对于交叉供电和并网供电,当辅助逆变器故障或恢复时,负载切换由网络负责判断控制,不需要单独设置复杂的硬件电路。扩展供电设置了扩展接触器,为了不损坏扩展接触器,在切换过程中,需要将车辆所有辅助逆变器停机。

从布线上来看,扩展供电和并网供电布线少,交叉供电布线复杂。交叉供电需要在列车上布设两路三相四线制的列车线,而扩展供电和并网供电只需一路列车线,从数量上减少一半,所以线缆重量也减少一半,对整车减重有明显优势。

从舒适度来看,交叉供电方式下辅助逆变设备故障时只能启用一半负载,而扩展供电和并网供电能最大限度地利用辅助逆变器的容量,让更多的负载工作,为乘客提供更舒适的乘坐环境。

综合以上比较,并网供电切换方式简单,布线少,能最大程度保证列车辅助系统运行。目前,随着并网供电方案的不断完善,并网供电方式正在越来越多地被推广应用。

2. 辅助供电系统设备构成

本任务以某轨道交通 1 号线一期车辆为例来介绍辅助供电系统设备,该车辆采用的是西门子辅助供电系统,系统采用了分布式布置、集中供电以及并网供电的方式,主要由辅助逆变器、蓄电池充电机和蓄电池三部分构成,其分布特点如下:

① 列车采用每节 Tc 车(带司机室的拖车)下方设置一个辅助逆变箱和两个蓄电池箱的供电方式,辅助逆变箱和蓄电池箱在 Tc 车底的布置如图 5-3 所示。

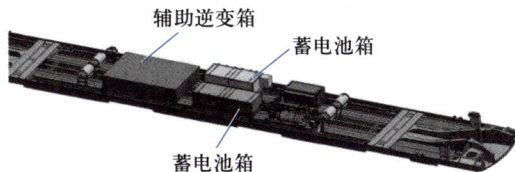

图 5-3　辅助逆变箱和蓄电池箱在 Tc 车底的布置

② 一个辅助逆变箱内有两个辅助逆变器和两个蓄电池充电机,其中辅助逆变器将直流 1 500 V 电逆变成交流 380 V 电供车辆负载使用,蓄电池充电机将直流 1 500 V 电转换成直流 110 V 电供车辆负载使用,并且负责给列车蓄电池充电。

③ 蓄电池为车辆常用负载供电,并且在车辆失去高压的情况下为整车供电。

辅助逆变箱是辅助供电系统中的主要设备,其位置示意图如图 5-4 所示。接触网上的直流 1 500 V 电通过列车受电弓引至高压箱的三位闸刀开关,该三位闸刀开关有三个位置,分别是受电弓位、接地位和车间电源位。

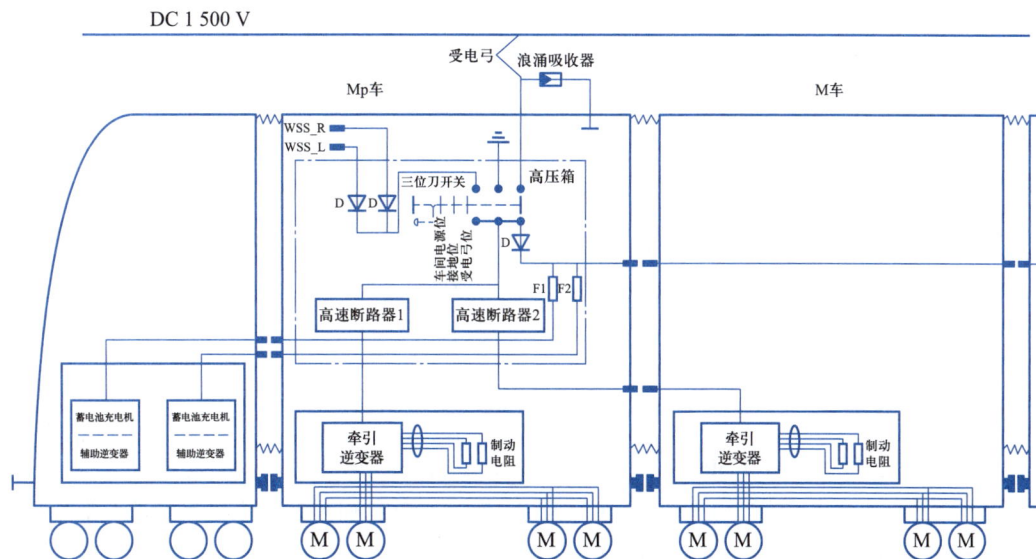

图 5-4　辅助逆变箱位置示意图

列车正常工作时三位刀开关置于受电弓位,直流 1 500 V 电经二极管、熔断器输入 Tc 车车底的辅助逆变箱,为其提供输入电源,同时还将直流 1 500 V 电送至另一单元的辅助逆变箱,当一个受电弓降弓时,另一个受电弓可以为整列车辅助系统提供直流 1 500 V 电源。

当列车检修时需做某些测试工作,如空调试验等,考虑检修人员在车顶作业的安全,此时将受电弓降弓、直流 1 500 V 接触网断电,并将三位刀开关打至车间电源位,采用车间外接电源为辅助逆变箱供电,车间电源只有在受电弓降弓的条件下,才能接通负载进行供电。

刀开关上配有行程开关,手动使刀开关从一位置切换到另一位置时,刀开关必须切换到位,否则监控回路将不会动作,导致受电弓不能升起或车间内库用接触器与高压箱内电源隔离接触器不能得电吸合,则直流 1 500 V 电不能供给到列车上,进而保障高压供电的安全。

辅助逆变箱内部构成如图 5-5 所示,一个辅助逆变箱包含两个相同的单元,一个单元是一套辅助逆变系统,主要包括 DC/DC 转换模块、充电机模块、DC/AC 逆变模块、电磁部件、控制器及应急启动模块等。

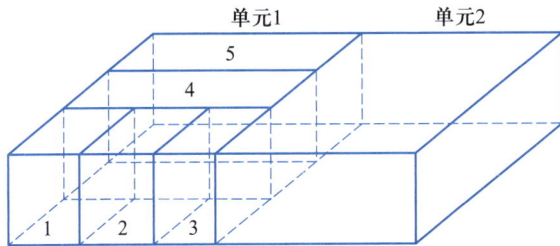

1—DC/DC 模块;2—充电机模块;3—DC/AC 模块;4—电磁部件;5—控制器及应急启动模块

图 5-5　辅助逆变箱内部构成

辅助逆变箱内部供电网络如图 5-6 所示。

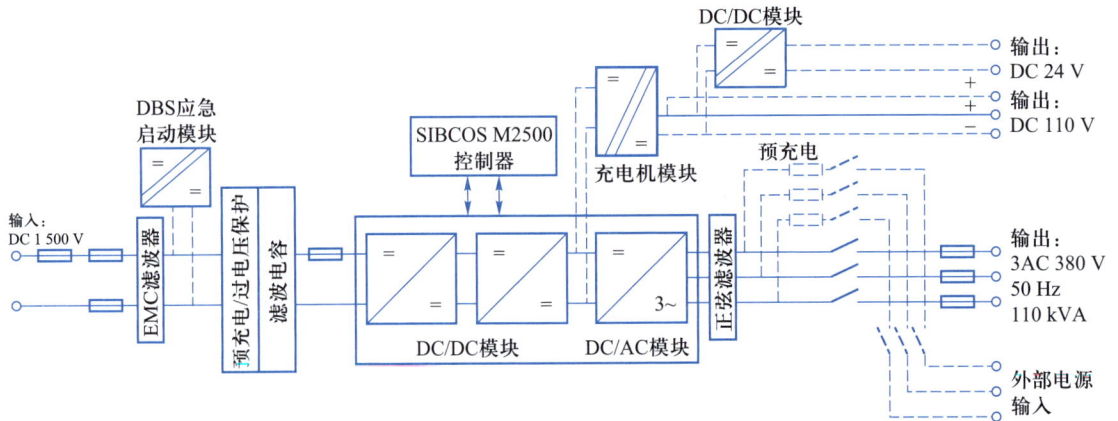

图 5-6　辅助逆变箱内部供电网络

供电网络主要包含直流 1 500 V 输入电路、DC/DC 模块、DC/AC 模块、充电机模块、输出电路、西门子紧凑型车载控制单元(SIBCOS 控制器)、蓄电池应急启动模块(DBS 模块)等单元。辅助供电系统的启动由输入端高压情况和列车控制与诊断系统的控制来决定。每个辅助逆变器配置一个切断开关用来进行手动断开控制,该切断开关设置于带锁的 Tc 车电器柜内。断开辅助逆变器时,辅助逆变器断开输入端的直流 1 500 V 接触器和输出端的三相交流 380 V 输出接触器。辅助逆变箱内各单元的主要功能如下:

① 直流 1 500 V 输入电路:包括输入熔断器、输入接触器、EMC 滤波器、预充电/过电压保

护、滤波电容等环节,用于消除电源电磁干扰、滤除电源交流成分,将直流 1 500 V 电输入后续电路中,并起到限电流、过电压保护、防止浪涌电压的功能。直流 1 500 V 输入电路如图 5-7 所示。

图 5-7　直流 1 500 V 输入电路

② DC/DC 模块:将输入变化的电压转换成隔离的恒定的直流 700 V 以供 DC/AC 模块和蓄电池充电机使用。

③ DC/AC 模块:又称为逆变器模块,利用脉宽调制原理将直流环节的电压逆变成频率为 50 Hz 的三相交流 380 V 电压输出,再经过三相正弦滤波器输出三相正弦交流电。DC/AC 模块内部通过 CAN 总线进行通信。

④ 充电机模块:充电机将输入的直流 700 V 电压转换为直流 110 V 输出,供列车直流负载使用,同时为蓄电池充电。DC/DC 模块、DC/AC 模块及充电机模块如图 5-8 所示。

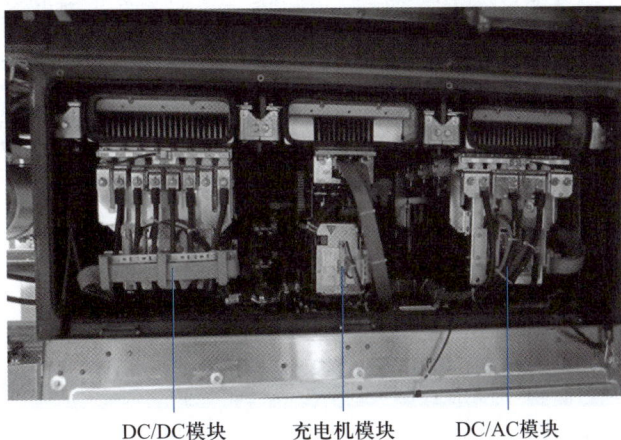

图 5-8　DC/DC 模块、DC/AC 模块及充电机模块

⑤ 输出电路:包括正弦滤波器、三相交流输出主接触器、熔断器等,其作用是将经正弦滤波后的三相交流电输出,供列车交流负载使用,如图 5-9 所示。

⑥ SIBCOS 控制器:负责监控辅助逆变器的输入、输出和内部电压、电流,以及主部件的温

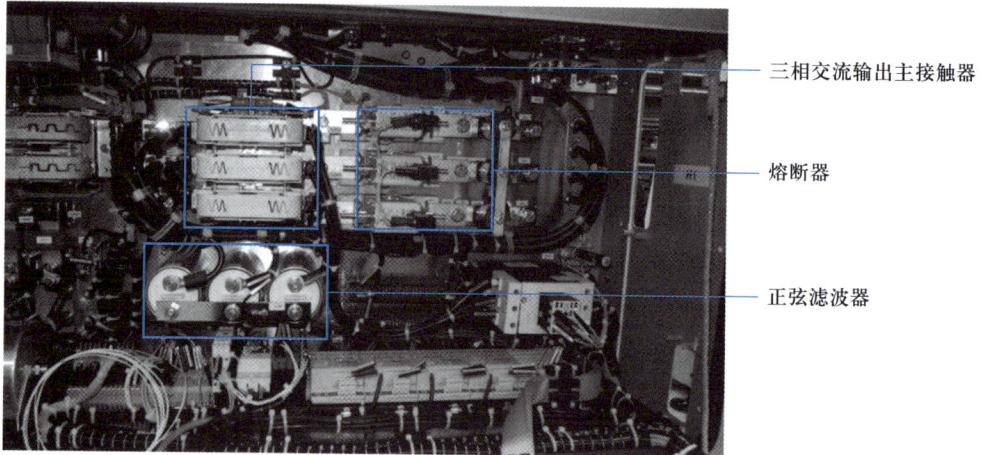

图 5-9　输出电路

度。如果检测到任何故障,将关闭辅助逆变器。SIBCOS 控制器可以通过 RS232 接口与笔记本电脑连接。

⑦ DBS 应急启动模块:若蓄电池电压过低,可启动该装置直接将直流 1 500 V 电转变为直流 110 V 电给辅助逆变器内部控制电路供电并启动蓄电池充电机,为蓄电池充电。SIBCOS 控制器和 DBS 应急启动模块如图 5-10 所示。

图 5-10　SIBCOS 控制器和 DBS 应急启动模块

辅助逆变箱参数见表 5-1。

表 5-1　辅助逆变箱参数

项目	参数	
输入	额定输入电压/V	DC 1 500
	最小输入电压/V	DC 1 000
	最大允许输入电压/V	DC 2 000(<5 min)

续表

项目		参数	
输出	三相交流	输出电压/V	3AC 380×(1±5%)
		输出频率/Hz	50±0.5
		额定输出功率($\cos \varphi = 0.85$)/kVA	110
		最大谐波畸变	<5%rms(THD)
		效率	>90%
	直流	额定输出功率/kW	12
		额定输出电压/V	DC110
		输出电压范围/V	110~137.5(可调)
		输出电压精度/%	±1
	瞬间电压变化范围/%		−20~+15
机械参数	防护等级		IP54
	机械尺寸(长×宽×高)/mm		2 552×1 960×550
	质量/kg		1 400
	冷却方式		强迫风冷

任务实施

1. 小组讨论列车辅助供电系统的组成,说出各组成单元在辅助供电系统中起到的作用。

2. 在实训室,打开辅助逆变器箱体盖板,观察各功能模块外观,同时对列车交流负载、直流负载设备进行识别。

任务拓展

辅助供电系统在人机交互界面(HMI)的状态显示

列车人机交互界面(Human Machine Interface,HMI)是一种新型触摸屏显示器单元,其控制器集成在显示器单元内部。HMI 安装于列车司机驾驶台上,是司乘人员频繁操作的设备之一,主要用于列车状态显示、系统控制、列车故障诊断等。辅助供电系统在 HMI 上的状态显示如图5-11所示,在 HMI 屏上触摸辅助供电系统对应的图标,可显示辅助逆变器的运行状态和充电机的运行状态。

辅助电源在 HMI 上的显示图标及对应设备状态见表5-2。

图 5-11　辅助供电系统在 HMI 上的状态显示

表 5-2　辅助电源在 HMI 上的显示图标及对应设备状态

状态图标	设备状态
	AC/DC 辅助电源故障
	AC/DC 辅助电源警告
	AC/DC 辅助电源运行,无故障
	AC/DC 辅助电源关闭,无故障

任务评价

项目名称	城市轨道交通车辆辅助供电系统控制		学生姓名	
任务名称	辅助供电系统认知		分值配比	考核得分
评价要点	1. 说出辅助供电系统可为列车提供的电压制式		15	
	2. 说出列车辅助供电的供电方式及各自的优缺点		20	
	3. 列出辅助供电系统的主要设备组成		20	
	4. 画出车辆辅助逆变箱内部供电网络结构		25	
	5. 说出 DC/DC 模块、DC/AC 模块、充电机模块的功能		20	

学习心得

教师评价

教师签名：

任务 2　辅助逆变器及其电气控制

任务导入

　　辅助逆变器是城市轨道交通车辆辅助供电系统的重要设备之一,辅助逆变器的故障将导致列车无法正常运行。

　　通过本任务的学习,需要达到的目标如下:① 掌握辅助逆变器的作用;② 理解辅助逆变器的电气工作原理。

知识准备

2.1　辅助逆变器的作用及原理认知

1. 辅助逆变器的作用及特点

　　辅助逆变器可利用输入直流 1 500 V 电产生 380 V 三相交流电,用于车辆空调、空气压缩机、牵引制动设备冷却风机等交流负载的运行。现代辅助供电系统主要有电压隔离和变流两个功能部分,电压隔离是将电网上的高压与低压用电设备进行电气隔离,尤其是常需人工操作的控制电源的设备,在电气电位上实现隔离;变流部分则是用来进行电能形式的转换,需要将波动的直流电压逆变为恒压恒频的三相交流电。

现代辅助逆变系统主要有以下特点:

① 采用 IGBT 或 IPM 技术。早期的辅助逆变器采用的功率器件有晶闸管、大功率晶体管和门极可关断晶闸管(GTO)等。绝缘栅双极型晶体管(IGBT)具有高开关频率、功率损耗低、自我保护能力强、电路结构简单、无须换流和吸收电路、控制电路简单等优点,它的使用减小了输入与输出滤波器的体积和重量,减少了器件数量,增加了使用可靠性。智能功率模块(IPM)是一种先进的功率开关器件,兼有大功率晶体管高电流、低饱和电压和高耐压的优点,以及场效应晶体管高输入阻抗、高开关频率和低驱动功率的优点。

② 模块化设计。可实现模块化和简单系统化的目标,能充分利用车辆既有空间,体积小,维护方便,成本较低,可适应不同类型的地铁车辆,满足用户的使用需求。

③ 高质量的输出电压。这使标准的工业电动机与压缩机负载和其他设备等在地铁车辆中得到可靠应用。

微课
辅助电路在城市轨道交通车辆中的应用

④ 采用微机数字控制。随着计算机技术的飞速发展,系统控制以高性能微机为基础,以脉宽调制控制为中心的控制运算中心部分采用数字信号处理器(DSP),其强大功能促进了控制方式的不断进步,具有良好的稳定性和快速的动态响应性能。

2. 辅助逆变原理认知

一般来讲,辅助逆变系统按逆变的工作过程可分为直接逆变和间接逆变两种形式。

直接逆变电路是城市轨道交通车辆辅助逆变电源最简单的电路结构形式,其原理如图 5-12 所示,辅助逆变电源直接从接触网或第三轨受流,输入直流电经滤波后直接由逆变器逆变成三相交流电。我国上海地铁 3 号线和广州地铁 1 号线、2 号线、3 号线车辆、武汉轻轨和天津轻轨滨海线等车辆的辅助逆变器均采用这种方式。逆变电路中的开关器件采用大功率 GTO、IGBT 或 IPM,逆变器按"U/f 等于常数"的方式控制,输出的三相脉宽调制交流电采用变压器隔离向负载供电。该电路的特点是结构简单,器件使用数量少,控制方便,但缺点是逆变器电源输出电压容易受电网输入电压波动的影响,IGBT 等功率电子器件换相时承受的过电压较大,特别是在直流 1 500 V 接触网受流的情况下,电网电压波动范围大,可为 1 000~1 800 V。

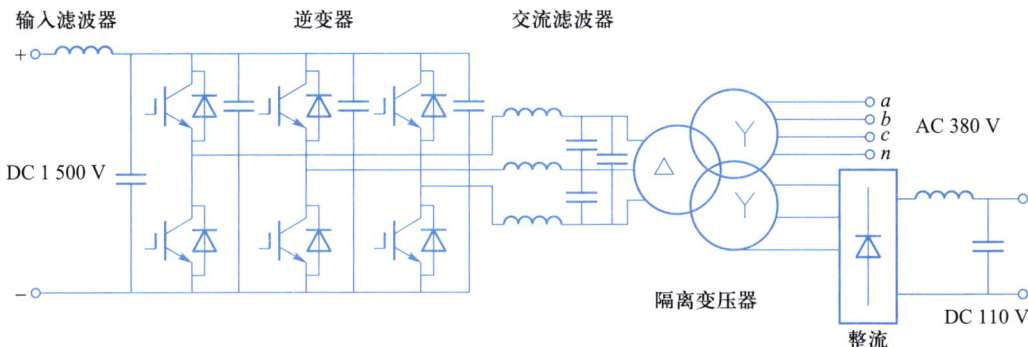

图 5-12 直接逆变电路原理

　　间接逆变指的是先经升/降压稳压后再进行逆变。我国上海地铁 1 号线、2 号线、4 号线车辆辅助逆变器采用的就是这种逆变方式。间接逆变电路原理如图 5-13 所示,图中 CHO 为升/降压器,一般有斩波升/降压(如上海地铁 1 号线)和逆变升/降压(如上海地铁 2 号线、4 号线)两种,其目的一方面是稳定逆变器 INV 的输入电压;另一方面是对逆变器进行保护。逆变器将直流电逆变成交流电后,经电感、电容滤波网络 FIL 滤波,输入隔离变压器 T_0,△-Y联结的隔离变压器输出三相四线交流电 380 V,频率 50 Hz。对于采用直流 750 V 电供电的车辆,其辅助逆变器可采用先升压再逆变的系统,对于采用直流 1 500 V 电供电的车辆,其辅助逆变器可采用先降压再逆变的系统。

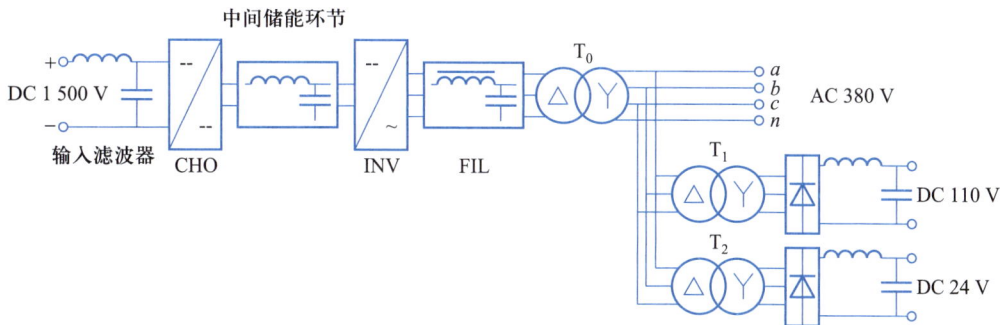

图 5-13　间接逆变电路原理

2.2　辅助逆变器电路应用分析

　　接下来将以西门子辅助供电系统为例,分析其辅助逆变器电路逆变的工作过程。该逆变过程的基本原理采用了间接逆变的方式,辅助逆变器逆变流程如图 5-14 所示。

图 5-14　辅助逆变器逆变流程

　　① 斩波隔离:斩波隔离过程在 DC/DC 模块中进行。来自接触网的直流 1 500 V 高压电经输入电路的滤波之后,输入 DC/DC 模块,在该模块中进行斩波,最终降压隔离成直流 700 V 中间值电压。

　　② PWMI 逆变:该逆变过程在 DC/AC 模块中进行。利用斩波隔离后中间环节的直流700 V 电作为输入,采用 PWM(脉宽调制)原理将中间环节直流电逆变成三相交流 380 V 电。

　　③ 正弦滤波:该过程在正弦滤波器中进行。用于将 DC/AC 模块输出端的三相交流方波电压修正成为三相交流正弦波电压,供车辆设备使用。

1. 1 500 V 输入电路分析

　　1 500 V 输入电路总体上起到消除电源电磁干扰、滤除电源交流成分,进行限电流、过电压保护等功能,以便将更稳定的直流电输入后续电路中,其电路如图 5-15 所示。

　　1 500 V 输入电路主要由进线端子 X2、输入熔断器 F10、进线扼流圈 R10、EMC 滤波器、输入接触器 Q10、带预充电电阻的过电压保护单元、滤波电容等部分组成,输入电路旁边还并联一个

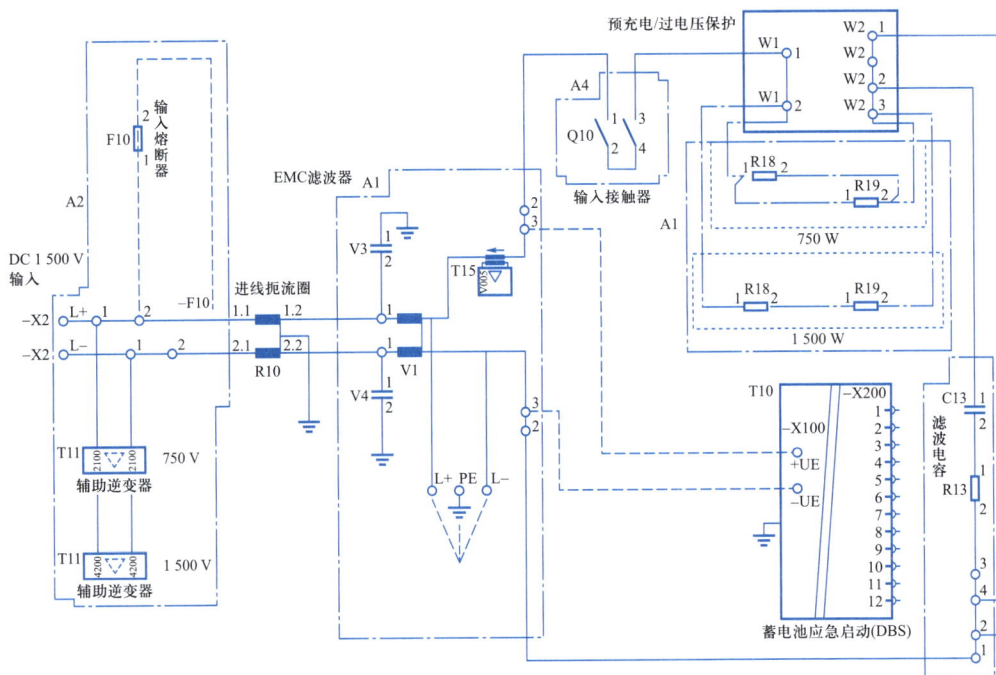

图 5-15　1 500 V 输入电路

蓄电池应急启动(DBS)单元。

① 直流 1 500 V 输入进线端子 X2:1500V 线电压在进线端子-X2:L+和-X2:L-处连接到辅助逆变器,端子 L+和 L-为螺栓 M10,用于连接端子处的输入电缆接头。

② 输入熔断器 F10:如出现短路情况,输入熔断器 F10 可将辅助逆变器从接触网断开,起到短路保护作用。

③ 进线扼流圈 R10:设置该环节的目的是消除由于切换 IGBT 操作而造成的输入电流波动,并吸收线路上的浪涌电压,防止对辅助逆变器造成损坏。进线扼流圈 R10 可将输入电流的谐波量保持在非常低的水平。

④ EMC 滤波器:EMC 滤波器又称为"电磁兼容性滤波器",它包括电容器 V3、V4 和环形线芯 V1,将 EMC 滤波器串联于电源进线端,用于消除各类感性负载启动、制动和运行期间产生的对电源的干扰,保证了电网自身的电磁兼容性。

⑤ 输入接触器 Q10:根据列车控制系统的指令,起到接通、断开辅助逆变器和高压直流 1 500 V 输入之间的电路连接的作用。

⑥ 带预充电电阻的过电压保护单元:该单元由一个限制电涌的 IGBT 和预充电电阻组成,主要起到瞬态保护的作用。接触网网压有时存在跳变,电压跳变可能来自同一供电分区内的其他城市轨道交通车辆的再生制动,瞬态保护功能使辅助逆变器电路免受接触网的电涌。如果在直流环节电压达到规定值,IGBT 将短暂关闭,输入电路电源能量将通过电阻被断开,防止直流环节电路出现电涌。

⑦ 滤波电容:滤波电容进一步滤除直流环节电路的交流成分,起到稳定直流电压的作用。

⑧ DBS:蓄电池应急启动单元,在蓄电池欠电压情况下使用,可使列车在蓄电池馈电的情况

下重新激活,后续将详细介绍该模块。

2. DC/DC 模块电路分析

直流 1 500 V 高压电经过辅助供电系统输入电路环节之后,首先进入 DC/DC 模块,转变成直流 700 V 中间电压。根据图 5-6 的内部供电网络图分析可知,DC/DC 模块对整个辅助供电系统的可靠性十分关键,一旦其出现故障不能正常工作,则会直接导致 DC/AC 模块和充电机模块不能正常运行。

DC/DC 模块电路如图 5-16 所示。

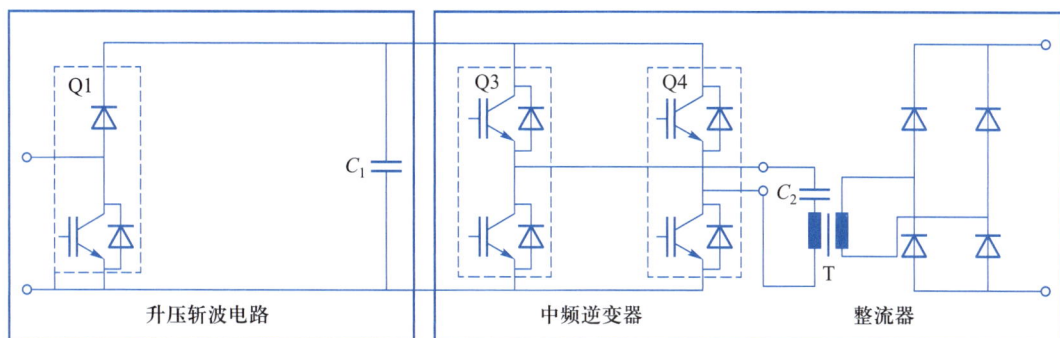

图 5-16　DC/DC 模块电路

DC/DC 模块具有功率密度高、设计紧凑的特点。电路包含升压斩波电路、中频逆变器以及整流器三大部分。

① 升压斩波电路:可将输入的直流电压斩波成另一直流电压。电网输入直流电电压范围为 1 000~1 800 V,利用升压斩波电路可在电容 C1 两端得到高于输入电压的直流电。电路通常采用两级 IGBT 串联的方式,通过该电路中的 IGBT 模块的导通和关闭,使输出至中频逆变器输入端的电压稳定在直流 2 400 V。

② 中频逆变器:中频逆变器由 4 个 IGBT 组成,4 个 IGBT 为全桥式开关,组成两个桥臂,通过脉冲调制逆变器(PWMI)控制 IGBT 管的导通或截止,将输入直流电压逆变为矩形交流电压,逆变频率为 20 kHz,两个桥臂的输出经一个电容 C2 连接至整流器。全桥型逆变电路与电容 C2、整流器环节的变压器 T 原边线圈共同组成准谐振电路,降低 IGBT 模块导通和关断时的开关应力。另外,足够高的 PWMI 频率可尽可能减小变压器 T 的尺寸和重量。

③ 整流器:整流器将由上一环节逆变得到的交流电整流成恒定的直流 700 V 电,以供给 DC/AC 模块和蓄电池充电机。整流器由变压器和 4 个二极管组成的桥式整流电路构成。变压器 T 将二次电压调至适用电压,并通过由 4 个二极管组成的整流桥,输出稳定的直流 700 V 电。

3. DC/AC 模块电路分析

DC/AC 模块又称为逆变模块,在辅助逆变器电路中,起到将直流 700 V 中间电逆变为频率 50 Hz 的三相 380 V 交流电的作用,DC/AC 模块电路如图 5-17 所示。

该电路由位于输入端的直流中间回路、逆变电路、IGBT 驱动单元和 SIBCOS 控制器组成。

① 直流中间回路:由电容、电阻组成的直流回路置于输入端,起到稳定直流回路电压的作用,电容器可吸收直流中间回路电压中的高频干扰。

② 逆变电路:包括三个桥臂,每个桥臂负责一个相位,各由 2 个 IGBT 器件组成。该电路采

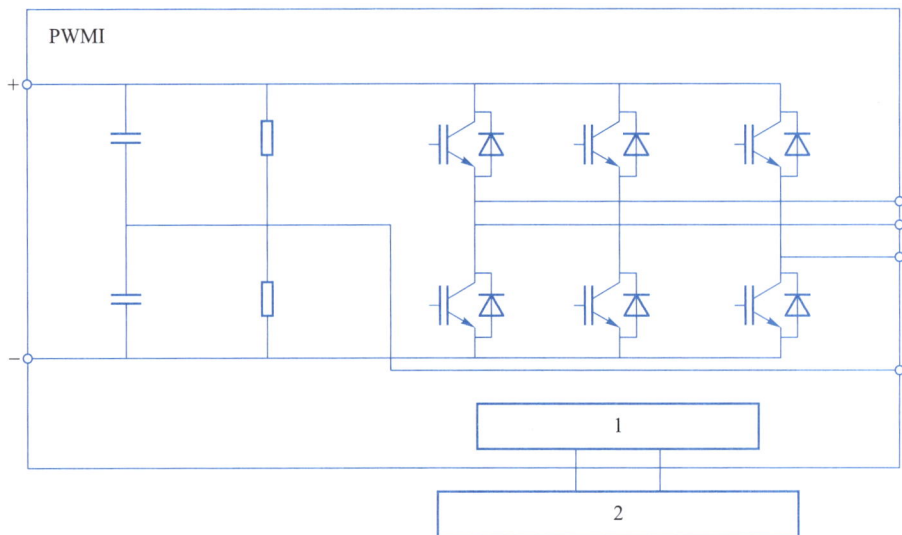

1—IGBT 驱动单元;2—SIBCOS 控制器

图 5-17   DC/AC 模块电路

用 PWMI 的原理,对输入直流电进行逆变,产生三相交流方波电压。通过对 IGBT 器件的通断进行控制,使输出端得到一系列幅值相等的脉冲,用这些脉冲来等效正弦波或所需要的波形,如图 5-18 所示。按一定的规则对各脉冲的宽度进行调制,即可改变逆变电路输出电压的大小,也可改变输出电压的频率。

③ IGBT 驱动单元:对控制器产生的 IGBT 驱动信号进行功率增益,IGBT 的短路保护和过电压保护也位于此模块。

④ SIBCOS 控制器:实际上控制器集成在辅助逆变器中,不在 DC/AC 模块上。它为 IGBT 器件产生驱动脉冲,并承担所有的调整控制任务和监测、保护功能。

DC/AC 模块实际构成如图 5-19 所示,其基本性能参数见表 5-3。

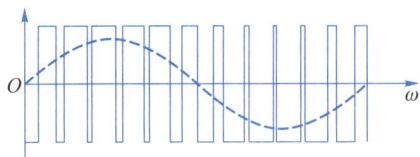

图 5-18   逆变电路输出的脉动波形

图 5-19   DC/AC 模块实际构成

表 5-3　DC/AC 模块的基本性能参数

项目	数据
输入电压/V	DC 700
输出电压/V	三相 AC 380
输出电压不均匀性	<1%
输出频率/Hz	50±0.5
额定输出功率/kVA	110
额定输出电流($\cos\varphi=0.85$)/A	78
额定负载下的效率($\cos\varphi=0.85$)	>90%
谐波畸变	<5%rms(THD)
冷却方式	强迫风冷

4. 正弦滤波电路分析

由 DC/AC 模块输出的三相交流 380 V 电仍是方波电压,该波形在经过电缆传输后容易在列车负载端产生过电压,频繁的过电压冲击会对负载绕组绝缘产生不良影响,甚至损坏电机绕组绝缘,因此需要将该波形转变为驱动负载的理想波形——正弦波。

如图 5-20 所示为简单的正弦滤波电路。

该正弦滤波电路由串联电抗 L 和并联电容 C 构成,电路截止频率为 $f=1/(2\pi LC)$。因 DC/AC 模块输出的交流电压波形比同频率正弦波多出很多高阶奇次谐波,通过适当选取滤波电路的截止频率,可将输出波形中大部分高阶奇次谐波滤除,得到所需正弦波。

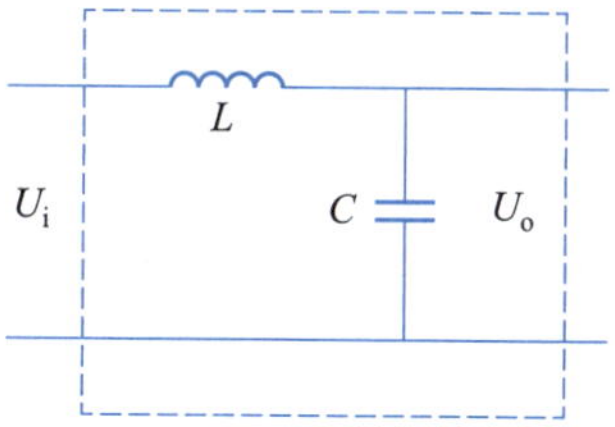

图 5-20　简单的正弦滤波电路

正弦滤波器设置于 DC/AC 模块的输出端,可将输出端的方波三相交流电修正为接近正弦波的三相交流 380 V 电,驱动车辆的交流负载。

正弦滤波器由正弦滤波器扼流圈和正弦滤波器电容组成。扼流圈限制正弦滤波器电容中 PWMI 电流的增加,正弦滤波器电容降低 PWMI 输出电压的频率,两个部件相互形成一个滤波器,通常可将失真系数(THD 总谐波失真)提高到 5%~10%,确保滤波后的电压实际上为正弦曲线。

2.3　辅助逆变器的启动操作

启动辅助逆变器不需要对其进行特殊操作,当满足以下条件时,辅助逆变器将自行启动:① 存在直流 110 V 电源电压;② 存在输入电压,并在正常范围内;③ 已通过 MVB(多功能列车总线)从列车控制发出激活信号;④ 辅助逆变器无故障。

辅助逆变器启动顺序:① 辅助逆变器系统进行自检,如果自检没有错误,为了与列车的交流母线同步,PWMI 会关断一次;② 如果列车三相交流母线上没有电压,输出保护会接通,PWMI 接通,系统重新启动;③ 如果在系统自检后列车三相交流母线已经存在电压,PWMI 会开始执行与列车三相交流母线的同步,达到同步后输出保护接通,此时 PWMI 已经接管整个列车母线输出。

微课
城市轨道交通车辆辅助逆变器系统维护

任务实施

1. 分组讨论辅助逆变器的作用以及辅助逆变器的整体工作原理流程。

2. 分组讨论 DC/DC 模块、DC/AC 模块、正弦滤波器的功能,并讲述它们在电路中各组成环节的作用。

任务拓展

辅助逆变器的存储

辅助逆变器中的 DC/DC 模块和 DC/AC 逆变模块,最长存放时间为 2 年,若超过此期限而未使用,再次使用前需对模块中的电解电容器进行激励重组,因为 DC/DC 模块和 DC/AC 模块中含有电解电容器,长时间存放电解液就会失去活性而老化,一旦电解液失去活性而老化,电解电容器即失效。对于存放时间超过 2 年的,必须通过外部可变电源通电重组至少 2 h,使电解液恢复活性。

1. DC/DC 模块

对 DC/DC 模块的电解电容器进行通电重组时,其通电额定电压及连接点见表 5-4,连接点位置如图 5-21 所示。

表 5-4   DC/DC 模块电解电容器通电额定电压及连接点

额定电压	DC1 200 V
连接	−X10(+)和−X9(−)
连接	−X12(+)和−X11(−)

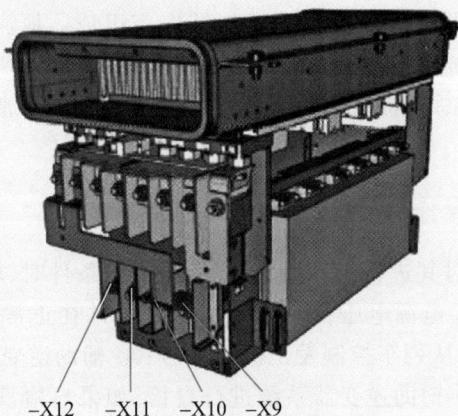

−X12   −X11   −X10   −X9

图 5-21   DC/DC 模块电解电容器通电连接点位置

通电重组过程中,需要缓慢将电压增大至额定电压,对于存放时间为 2~3 年的,依次按如下步骤通电:

(1) 25% 的额定电压 30 min;

(2) 50% 的额定电压 30 min;

(3) 75% 的额定电压 30 min;

(4) 100% 的额定电压 30 min。

对于存放时间 3 年及以上的,依次按如下步骤通电:

(1) 25% 的额定电压 2 h;

(2) 50% 的额定电压 2 h;

(3) 75% 的额定电压 2 h;

(4) 100% 的额定电压 2 h。

通电完毕后,将电源电压降低至零,由于电容中存在残余电压非常危险,触摸可能致命,所以须等待电容放电至少 5 min,5 min 后测量电容无电压后,从连接处断开外部电源。

2. DC/AC 模块

对 DC/AC 模块的电解电容器进行通电重组时,其通电额定电压及连接点见表 5-5,其连接点位置如图 5-22 所示。

表 5-5　DC/AC 模块电解电容器通电额定电压及连接点

额定电压	DC1 200 V
连接	−X9(+)和−X11(−)

通电重组过程中,需要缓慢将电压增加至额定电压,对于存放时间为 2~3 年的,依次按如下步骤通电:

(1) 25% 的额定电压 30 min;

(2) 50% 的额定电压 30 min;

(3) 75% 的额定电压 30 min;

(4) 100% 的额定电压 30 min。

对于存放时间 3 年及以上的,依次按如下步骤通电:

(1) 25% 的额定电压 2 h;

(2) 50% 的额定电压 2 h;

(3) 75% 的额定电压 2 h;

(4) 100% 的额定电压 2 h。

通电完毕后,操作处理的步骤同 DC/DC 模块。

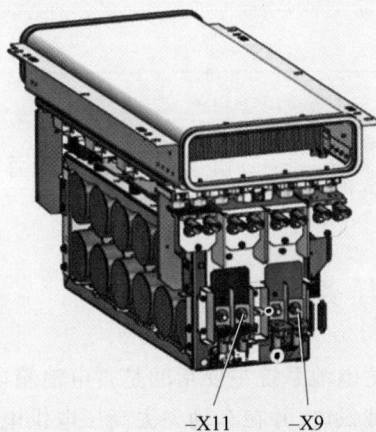

图 5-22　DC/AC 模块电解电容器通电连接点位置

任务评价

项目名称	城市轨道交通车辆辅助供电系统控制		学生姓名	
任务名称	辅助逆变器及其电气控制		分值配比	考核得分
评价要点	1. 说出辅助逆变器的作用		20	
	2. 画出辅助逆变器的逆变流程图		20	
	3. 说出 DC/DC 模块电路的组成和各组成部分的功能		20	
	4. 说出 DC/AC 模块电路的组成和各组成部分的功能		20	
	5. 说出正弦滤波器在辅助逆变器中所起到的作用		20	

学习心得

教师评价

教师签名：

任务 3　蓄电池系统及其电气控制

任务导入

蓄电池系统主要指的是蓄电池箱以及充电机,位于 Tc 车车底的蓄电池箱,作用是为车辆常用负载供电,并在车辆失去高压电供电的情况下为整车供电。

充电机位于 Tc 车车底的辅助逆变箱内,作用是将高压直流电转变为 110 V 直流电,供车辆负载使用,并为蓄电池充电。

本任务仍以西门子辅助供电系统为例,介绍蓄电池系统及其电气控制。

通过本任务的学习,需要达到的目标如下：① 掌握蓄电池的作用；② 了解蓄电池箱内结构以及相关参数；③ 掌握充电机的作用；④ 理解充电机模块的电气原理。

知识准备

3.1　蓄电池及充电机系统概述

1. 蓄电池及蓄电池箱概述

蓄电池箱位于 Tc 车,每节 Tc 车车底设置两个蓄电池箱,其中一个蓄电池箱带有温度传感器及外挂熔断器箱,箱体采用悬挂安装方式,冷却方式为自然通风。如图 5-23 所示为地铁车辆蓄电池箱。

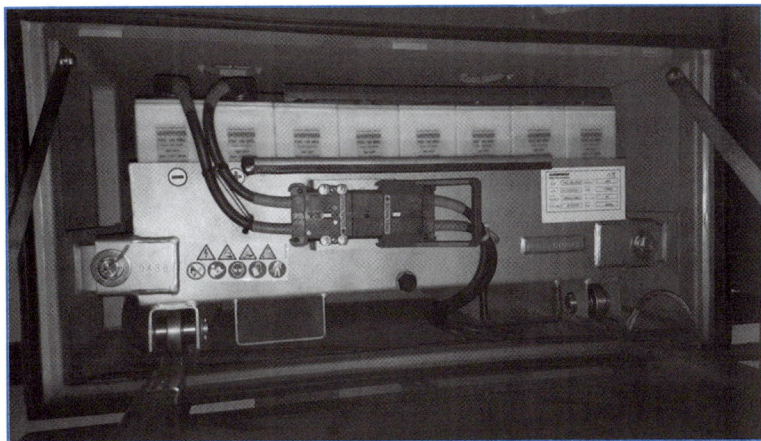

图 5-23　地铁车辆蓄电池箱

地铁车辆蓄电池一般是由 80 或 84 只镍镉可充电电池单体串联组成的电池组,满电压为直流 110 V。镍镉电池具有使用寿命长(充放电循环周期高达数千次)、机械性能好(耐冲击和振动)、自放电小、低温性能好等优点。

镍镉蓄电池充放电过程中电池的电化学反应如下:

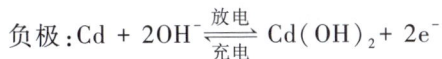

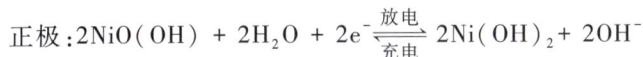

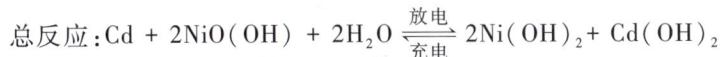

负极:$Cd + 2OH^- \underset{\text{充电}}{\overset{\text{放电}}{\rightleftharpoons}} Cd(OH)_2 + 2e^-$

正极:$2NiO(OH) + 2H_2O + 2e^- \underset{\text{充电}}{\overset{\text{放电}}{\rightleftharpoons}} 2Ni(OH)_2 + 2OH^-$

总反应:$Cd + 2NiO(OH) + 2H_2O \underset{\text{充电}}{\overset{\text{放电}}{\rightleftharpoons}} 2Ni(OH)_2 + Cd(OH)_2$

蓄电池充电时,正极发生氧化反应,负极发生还原反应。蓄电池放电时,负极发生氧化反应,正极发生还原反应。

蓄电池的额定容量用 C 表示,单位是 A·h,它是放电电流和放电时间的乘积。蓄电池在工作中的电流常用"放电倍率"(简称"放电率")表示,它是放电电流相对额定容量大小的比率,写作 NC,N 是一个倍数。放电倍率对电池放电容量的影响很大。放电倍率越大,放电电流就越大,电化学极化和浓差极化急剧增加,使电池放电电压急剧下降,电极活性物质来不及充分反应,电池容量会减少很多。根据放电倍率的大小,电池可分为低倍率(小于 $0.5C$)、中倍率($0.5 \sim 3.5C$)、高倍率($3.5 \sim 7C$)和超高倍率(大于 $7C$)四类。

本小节所举例介绍的车辆,其蓄电池箱内的蓄电池为地铁车辆用镍镉碱性中倍率蓄电池,如

图 5-24 所示。车辆采用的蓄电池型号为 FNC140MR2,标称电压为 1.2 V,电池容量为 140 A·h。蓄电池箱 1 内共有 40 个电池单元,蓄电池箱 2 内共有 40 个电池单元,电池单元串联连接,如图 5-25 所示,作为列车 110 V 直流供电系统的备用电源,使用环境温度为 -40~50 ℃。

图 5-24　地铁车辆蓄电池

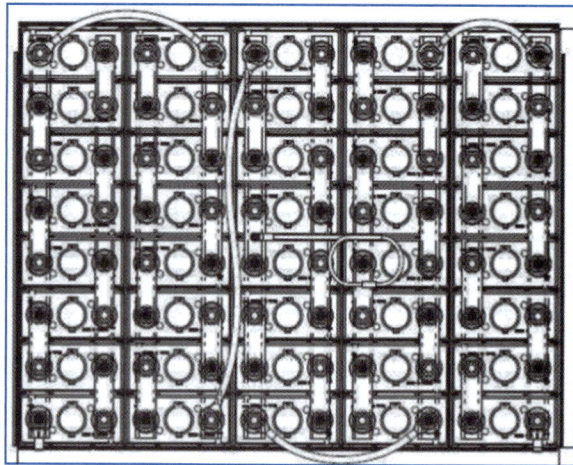

图 5-25　蓄电池箱内电池单元的连接方式

2. 充电机模块概述

蓄电池充电机属于车辆辅助逆变箱内的一个紧凑型模块,列车每个单元包含两个充电机,一列车共有 4 个充电机,其将 DC/DC 模块输出的中间直流环节电压转换成电位隔离的直流 110 V 电压。在正常模式下,本单元 1 台充电机为本单元蓄电池充电,同时与另一台充电机共同向直流 110 V 母线供电,辅助供电系统直流负载供电及蓄电池充电电路原理图如图 5-26 所示。充电机模块如图 5-27 所示,其基本性能参数见表 5-6。

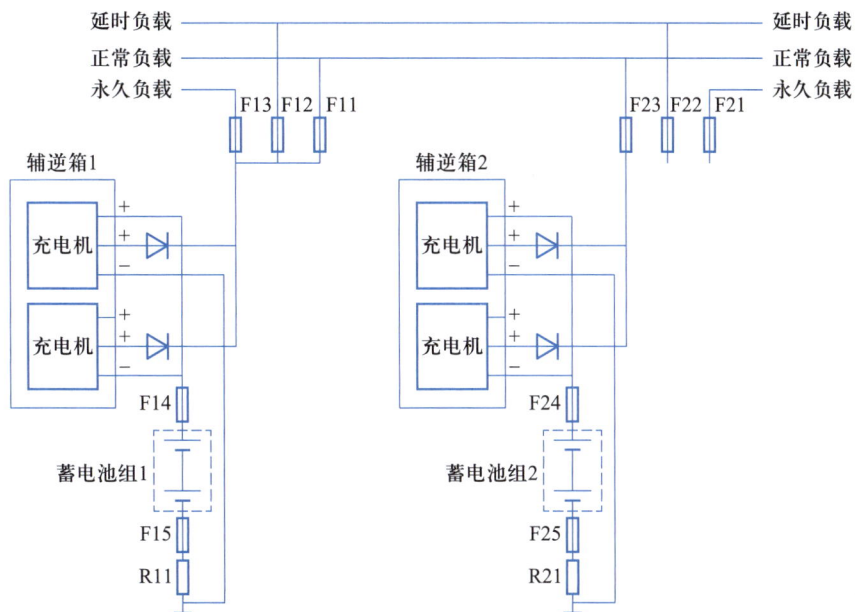

图 5-26 辅助供电系统直流负载供电及蓄电池充电电路原理图

图 5-27 充电机模块

表 5-6 充电机基本性能参数

项目	数据
输入电压/V	DC 700
输出电压/V	DC 110

续表

项目	数据
输出充电电压控制精度	±2%
输出电压纹波	±1%rms
输出电压调整范围/V	DC 77~137.5
额定输出功率/kW	12
最大输出电流/A	109(有效电流限制)
电流限制控制精度	±5%
效率($\cos\phi = 0.85$)	>90%
谐波畸变	<5%rms

3.2　蓄电池及充电机控制系统电路应用分析

1. 充电机模块电路分析

充电机模块实际上是一个直流 110 V 电压转换装置,根据充电机模块与辅助逆变模块在电路中的逻辑关系,一般充电机电路设置方式有两种。

第一种是先逆变再转换的方式,这种方式也称为间接转换,如图 5-28 所示。间接转换在进行工作时需要经辅助逆变器逆变、滤波后,再进行降压、整流,得到直流 110 V 电压。

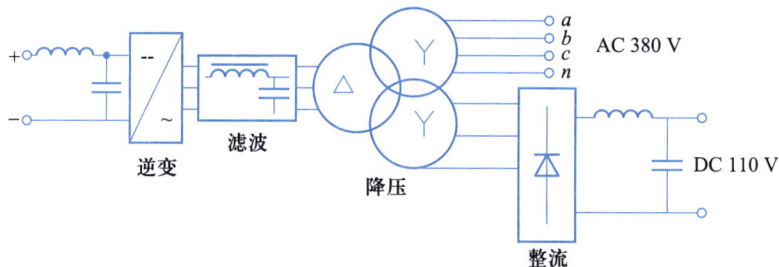

图 5-28　直流 110 V 电压的间接转换

第二种是转换和逆变过程同步进行的方式,这种方式也称为直接转换,一般可采用全桥高频逆变降压后整流的方式工作。本任务中分析介绍的西门子辅助供电系统所采用的充电机就是这种工作方式,如图 5-29 所示。由于充电机模块与 DC/AC 逆变模块并联连接,所以直流 110 V 转换和辅助逆变过程是同步进行的,这种直接转换的工作方式不会对辅助逆变器工作造成影响。

采用第二种直接转换方式进行工作的充电机模块电路如图 5-30 所示。

该电路采用 DC/DC 高频变流技术,包括逆变部分、变压部分和整流部分组成。由 IGBT 器件组成的逆变电路将输入的中间环节直流 700 V 电进行逆变,产生交流电,输入中频变压器一次侧。经变压器变压,在二次侧产生隔离的交流电压,再经整流电路,输出恒定的直流 110 V 电压。输出部分有两条正母线,一条为蓄电池组充电;另一条为列车永久负载、常规负载和延时负载供电。

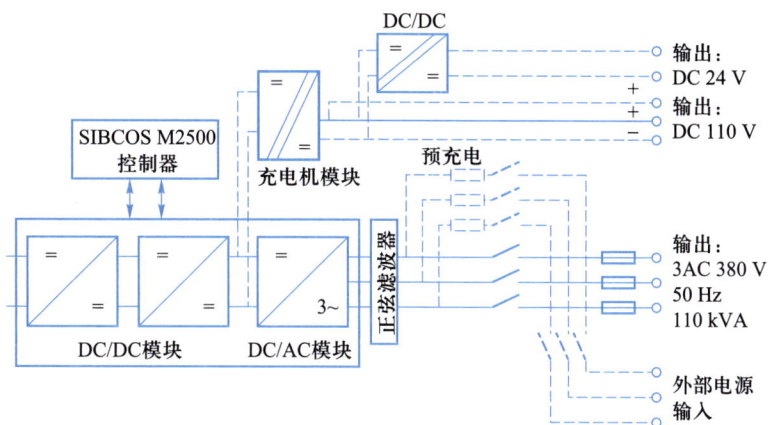

图 5-29　直流 110 V 电压的直接转换

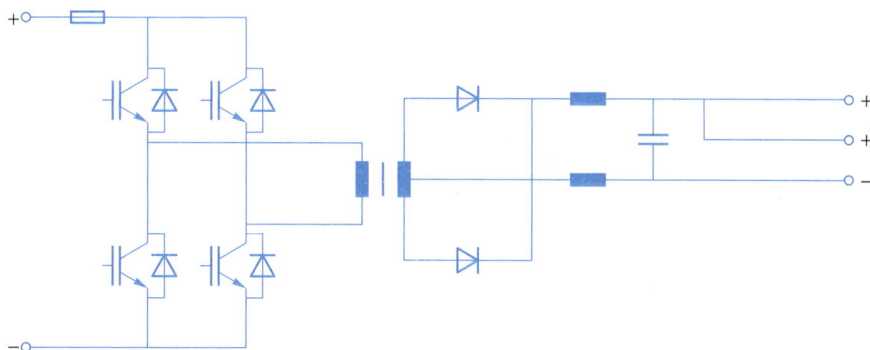

图 5-30　充电机模块电路

　　充电机模块按照蓄电池的充放电特性给蓄电池充电,蓄电池的电压、电流、温度以及相应的充电均被集成在模块中的 SIBCOS 控制器监控,充电电压等具体应用参数可通过软件设置。充电机的数字、电子、开环、闭环控制也由 SIBCOS 控制器执行,通过 CAN 总线接口连接到更高级别的控制。

　　此外,为了向列车司机室内的广播控制盒等直流 24 V 负载供电,在充电机模块之后,通过并联的方式从直流 110 V 母线接出一路,经过另一个功率为 1 kW 的 DC/DC 斩波模块,将直流 110 V 电转换为直流 24 V 电,为司机室直流 24 V 负载供电,如图 5-31 所示。

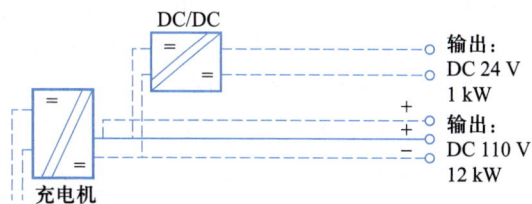

图 5-31　24V DC/DC 斩波模块

2. 蓄电池充电机控制电路分析

　　为列车负载供电的蓄电池充电机控制电路如图 5-32 所示。

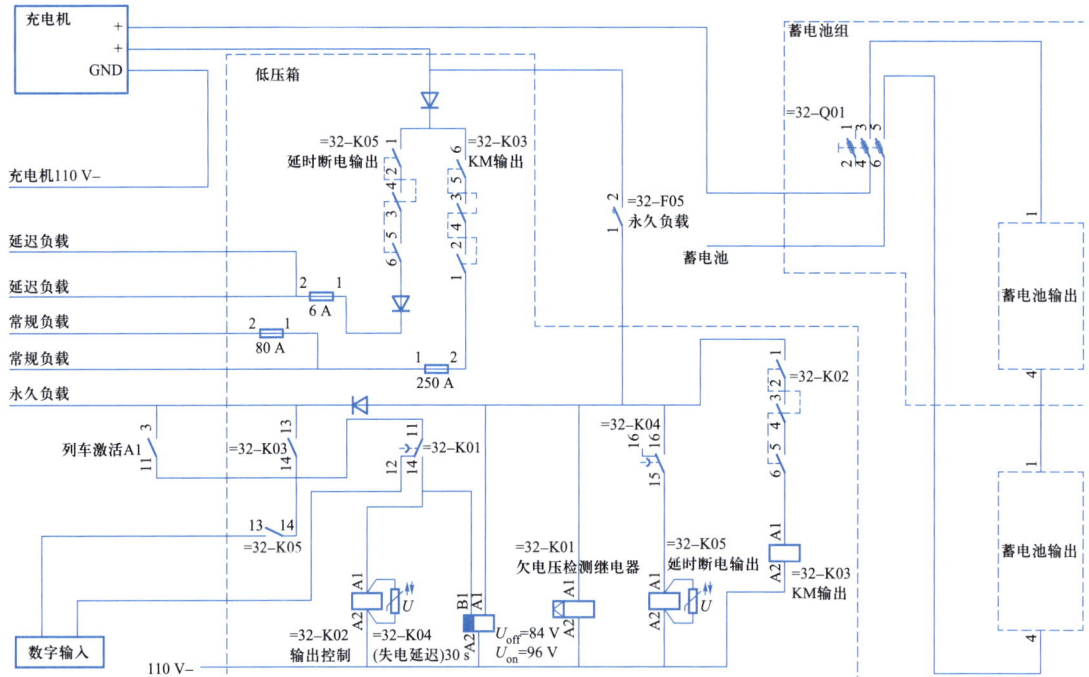

图 5-32　蓄电池充电机控制电路

控制电路主要由充电机、蓄电池组、相关功能继电器及其触点、熔断器、空气开关、二极管等组成。以下简要介绍本电路的主要控制功能。

① 熔断器 =32-Q01：位于蓄电池箱，可手动拆装，正常工作时熔断器闭合。在电气检修时，为避免检修人员触电，需将 =32-Q01 熔断器断开。

② 永久负载线供电：闭合位于司机室继电器柜内的永久负载空气开关 =32-F05，蓄电池组通过充电机正母线以及 =32-F05 空气开关触点 1、2 自动为列车永久负载线供电，列车无须激活，永久负载线也能得电。

③ 常规负载线供电：闭合位于司机室继电器柜内的永久负载空气开关 =32-F05，蓄电池组通过充电机正母线以及 =32-F05 空气开关触点 1、2 为 =32-K01 欠电压检测继电器供电。当蓄电池电压低于 84V 时，欠电压检测继电器关断，当蓄电池电压高于 96V 时，欠电压检测继电器导通，其 =32-K01 触点 11、14 闭合，在列车激活的前提下，=32-K02 输出控制继电器得电 → =32-K02 继电器的触点 1 和 2、3 和 4、5 和 6 闭合 → =32-K03 KM 输出继电器得电 → =32-K03 的触点 1 和 2、3 和 4、5 和 6 闭合 → 蓄电池组通过充电机正母线为常规负载线供电。

④ 延迟负载线供电：通过空气开关 =32-F05 的闭合，使 =32-K04 延时继电器 A1 端得电，在蓄电池组电压大于 96V 且列车激活的前提下，=32-K04 延时继电器 B1 端得电，→ =32-K04 的触点 15、18 闭合 → =32-K05 延时断电输出继电器得电 → =32-K05 的触点 1 和 2、3 和 4、5 和 6 闭合 → 蓄电池组通过充电机正母线为延迟负载线供电。由于 =32-K04 延时继电器具有失电延迟 30s 控制对应触点恢复常开状态的特点，因此当蓄电池组欠电压时，延迟负载线具有延时断电的功能。

任务实施

1. 在实训室,打开车辆辅助逆变箱和蓄电池箱盖板,以小组为单位进行对充电机模块、蓄电池组的认知,并依次讲述其功能和特点。

2. 针对蓄电池充电机控制电路,由每个同学在小组内汇报永久负载线、常规负载线、延迟负载线供电的控制原理。

任务拓展

案例分析——辅助供电系统的检查维护

辅助逆变器箱和蓄电池箱检查维护所需的车底箱体作业材料及工器具见表 5-7。

表 5-7　车底箱体作业材料及工器具

名称	数量	备注	名称	数量	备注
抹布	若干		方孔钥匙	1 把/人	
画线笔	1 支/人		手电筒	1 把/人	
酒精	2 瓶	清洗	十字/一字螺钉旋具	各 1 把	
58 件套	2 套		橡胶保护剂	1 瓶	
防静电手环	1 件/人		绝缘手套	1 副/人	
主控钥匙	1 把/人				

1. 辅助逆变器箱检查维护

（1）箱体清洁

打开带进风口的盖板,清洁进风口外部格栅,无异物积尘;检查电源模块的散热片处的进气区域是否有严重脏污,若出现严重脏污,则打开风机区域的底板罩盖并使用真空吸尘器抽空该区域的空气;在进风口密封橡胶条上涂一层橡胶保护剂;进气格栅清洁完成后,润滑紧固螺钉,重新安装进气格栅。

（2）箱内检查

① 打开辅助逆变器箱盖板,确保盖板锁上下紧固件无松动且动作灵活,防松标记清晰可见无错位。

② 内部部件无损坏、无放电痕迹,安装牢固;确认各接线连接紧固,无松动、无毛刺、无虚接;所有螺钉/螺栓连接均牢固无松动。

③ 在辅助逆变器箱密封胶条上涂一层橡胶保护剂。

④ 检查箱体内有无积尘,若有积尘用无纺布擦拭干净,要求清洁后目视无积尘。

⑤ 检查完成,紧固带进风口的盖板,注意紧固时使用合适的力道;锁闭盖板,并确认盖板锁闭良好。

（3）辅助逆变器箱外观检查

① 确认辅助逆变器箱悬挂紧固螺母无松动,箱体接地线无断股,紧固件无松动,防松标记清晰可见无错位。

② 确认箱体及盖板无变形、无变色等现象;箱体密封良好;盖板挂在挂耳上,锁闭良好,锁舌标记位置正确,带进风口的盖板安装紧固,进风口无堵塞;警告标识、铭牌完好,若有脏污,使用柔和清洁剂和无纺布清洁,若有缺陷,必须更换;电缆连接紧固。

2. 蓄电池箱检查维护

（1）蓄电池箱内部检查

① 打开蓄电池盖板,确认盖板锁上下紧固件无松动且动作灵活,防松标记清晰可见无错位;接地线无断股,其紧固件无松动,防松标记清晰可见无错位。

② 打开蓄电池盖板,确认连杆连接完好,紧固件无松动,开口销完好无丢失;盖板锁蓄电池模块导向轨能正常打开使用,其紧固件无松动,防松标记清晰可见无错位。

③ 戴好绝缘手套,松开蓄电池模块托盘紧固件,抽出蓄电池模块托盘,目视检查每个蓄电池电解液高度,保证其在最低标记线和最高标记线之间的中间线以上,否则用漏斗加注蒸馏水至最高刻度线处,但不能超过最高刻度线。如果电解液高出最高刻度线,则要把多余的蒸馏水用吸吸球或注射器抽出,完成后盖好通风塞盖。

④ 检查确认箱体内每个蓄电池壳体无严重变形、裂纹、漏液现象。每个蓄电池上端通风塞盖盖好,若关闭不良,则需更换通风塞。

⑤ 检查蓄电池间电缆、连接板、螺栓,要求无损伤生锈、过热变色现象,绝缘护套无过热融化、破碎现象。

⑥ 确认蓄电池模块与托盘紧固件无松动,防松标记清晰可见无错位;托盘下部滚轮安装完好,其紧固开口销完好无丢失。

⑦ 退回蓄电池模块,紧固电池模块紧固件并重新画防松标记。

⑧ 将蓄电池箱密封胶条擦拭干净后,涂一层橡胶保护剂。

⑨ 检查箱体内有无积尘,若有积尘,用抹布擦拭干净,要求清洁后目视无积尘。

⑩ 检查完成,复位并锁紧蓄电池模块,锁闭盖板。

（2）蓄电池箱外观检查

① 检查蓄电池箱悬挂紧固螺母无松动,箱体接地线无断股,紧固件无松动,防松标记清晰可见无错位。

② 确认箱体及盖板无变形、无变色、无漏液等现象;箱体密封良好;盖板搭在挂耳上,挂耳插销到位,盖板锁闭良好,锁舌标记位置正确;警告标识、铭牌完好。

3. 作业后工作

工长或安全员确认各箱体盖板锁锁闭良好、库用电源锁闭良好;清理现场,确认所携带的物品料齐全,未遗留在作业现场;填写作业记录表。

任务评价

项目名称	城市轨道交通车辆辅助供电系统控制		学生姓名	
任务名称	蓄电池系统及其电气控制		分值配比	考核得分
评价要点	1. 说出蓄电池箱的设置方式和蓄电池的特点		20	
	2. 说出充电机为负载供电和为蓄电池充电的分工		20	
	3. 说出充电机模块电路的组成和功能		20	
	4. 根据蓄电池充电机控制电路,简述列车永久负载、常规负载、延迟负载供电的原理		25	
	5. 说出辅助供电系统为列车司机室内的直流 24 V 负载供电的原理		15	

学习心得

教师评价

教师签名:

任务 4 辅助供电系统控制器及其他功能

任务导入

辅助供电系统除辅助逆变器、充电机、蓄电池三大功能模块以外,还具有控制器、应急启动等模块,结合应急、故障等情况下的功能设计,实现完整的辅助供电功能。

本任务将介绍辅助供电系统的控制器及其附属功能。通过本任务的学习,需要达到的目标如下:① 了解 SIBCOS 控制器的作用;② 掌握 DBS 应急启动模块的功能和操作方式;③ 掌握蓄电池应急供电应满足的要求;④ 掌握辅助供电系统故障工况下列车负载的工作情况。

🔵 知识准备

4.1 辅助供电系统控制器

辅助供电系统由以下控制器控制：

- SIBCOS-M2500 型主控制器
- SIBCOS-M2000 型模块控制器
- 二进制输入和输出的 SIBCOS-M9000 CAN 节点

主控制单元 SIBCOS-M2500 通过多功能车辆总线(MVB)向车辆控制单元发送信息,也可以通过以太网向车辆控制单元发送信息,在这种情况下,需装有接口转换器 RS232-RJ45。

内部控制系统之间的连接如图 5-33 所示。

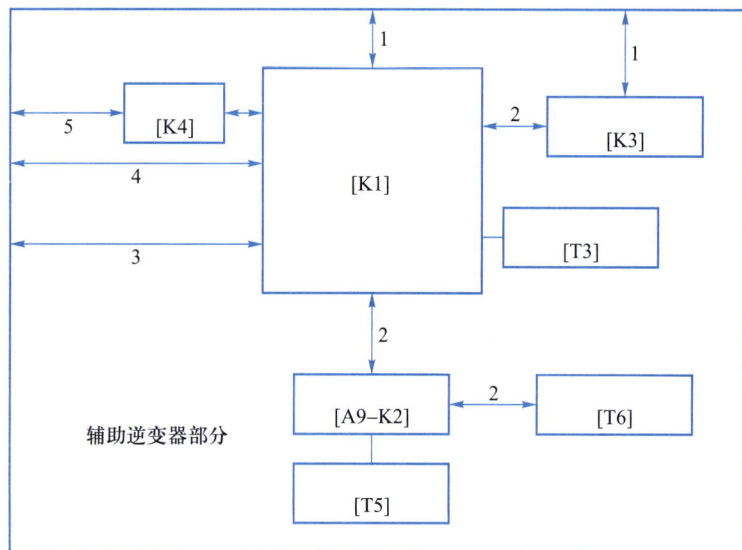

1—二进制输入/输出；2—CAN总线；3—服务接口；4—MVB；5—以太网；
K1—SIBCOS-M2500；A9-K2—SIBCOS-M2000；K3—SIBCOS-M9000；
K4—接口转换器；T3—DC/DC模块；T5—DC/AC模块；T6—蓄电池充电机

图 5-33　内部控制系统之间的连接

1. SIBCOS-M2500 主控制器

控制器 SIBCOS-M2500 是主控制与模块控制的组合,负责全面系统控制以及与更高等级控制的通信。它可监控辅助逆变器的输入、输出和内部电压、电流,以及主部件的温度,如检测到任何故障,将关闭辅助逆变器。该控制器有 16 个 IGBT 控制通道和 14 个 IGBT 反馈输入,以及 8 个数字输入和 4 个数字输出。

SIBCOS-M2500 控制器配有两个 40MHz 微处理器,每个处理器都有自己的电源、总线、存储器、模拟输入和 CAN 总线接口。

一个微处理器执行辅助逆变器所有监控和诊断功能,包括传感器信号的评估、电压和电流控制、顺序控制和标准监控功能。该处理器也控制产生 IGBT 起始脉冲的可编程逻辑电路。

第二个微处理器用于特殊的独立检查功能,如干扰电路监控,也可用于冗余处理安全相关控制信号。

SIBCOS-M2500 主控制器有以下附加接口。

① MVB 接口:负责与车辆控制单元的通信,该接口符合 TCN 标准。

② CAN 接口:负责与其他 CAN 节点的通信。

③ RS232 接口:可与笔记本电脑连接,该接口用于调试、启动、诊断和程序下载。

2. SIBCOS-M2000 模块控制器

SIBCOS-M2000 控制器控制 DC/AC 模块和蓄电池充电机模块。该控制器有 11 个 IGBT 控制通道和 10 个 IGBT 反馈输入。

控制器上包含有一个 20MHz 微处理器、512KB EPROM(可擦编程只读存储器)和 64KB SRAM(静态随机存储器)。

SIBCOS-M2000 模块控制器有以下附加接口。

① CAN 接口:用于将 SIBCOS-M2000 模块控制器连接至主控制器或其他从控制单元。

② RS232 接口:可与笔记本电脑连接,该接口用于启动和诊断等。

SIBCOS-M2500 和 SIBCOS-M2000 控制器如图 5-34 所示。

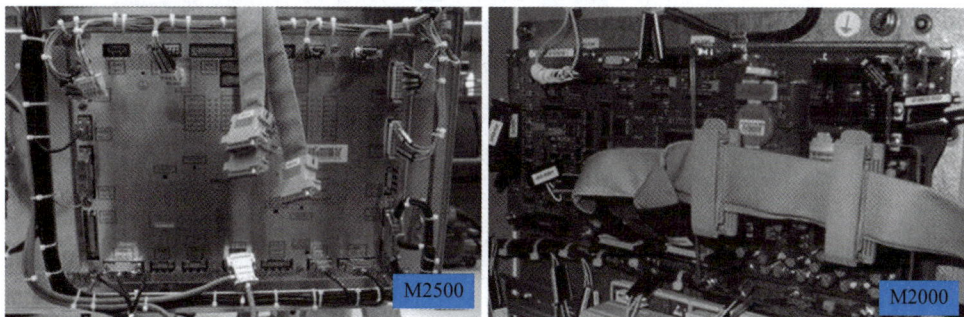

图 5-34　SIBCOS-M2500 和 SIBCOS-M2000 控制器

3. SIBCOS-M9000 CAN 节点

SIBCOS-M9000 含有 1 个 20MHz 微处理器、8 个二进制输出和 12 个二进制输入。它属于一个二进制输入/输出的控制子系统,一些二进制输入/输出控制信号可以通过列车硬线和 SIBCOS-M9000 CAN 节点传输到主控制器。SIBCOS-M9000 通过 CAN 总线与主控制器进行通信。

4.2　辅助供电系统的冷却

辅助逆变器为强制风冷,一个辅助逆变箱中的两个辅助逆变单元 H1 和 H2 各有其自身的冷却系统。

系统的设计使主风机尽量保持低速,使噪声最小化,并保证优化通风。列车启动后主风机打开,它由辅助供电系统自身输出的三相交流 380 V 电源供电,主风机的转速由主控制器 SIBCOS-M2500 控制,主控制器监控辅助逆变器的温度并逐步调整主风机转速。空气从辅助逆变箱侧面的双进气格栅被吸入,在机箱内通过整流器、变压器、滤波器扼流圈等设备的散热片后到达出气格栅,并向下吹出,实现风冷散热。辅助逆变箱进气格栅和出气格栅如图 5-35 所示,其主风机如图 5-36 所示。

除了主风机之外,在 DC/DC 模块与充电机模块之间,设置一个内部风机进行内部空气循环,

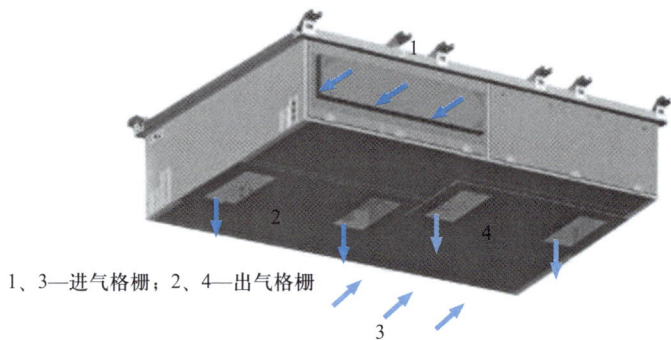

1、3—进气格栅；2、4—出气格栅

图 5-35　辅助逆变箱进气格栅和出气格栅

图 5-36　辅助逆变箱主风机

其位置如图 5-37 所示，内部风机由直流 110 V 电控制开启或关闭。

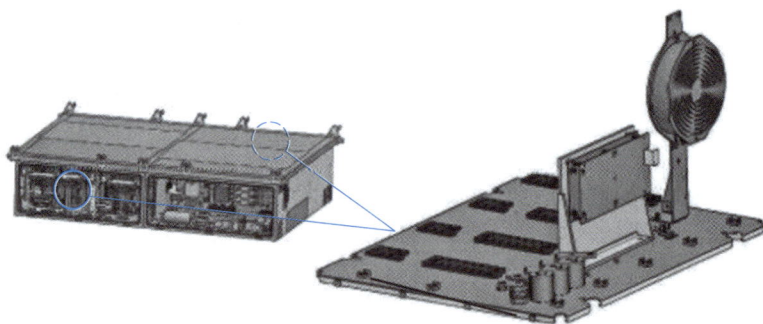

图 5-37　辅助逆变箱内部风机位置

4.3　辅助供电系统应急功能

1. 蓄电池应急启动模块

正常情况下，列车蓄电池可为列车提供电压为 110 V 的直流电，列车可通过转动司机室继电器柜内的列车激活旋钮正常被激活。若蓄电池电压过低，列车激活旋钮无法正常激活列车时，可操作充电机紧急启动按钮,通过 DBS(蓄电池应急启动)模块为列车提供激活所需的电源。

在一个辅助逆变箱的两个单元中,一般在 H1 单元配置蓄电池应急启动模块,H2 单元不配置。启动该装置后,直接将直流 1 500 V 电转换为直流 110 V 电为直流母线供电,从而给辅助逆变器内部控制电路供电,并启动蓄电池充电机。在启动时,小功率电路部分先建立起内部控制并为驱动电路供电,当这部分电源建立后,大功率电路部分将 1 500 V 直流电直接转换为 110 V 直流电输出。

蓄电池应急启动电路原理如图 5-38 所示。正常工况下,由列车直流 110 V 电源通过 5、6 接点为负载供电,当蓄电池欠电压时,启动 DBS 模块,此时系统工作在应急启动工况下,将直流 1 500 V 电直接转换为直流 110 V 电,启动通电程序,充电机开始工作并为蓄电池充电。

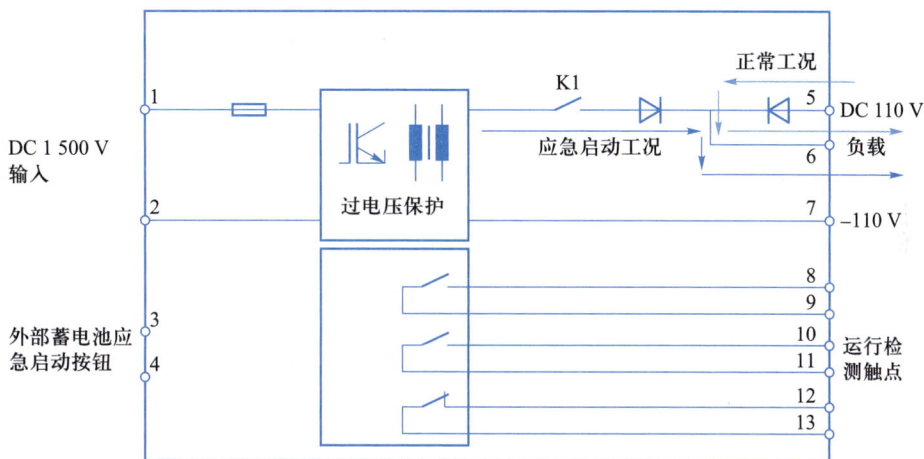

图 5-38　蓄电池应急启动电路原理

蓄电池应急启动的具体操作为:

① 蓄电池电压低于 84 V,主风缸压力大于 400 kPa 时:此时升弓压力足够,通过操作车厢升弓柜内的两位三通阀 U09,可将压力空气送入受电弓升弓气囊进行升弓。然后按下司机室内充电机应急启动按钮,激活充电机给蓄电池充电直至最低激活列车电压 96 V,再转动列车激活旋钮完成列车激活。

② 蓄电池电压低于 84 V,主风缸压力小于 400 kPa 时:此时升弓气压不足,需将升弓柜内的两位三通阀 U09 打到规定位置,通过脚踏泵人工踩气升弓。然后按下司机室内充电机应急启动按钮,激活充电机给蓄电池充电直至最低激活列车电压 96 V,再转动列车激活旋钮完成列车激活。

2. 蓄电池应急供电

因故障或者列车失去外部高压供电(如接触网断电)时,列车将自动切换至紧急运行模式,该模式下,蓄电池将为列车进行应急供电,应急供电需满足以下功能:

① 蓄电池的电量必须保证车辆的紧急通风运行,可在地下线路运行不低于 45 min,在地面与高架线路不低于 30 min;

② 紧急照明(紧急照明约等于三分之一的正常照明);

③ 客室内外所有指示灯;

④ 头灯和尾灯;

⑤ 司机室照明;

⑥ 所有车门开启和关闭一次;

⑦ 所有安全相关的控制系统;

⑧ 列车通信和广播;

⑨ 旅客信息和视频监控系统(不包括 LCD 显示器)。

3. 蓄电池应急牵引

在缺少外部高压供电的情况下,利用蓄电池实现紧急牵引列车,已经成为城市轨道交通车辆新技术的热门研究方向。研究该技术的目的主要是提升列车失电情况下的应急能力,其在以下两种情况下安全保障方面意义重大:一是区间供电故障的应对;二是采用接触轨供电列车的库内检修。

以某城市地铁进行的蓄电池应急牵引技术研究为例,蓄电池应急牵引功能按单线双向原则,在 AW0~AW3 载荷工况下,列车具备通过蓄电池牵引运行至下一站或退回至上一站的能力,同时满足车辆段内的日常调车作业。每列车设置 2 组牵引蓄电池、2 台充电机、2 台转换开关箱和 2 个牵引蓄电池开关,与 M 车的牵引逆变器(带蓄电池牵引功能)和牵引电机共同组成蓄电池牵引系统。利用锂电池作为牵引逆变器的输入电源,2 台 M 车的牵引逆变器在低电压模式下分别驱动 4 台并联的牵引电动机共同工作。其牵引系统配置如图 5-39 所示。

设备	Tc	Mp	M1	M2	Mp	Tc
牵引蓄电池			1	1		
牵引蓄电池充电机			1	1		
转换开关箱			1	1		
牵引逆变器		1			1	
牵引逆变器(带蓄电池牵引功能)			1	1		
牵引电动机		4	4	4	4	
蓄电池牵引开关	1					1

图 5-39　某城市地铁蓄电池应急牵引系统配置

4.4　辅助供电系统故障工作工况

辅助供电系统在设计阶段,应考虑辅助逆变器、充电机在故障的情况下的负载分配方案,使部分辅助供电设备故障时,通过切除故障设备,同时关闭一定量的负载,剩余良好辅助供电设备仍能正常为列车供电。

1. 辅助逆变器故障工作工况

在正常工作条件下,辅助逆变器无故障,某轨道交通 1 号线一期车辆在无故障工况下的辅助逆变器无故障工况下交流负载分配表见表 5-8。此情况下,列车运行时空气压缩机只考虑一台,工作率取 0.5，客室空调取制冷时的功率来计算容量，此时辅助供电系统提供的功率为负载功率的 156%，有较大富余容量。

表 5-8　辅助逆变器无故障工况下交流负载分配表

负载	辅逆无故障											
	Tc 车		Mp 车		M 车		M 车		Mp 车		Tc 车	
	数量	容量/kVA	数量	容量/kVA	数量	容量/kVA	数量	容量/kVA	数量	容量/kVA	数量	容量/kVA
空调压缩机	4	7.8	4	7.8	4	7.8	4	7.8	4	7.8	4	7.8
空调冷凝风机	4	1.1	4	1.1	4	1.1	4	1.1	4	1.1	4	1.1
空调通风机	4	1.2	4	1.2	4	1.2	4	1.2	4	1.2	4	1.2
司机室通风机	1	0.265									1	0.265
牵引风机			1	2.9	1	2.9	1	2.9	1	2.9		
制动电阻风机			1	1.5	1	1.5	1	1.5	1	1.5		
空气压缩机					0.5	9.85	0.5	9.85				
外接负载插座	1	2									1	2
小计	42.665		44.8		49.725		49.725		44.8		42.665	
辅逆容量/kVA	220										220	
辅逆总容量/kVA	440											
AC 总负载功率/kVA	274.38											
剩余负载容量/kVA	165.62											

辅助供电系统采用并网供电方式的城市轨道交通车辆，当一个辅助逆变器发生故障的时候，通过切断其相应的输出接触器，出现故障的一路将会与三相母线隔离，其他三路的交流输出不受影响，将保证整列车正常运行，辅助系统的设计考虑了尽量减少对乘客服务的影响，辅助供电的冗余设计如图 5-40 所示。

通过计算，当一个辅助逆变器故障时，列车仍有剩余负载容量 55.62 kVA，列车无须切除任何交流负载，其交流负载分配表见表 5-9。

当两个辅助逆变器故障时，通过切断故障逆变器的输出接触器，出现故障的辅助逆变器将与三相母线隔离，其他两个辅助逆变器的输出不受影响。但此时辅逆总容量只有 220 kVA，无法满足列车的所有交流负载运行，车辆控制单元的负载管理单元将切断全列车一半的空调压缩机的运行，保留全部通风，其他交流负载不受任何影响。此时的交流负载情况见表 5-10。

当 3 个辅助逆变器故障时，列车将切断所有的空调压缩机的运行，保留全部通风，其他交流负载不受任何影响。

当 4 个辅助逆变器全部故障时，列车将进行紧急通风。

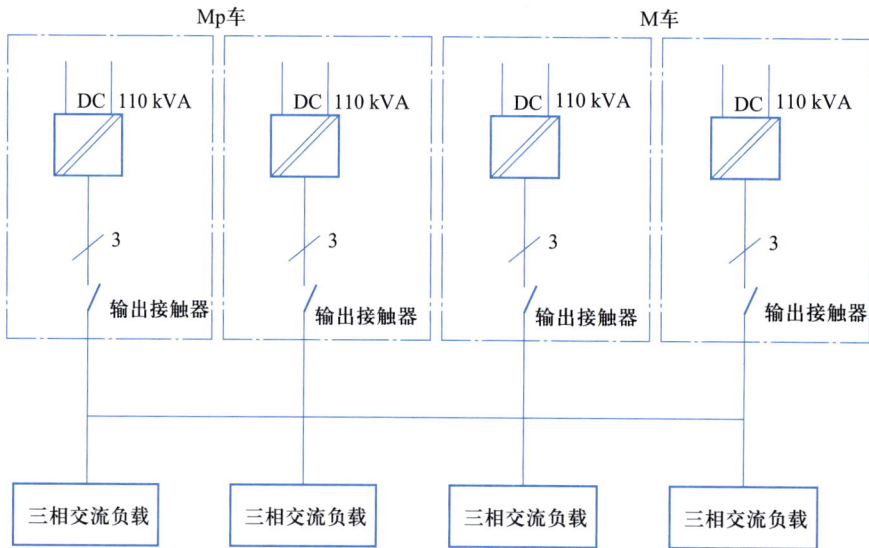

图 5-40　辅助供电的冗余设计

表 5-9　一个辅助逆变器故障工况下交流负载分配表

负载	一个辅逆故障											
	Tc 车		Mp 车		M 车		M 车		Mp 车		Tc 车	
	数量	容量/kVA	数量	容量/kVA	数量	容量/kVA	数量	容量/kVA	数量	容量/kVA	数量	容量/kVA
空调压缩机	4	7.8	4	7.8	4	7.8	4	7.8	4	7.8	4	7.8
空调冷凝风机	4	1.1	4	1.1	4	1.1	4	1.1	4	1.1	4	1.1
空调通风机	4	1.2	4	1.2	4	1.2	4	1.2	4	1.2	4	1.2
司机室通风机	1	0.265									1	0.265
牵引风机			1	2.9	1	2.9	1	2.9	1	2.9		
制动电阻风机			1	1.5	1	1.5	1	1.5	1	1.5		
空气压缩机					0.5	9.85	0.5	9.85				
外接负载插座	1	2									1	2
小计	42.665		44.8		49.725		49.725		44.8		42.665	
辅逆容量/kVA	110										220	
辅逆总容量/kVA	330											
AC 总负载功率/kVA	274.38											
剩余负载容量/kVA	55.62											

表 5-10　两个辅助逆变器故障工况下交流负载分配表

负载	两个辅逆故障											
	Tc 车		Mp 车		M 车		M 车		Mp 车		Tc 车	
	数量	容量/kVA	数量	容量/kVA	数量	容量/kVA	数量	容量/kVA	数量	容量/kVA	数量	容量/kVA
空调压缩机	2	7.8	2	7.8	2	7.8	2	7.8	2	7.8	2	7.8
空调冷凝风机	4	1.1	4	1.1	4	1.1	4	1.1	4	1.1	4	1.1
空调通风机	4	1.2	4	1.2	4	1.2	4	1.2	4	1.2	4	1.2
司机室通风机	1	0.265									1	0.265
牵引风机			1	2.9	1	2.9	1	2.9	1	2.9		
制动电阻风机			1	1.5	1	1.5	1	1.5	1	1.5		
空气压缩机					0.5	9.85	0.5	9.85				
外接负载插座	1	2									1	2
小计	27.065		29.2		34.1		34.1		29.2		27.065	
辅逆容量/kVA	0										220	
辅逆总容量/kVA	220											
AC 总负载功率/kVA	180.73											
剩余负载容量/kVA	39.27											

2. 充电机故障工作工况

蓄电池充电机发生故障的情况下,列车将根据充电机故障的数量,采取相应处理措施。

① 单个充电机故障:不切断任何负载。

② 两个充电机故障:不切断任何负载。

③ 3 个及以上充电机故障:此时可关闭乘客信息系统的 LCD 显示器,照明系统将自动转为紧急照明,以延长蓄电池紧急工况下的供电时间。这种 4 台充电机供电的方式提高了列车在故障工况下的运行能力。

任务实施

1. 分组讨论辅助供电系统控制器的组成,以及各自的功能、特点和接口。

2. 分组讨论不同数量的辅助逆变器、充电机故障情况下,列车负载的运行情况。

3. 在实训室,分组进行列车蓄电池应急启动操作。分以下两种情况分别操作:

(1)无电有气(蓄电池电压低于 84 V,主风缸压力大于 400 kPa):操作 Mp 车升弓柜内的两位三通阀 U09,将其打到竖直位置,然后按下司机室内充电机应急启动按钮,激活充电机给蓄电池充电直至最低激活列车电压 96 V,再转动列车激活旋钮完成列车激活。

（2）无电无气（蓄电池电压低于 84 V，主风缸压力小于 400 kPa）：操作 Mp 车升弓柜内的两位三通阀 U09，将其打到竖直位置，取出升弓柜内的脚踏泵人工踩气升弓。然后按下司机室内充电机应急启动按钮，激活充电机给蓄电池充电直至最低激活列车电压 96 V，再转动列车激活旋钮完成列车激活。

任务拓展

新技术引入——氢燃料电池

新能源轨道车辆已成为城市轨道交通的发展热点，随着我国对轨道交通车辆蓄电池研究的不断深入，蓄电池在轨道交通中的应用正不断延伸，除用于辅助供电以外，也可用于列车续航行驶。目前轨道交通企业对新能源轨道车辆的站间距和续驶里程等方面的要求不断提高，且要求具备越站充电的能力，以减少充电站等基建成本。而氢燃料电池是城市轨道交通车辆的一种理想新能源，其通过氢与氧直接的电化学反应发电（$2H_2+O_2{\rightarrow}2H_2O$），是电解水的逆过程，具有能量密度高、噪声低、无污染，发电反应最高温度不超过 100 ℃ 等优点，唯一的生成物质只有水，不产生氮氧化合物。

氢燃料电池发电时，电池阳极上的氢会分解出电子和质子，质子会穿过隔膜达到阴极，而电子则在外部电路运行，从而产生电能。在阴极的氢和氧会生成水。而只要有持续的氢气和氧气供应，并将反应生成的水排出去，燃料电池就能够持续提供电能，其工作原理如图 5-41 所示。

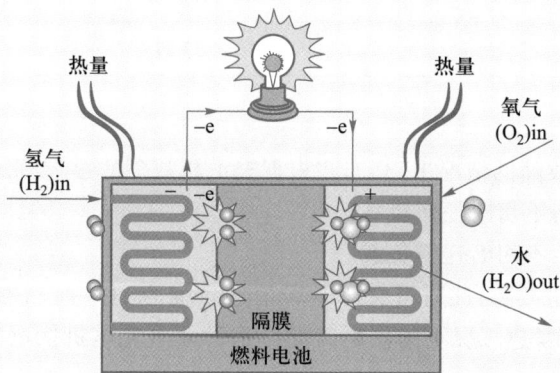

图 5-41　氢燃料电池工作原理

采用氢燃料电池的列车具有以下优点：

（1）无污染。燃料电池用氢气和氧气作为燃料，唯一生成物质为水，不产生有害物质，完全做到零污染排放。

（2）能量转换效率高。通过电化学反应直接将燃料的化学能转换为电能，中间不涉及燃烧过程，电效率可为 40%~50%，比内燃机的效率高 10% 以上。

（3）续航里程高。续航里程高于储能式有轨电车，适用于较长无网区段。实现无网运行也可保护城市景观。

（4）温度低、噪声小。燃料电池系统中,配备有空压机、水泵、散热器等有限的转动部件,与内燃机相似,但电堆本身无运动部件,比内燃机的震动和噪声低。同时,电堆反应温度低,系统红外特性小。

2017 年 10 月 26 日,由中车唐山公司研制的世界首列商用型燃料电池/超级电容 100% 低地板混合动力有轨电车在唐山市工业旅游线路上开始载客示范运行,标志着我国在新能源轨道交通领域实现重大突破,如图 5-42 所示。

图 5-42　世界首列商用型燃料电池/超级电容 100% 低地板混合动力有轨电车

任务评价

项目名称	城市轨道交通车辆辅助供电系统控制	学生姓名	
任务名称	辅助供电系统控制器及其他功能	分值配比	考核得分
评价要点	1. 说出 SIBCOS-M2500 主控制器的功能、特点及相关接口	20	
	2. 说出 SIBCOS-M2000 模块控制器的功能、特点及相关接口	20	
	3. 说出蓄电池应急启动模块的功能,简述蓄电池应急启动的操作方法	25	
	4. 说出蓄电池应急供电需满足的要求	15	
	5. 说出辅助逆变器、充电机不同台数故障的情况下,列车负载分配情况	20	

学习心得

教师评价

教师签名：

👤 人物事迹

匠心匠技　最美奋斗者
——机车医生李向前

车钩缓冲器、转向架构架、轴箱弹簧、减振器、牵引电动机、齿轮箱……每台机车走行部的检修，都要依次检查 176 个零部件，仅是需要检查的螺钉和开口销就有 778 个，全部检查下来相关人员要俯身步行 2 km、下蹲 68 次、过程需要六七小时。机车医生李向前练就了一套"锤敲、眼看、手摸、鼻闻、耳听"的检修绝活，出库零故障率达 100%。

1995 年，从原郑州铁路机械学校毕业的李向前走进了洛阳机务段宝丰检修车间的大门。刚上班那会儿，看到师傅们能把一辆"趴窝"的火车修好，李向前羡慕不已。他利用业余时间蹲地沟、钻机械室，反复练习拆、修、装、量，不懂就向老师傅讨教，配件数据、故障现象、处理过程等记满一本又一本笔记本。

现在，李向前是宝丰检修车间内燃机车钳工、高级技师，中国铁路郑州局集团有限公司首席技师，中国国家铁路集团有限公司首席高级技师。多年来，他在内燃机车检修岗位上创造了检修内燃机车 5 200 余台零故障，维修、复检内燃机车 1 万余台零质量问题的纪录，被工友们称为"机车医生"。

2013 年，以李向前名字命名的"李向前内燃机车钳工铁路技能大师工作室"成立。他按照"培养一批骨干、建立一支队伍、强化示范带动"的工作思路，依托工作室平台，通过精选题、建团队、抓机制、解难题，激发了全段干部职工创新创效热情。工作室成立以来，他们先后完成了内燃机车增压器防断网导流罩、DF7 型机车温控阀故障、燃油泵电机故障等重大技术攻关 6 项，破解现场生产难题 127 个。

凭借在技术攻关、设备改造、人才培养等方面的突出贡献，李向前获得"全路技术能手""全国技术能手"等荣誉称号，是中国铁路总公司"百千万人才"工程专业带头人，享受国务院特殊津贴的"蓝领专家"。

一把检车锤、一支手电筒、一顶安全帽、一身蓝工装，以"大国工匠"过硬的业务技能和敢于担当的责任，"敲"出万余台安全机车。2019 年 9 月，李向前荣获"最美奋斗者"称号。从一名中专毕业的"铁路蓝领"成长为"大国工匠"，李向前说："要在实现中国梦的过程中实现自己的人生价值，多搞技术攻关、多培养人才，修好火车头，让每一名旅客放心乘车，让每一列货车安全到达。"

—— 项 目 小 结 ——

　　辅助供电系统是城市轨道交通车辆必不可少的电气系统,可将高压箱输送的高压电转换成低压电,供车辆的负载使用,可提供的主要电压制式有三相交流 380 V、单相交流 220 V 和直流 110 V 等。辅助供电系统设备主要由辅助逆变器、蓄电池充电机和蓄电池三部分构成,其供电网络主要包含 1500V 输入电路、DC/DC 模块、DC/AC 模块、充电机模块、输出电路、SIBCOS 控制器、蓄电池应急启动模块等单元。

　　辅助逆变器可利用输入直流 1 500 V 电产生 380 V 三相交流电,工作过程有直接逆变和间接逆变两种。西门子辅助供电系统采用了间接逆变的方式,直流 1 500 V 输入电压经斩波隔离、PWMI 逆变、正弦滤波后,输出交流 380 V 正弦波电压,供车辆设备使用。

　　蓄电池系统主要包括蓄电池箱和充电机。蓄电池为车辆常用负载供电,并在车辆失去高压电的情况下为整车供电。充电机位于 Tc 车车底的辅助逆变箱内,能够将 DC/DC 模块输出的中间直流环节电压转换成直流 110 V 电。正常模式下,本单元 1 台充电机为本单元蓄电池充电,同时与另一台充电机共同向直流 110 V 母线供电。

　　辅助供电系统由 SIBCOS－M2500 型主控制器、SIBCOS－M2000 型模块控制器和 SIBCOS－M9000 CAN 节点进行控制,采用强制风冷,配置有应急启动、应急供电等功能。部分辅助供电设备故障时,通过切断故障设备运行,并关闭一定量负载,剩余良好设备仍能正常为列车供电。

—— 习题与思考 ——

一、单选题

1. 采用集中供电方式的辅助供电系统有什么优点(　　　)。

A. 供电冗余度大　　　B. 均衡配置轴重　　　C. 故障率较低　　　D. 集成化程度低

2. 以下属于列车三相交流 380 V 负载的是(　　　)。

A. 设备冷却风机　　　B. 控制系统　　　C. 乘客信息系统　　　D. 车载通信与信号系统

3. 以下属于列车直流 110 V 负载的是(　　　)。

A. 空调单元　　　　　　　　　　B. 车门系统

C. 客室座椅电加热器　　　　　　D. 司机室通风单元

4. 本项目介绍的地铁车辆每节 Tc 车车底下设有(　　　)个辅助逆变器箱和(　　　)个蓄电池箱。

A. 一、一　　　　B. 一、二　　　　C. 二、一　　　　D. 二、二

5. 辅助逆变箱内部供电网络中,将直流电转换为交流电的是(　　　)。

A. DC/DC 模块　　　B. 逆变器模块　　　C. 充电机模块　　　D. 蓄电池应急启动模块

二、多选题

1. 辅助供电系统可以为列车(　　　)负载供电。

A. 空调　　　　　　B. 空气压缩机　　　C. 照明　　　　　　D. 牵引电机

2. 辅助逆变箱内部有(　　　)模块单元。

A. 输入电路　　　　B. DC/DC 模块　　　C. 蓄电池　　　　　D. 充电机

3. 下列关于 DC/AC 逆变模块说法中正确的是( )。

A. 其输入电压是直流 700 V

B. 由电容、电阻组成的直流中间回路起到稳定直流回路电压的作用

C. 逆变输出的三相交流电幅值、频率恒定

D. 通过 DC/AC 模块，输出三相交流 380 V 正弦波电

4. 采用西门子辅助供电系统的车辆，其充电机的特点有( )。

A. 一个辅助逆变箱内有两个充电机，两个充电机共同为 110 V 直流母线供电，其中一个充电机为本单元蓄电池充电

B. 充电机输入端电压为直流 1 500 V

C. 充电机模块内没有 IGBT 元件

D. 在充电机输出端通过并联的方式接出一路，经一个 DC/DC 斩波模块，可将直流 110 V 电转换为直流 24 V 电

5. 蓄电池应急供电应满足的要求有( )

A. 紧急通风   B. 空调制冷   C. 紧急照明   D. 列车广播

三、判断题(对的在括号中打"√"，错的打"×")

1. SIBCOS 控制器可以通过 RS232 接口与笔记本电脑连接。( )

2. DBS 蓄电池应急启动模块将 1 500 V 直流电直接转换为交流 380 V 输出。( )

3. 在辅助逆变箱内部，通过逆变器直接将 1 500 V 高压电输入逆变为三相交流 380 V 电。( )

4. 在 DC/AC 环节之前设置正弦滤波器，将输出端的三相交流方波电压修正为三相交流 380 V 正弦波电压。( )

5. 当一个辅助逆变器故障的时候，列车的交流负载运行将受到影响。( )

四、讨论题

1. 简述城市轨道交通车辆辅助供电系统的设备组成。

2. 简要描述直流 1 500 V 电转换为三相交流 380 V 电的过程。

3. 根据蓄电池充电机控制电路，介绍列车常规负载线得电的原理。

4. 描述蓄电池电压不足以激活时，利用蓄电池应急启动模块激活列车的操作步骤。

5. 介绍不同数量的辅助逆变器、充电机故障时，列车负载的工作情况。

项目6
城市轨道交通车辆网络系统控制

【项目体系】

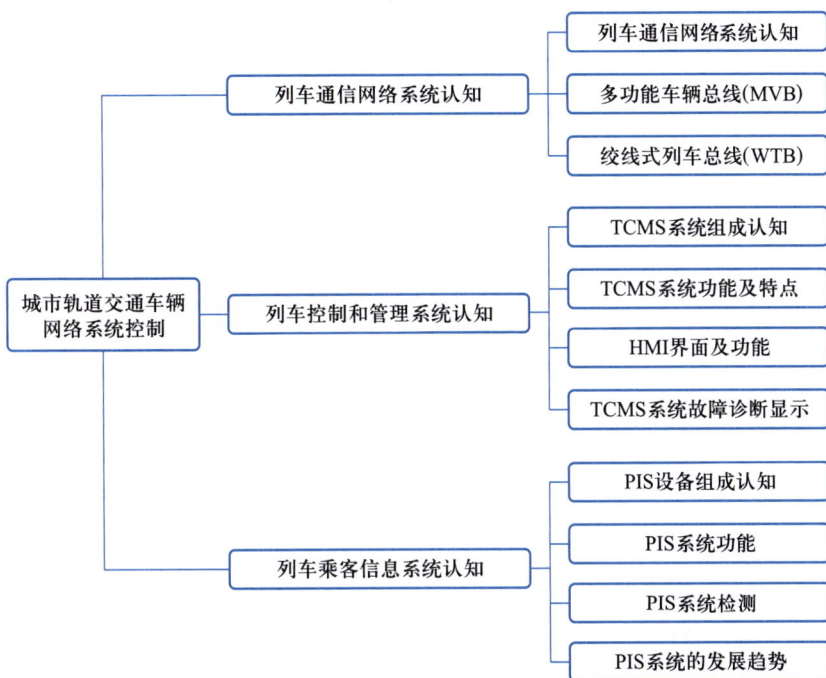

城市轨道交通车辆网络系统控制
- 列车通信网络系统认知
  - 列车通信网络系统认知
  - 多功能车辆总线(MVB)
  - 绞线式列车总线(WTB)
- 列车控制和管理系统认知
  - TCMS系统组成认知
  - TCMS系统功能及特点
  - HMI界面及功能
  - TCMS系统故障诊断显示
- 列车乘客信息系统认知
  - PIS设备组成认知
  - PIS系统功能
  - PIS系统检测
  - PIS系统的发展趋势

【学习重点】

1. 识记 TCN 列车通信网络的结构和功能。
2. 了解 MVB、WTB 两类总线的数据传输原理。
3. 掌握列车控制和管理系统的组成设备和控制功能。
4. 掌握列车控制和管理系统的诊断显示功能。
5. 掌握乘客信息系统的构成及功能。

任务 1　列车通信网络系统认知

任务导入

列车通信网络(Train Communication Networks, TCN)系统是用于连接车载设备,实现信息传输、控制功能、监测诊断的数据通信系统。经过近二三十年的发展,列车通信网络技术已经走向成熟,并成为现代轨道交通车辆的关键技术之一,在目前的城市轨道交通车辆上得到了广泛应用。但当前的列车网络形式并不统一,专门为轨道列车车载设备通信而量身定制的符合IEC61375标准的 TCN 与其他形式的通信网络相比,更能普遍地适应轨道列车对通信的要求。TCN 与车载设备连接关系如图 6-1 所示。

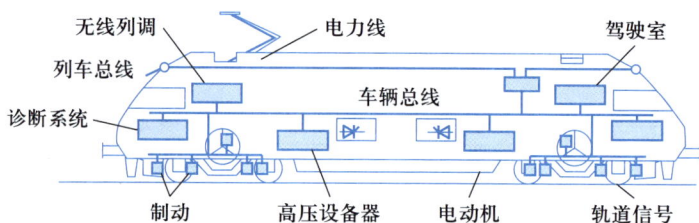

图 6-1　TCN 与车载设备连接关系

通过本任务的学习,需要达到的目标如下:① 了解 TCN 系统的内容;② 掌握 TCN 系统的架构;③ 掌握 MVB、WTB 总线的数据传输机制。

知识准备

1.1　列车通信网络系统认知

1. TCN 的标准化制定

TCN 最早由车载计算机系统发展而来,是在原有的技术基础上加以遴选、改进和标准化而形成的,其主要参考模型是西门子公司的 SIBAS 系统和安达公司的 MICAS 系统。以上两种形式车载计算机控制系统的发展已经从最初完成简单的单一功能,发展到现在多功能集成的列车通信网络,为 TCN 技术的起步与成型,以及日后成为国际标准,做出了巨大贡献。

IEC61375 是专门为铁路设备数据通信而制定的一项国际标准,也就是 TCN 标准。它是国际电工委员会(IEC)第 9 技术委员会(TC9,牵引电气设备分会)委托由来自 20 多个世界范围内主要铁路运营部门和制造厂家代表以及国际铁路联盟(UIC)的代表组成第 22 工作组(WG22),共同为铁路设备的数据通信制定的一项开放式通信标准,从而使各种铁道机车车辆能够相互连挂,车上的可编程设备能够实现互换。

1988 年,以制定应用于铁道车辆、能使铁道车辆相互连挂的开放性通信系统标准为目的,WG22 成立。

1992 年 6 月,TC9/WG22 制定出委员会草案,并向各国征求 TCN 草案的意见稿。

1999 年,经过多年的努力,WG22 在原有技术方案的基础上,共同开发出了一套新标准,即 IEC61375-1——TCN。我国于 2002 年颁布的铁道部标准 TB/T 3025—2002 也将其正式确认为列车通信网络标准。

2003 年,IEC61375-1 标准通过后,TC9 成立专门的工作组 TAHG(Train Communication Network AD Hoc Group),致力于研究 TCN 的改进与发展。

2007 年 4 月对 IEC61375-1 再次进行了修订完善,发布了第 2 版,同时也发布了 IEC61375-2。

2. TCN 的内容和结构

TCN 标准对列车通信网络的总体结构、列车网络传输协议、连接车辆网关设备的列车级总线和连接车厢内各设备的车辆级总线等进行了细致的规定。1999 年制定的 IEC61375-1 标准的主要内容见表 6-1。

表 6-1　IEC61375-1 标准的主要内容

章节	标题	主要内容
1	总则	TCN 网络总述
2	实时协议	实时协议通信规范
3	多功能车辆总线	车辆总线相关规程
4	绞线式列车总线	列车总线相关规程
5	列车网络管理	列车网络管理相关服务
附录 A	TCN 结构导引	TCN 标准资料性导引
附录 B	一致性测试导则	TCN 设备与标准一致性测试导则

2007 版的 TCN 标准主要补充了原标准文献所缺少的网关、过程数据排列(PDM)以及 UIC556 的通信和应用规范,并引入了诸如世界工厂仪表协议(WorldFIP)、CANopen、LonWorks、TIMN 等车辆总线规范。其结构及主要内容如表 6-2 所示。

表 6-2　2007 版 TCN 标准的结构及主要内容

序号	标题	主要内容
61375-1	TCN 体系结构	1. 结构概述;2. 列车网络;3. 车辆网络;4. 主要接口;5. 网络使用实例;6. 实现举例
61375-2	列车网络	—
61375-2-1	绞线式列车总线 WTB	1. 概述;2. 物理层;3. 数据链路层;4. 实时协议;5. 应用层;6. 网络管理;附录 A WTB 指南;附录 B 一致性测试指南
61375-2-2	WTB 一致性测试	现行 IEC61375-2 标准中 WTB 规范部分
61375-2-3	UIC 通信规范	UIC556 中通信规范部分
61375-2-4	UC 应用规范	UIC556 中应用规范部分
61375-2-5	基于以太网的列车网络	基于 IEEE 802.3 以太网和 TCP/IP 的 ISO OST1-4 层

续表

序号	标题	主要内容
61375-3	车辆网络	—
61375-3-1	MVB	1. 概述;2. 物理层;3. 数据链路层
61375-3-2	MVB 一致性测试	现行 IEC61375-2 标准中 MVB 规范部分
61375-3-3	CANopen	引用的相关标准、与 WTB 的连接模型和适应性陈述
61375-3-4	T-Ethernet (基于以太网的车辆总线)	引用的相关标准、与 WTB 的连接模型和适应性陈述
61375-3-5	WorldFIP	引用的相关标准、与 WTB 的连接模型和适应性陈述
61375-3-6	LonWorks	引用的相关标准、与 WTB 的连接模型和适应性陈述
61375-3-7	TMN(列车信息管理网络)	1. 概述;2. 物理层;3. 数据链路层;4. 与 WTB 的连接模型和适应性陈述

列车通信网络系统的基本结构是由两条总线组成的三层结构,其拓扑结构如图 6-2 所示。两条总线是指绞线式列车总线(Wire Train Bus,WTB)和多功能车辆总线(Multifunction Vehicle Bus,MVB)。WTB 连接不同车辆(单元)中的网络节点(网关);MVB 连接同一车厢或固定车组内部多种可编程终端设备。列车总线和车辆总线是两个独立的通信子网,可采用不同的网络协议,两者之间通过一个列车总线节点(网关)相连。

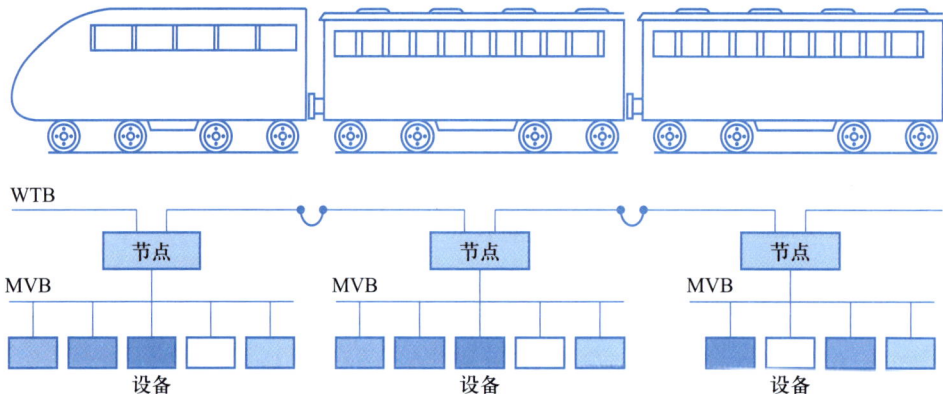

图 6-2　列车通信网络系统拓扑结构

三层结构分别是列车级控制、车辆级控制、设备级控制。列车级控制是指由列车总线所连接整列车的控制;车辆级控制是指由车辆总线所直连车厢内设备的控制,设备级控制是指在车辆总线下扩展的第 3 级总线,如连接传感器的总线或连接执行单元的控制总线,它们可作为车辆总线的设备连接到车辆总线上。

每一列车在运行中必须有且只能有一个控制总线上的节点,称为控制节点。正常情况下以激活的司机室主节点为控制节点,称为主控节点。主控节点管理列车总线的运行,必要的时候主控节点可以切换。车辆总线的运作由各车厢的节点来管理。

3. TCN 的应用和发展

（1）TCN 在轨道交通中的应用现状

目前,TCN 列车通信网络的推广形成了以德国西门子、法国庞巴迪等大公司主导,第三方广泛支持的局面。两家主导公司推出了一系列符合 TCN 国际标准的产品,诸如列车网络专用芯片以及网络实时协议软件等。此外,一些第三方企业也相继推出了 TCN 网关、MVB 板卡、WTB 网关、实时协议文件等网络产品,用户可以选择需要的网络部件来集成、开发符合自己要求的 TCN 通信网络系统。我国作为 TCN 标准的制定成员国之一,也大力支持该标准。中车集团等单位通过自主研发与技术引进相结合,具有较强的 TCN 相关产品研发能力。中国铁道科学研究院、西南交通大学、同济大学等研究单位在列车通信网络方面的研究也取得了丰硕成果。

TCN 在高速动车组、重载列车以及地铁车辆等轨道交通领域广泛应用,该领域对产品的互操作性和控制实时性要求一般很高,只有通过可靠、实时的列车网络技术才能达到要求。目前采用 TCN 方案的国家有德国、法国、英国等,包括高速列车、摆式列车、城市轨道车辆。我国列车网络技术采用的形式繁多,但 TCN 技术应用的比重很大,并且采用 TCN 标准已经成为发展趋势,如和谐号动车组 CRH1、CRH3、CRH5 和 CRH380A 以及中国标准动车组 CR400 等车型,各大城市的地铁（如上海轨道交通 1 号线、2 号线、4 号线、9 号线、11 号线,北京地铁 15 号线、房山线、昌平线、亦庄线,广州地铁 2 号线、3 号线、8 号线等）均广泛应用。

（2）TCN 未来的发展趋势

列车网络技术已经成熟,也是当代轨道车辆必然采用的核心技术之一。随着通信网络技术的应用范围不断扩大,用户对网络的开放性、性价比、开发和应用的多样性及灵活性等方面都提出了更高的要求。TCN 自身的实时、可靠、安全、开放的优点,能很好地满足列车通信需求,使得 TCN 得到越来越广泛的应用。在 TCN 标准采纳以后,世界范围内很多研究单位积极地设计了相应的电路、仿真软件和验证工具,极大地推进了 TCN 技术的发展。但是 TCN 技术中的核心部分仍由若干家大公司所垄断,技术门槛较高也限制了它更大范围的应用。此外,TCN 并没有完全满足列车在所有场合的控制需要,尤其在城市轨道交通技术与日俱新的今天,它需要不断地更新和发展。正是由于 TCN 自身也存在一些不足,所以不可能完全取代其他形式的控制网络,完全满足铁路用户的所有应用需求。因此,在将来列车网络技术必然是多种网络技术的融合。列车控制网络技术的发展趋势可能会是以 TCN 为主,在轨道车辆的高速动车组、地铁车辆等高端市场应用;其他各种形式的总线形式作为列车网络的重要补充,在各种适用的场合找到应用的空间。这些通用网络技术在今后一段时间内将和原有 TCN 共同发展,取长补短并相互融合,形成有机的整体。

另外,随着列车通信要求的不断提高,TCN 自身方面的改进是必要的。如在可靠性方面,目前对列车通信网络的可靠性进行量化的评估在国内外还是鲜见的,对于可靠性要求高的列车网络,全面引入可靠性工程的分析、评价、设计及验证的方法是必要的。在安全性方面,近些年提出了功能安全通信的理念,并在 2007 年推出了 IEC 617843 国际标准,随后很多种用于工业控制的总线标准也应用该标准,对自身的协议加以完善,添加了功能安全通信层来保证通信网络的功能完整性等级。那么,列车通信网络对安全性如此强调的总线形式,是否要执行功能安全标准,是非常值得考虑的问题。随着列车服务质量水平和乘客需求的不断提高,列车信息化服务的要求也越来越高,TCN 在这些方面仍然需要不断改进提升。

1.2 多功能车辆总线

多功能车辆总线(MVB)是 TCN 的重要组成部分,是一种主要用于对有互操作性和互换性要求的互连设备之间的串行数据通信总线。

1. MVB 报文

MVB 报文是 MVB 总线通信时站点间一次性发送的数据块,由一个主帧及其相应的从帧形成一个报文,MVB 报文帧结构如图 6-3 所示。主帧仅由总线主设备(简称总线主,总线管理器之一)发送,从帧由从设备响应主帧发送。

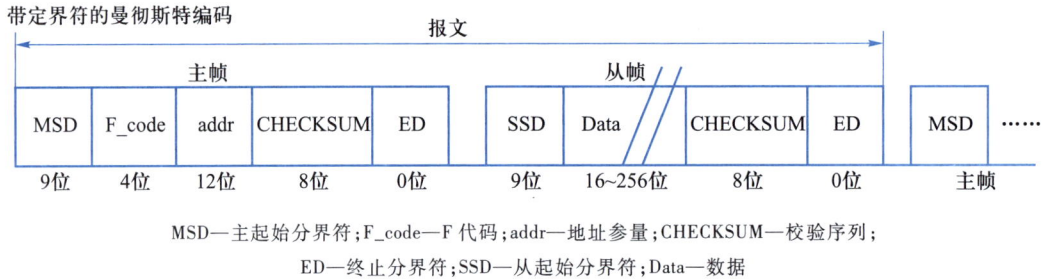

MSD—主起始分界符;F_code—F 代码;addr—地址参量;CHECKSUM—校验序列;
ED—终止分界符;SSD—从起始分界符;Data—数据

图 6-3   MVB 报文帧结构

主帧的长度固定为 33 位,包括 9 位主起始分界符、4 位 F 代码、12 位的地址或参量和 8 位校验序列。

如图 6-4 所示,起始分界符一般包括 3 个变形的曼彻斯特代码(两跳变间有 1.5 位元长),以便将它们与数据位序列区分开,主帧起始分界符和从帧起始分界符是不同的,以防止同步滑移。F 代码指明所期望的从帧类型和长度。校验序列有 8 位,使用高完整性 IEC 60870-5-1 算法。另外,曼彻斯特编码也提供了附加的完整性,因为只有一个位元的两半都反相才会得到一个出错的位。主帧终止分界符标志着主帧的结束,不占用位元长度,用一定的延时表示。在光纤或 RS485 传送中,终止分界符简单地把线路置为闲置状态至少一位时间,以使线路返回空闲状态。主帧发送时,所有从设备都对主帧译码,随后被寻址的从设备回应一个从帧,该从帧同时也被其他的从设备所接收。

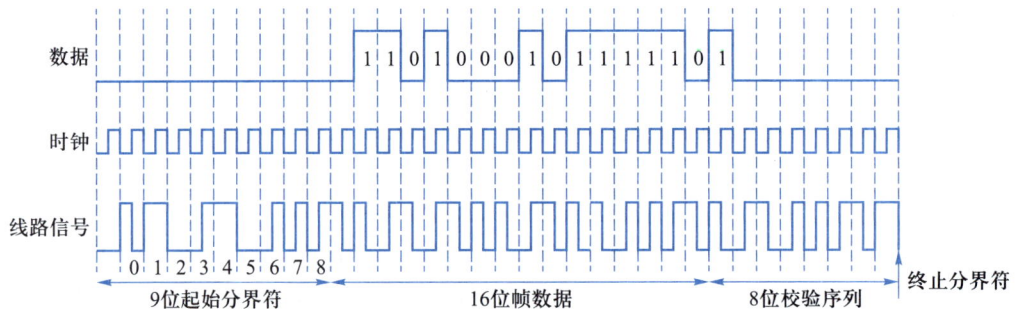

图 6-4   帧分界符、曼彻斯特代码的数据和校验序列

从帧有 5 种可能的长度:33 位、49 位、81 位、145 位或 273 位,包括 9 位从起始分界符、5 种长度的数据(分别为 16 位、32 位、64 位、128 位或 256 位)和 8 位校验序列。

MVB 的数据编码采用曼彻斯特编码,它把数据和时钟组合成一个信号。如图 6-4 所示,"1"用位元中间负跳变传送,"0"用位元中间正跳变传送,同时位元之间的每一次跳变也表示一次时钟定时,在 64 位以上的数据校验序列中,每 64 位序列后有一个 8 位校验序列。

MVB 有 3 类报文,分别是过程数据报文、消息数据报文和监视数据报文,由主帧中的 4 位 F 代码来区分。

MVB 的过程数据是对含有 F 代码为 0~4 及逻辑地址的主帧的响应,MVB 过程数据报文结构如图 6-5 所示,过程数据帧由一个设备发送,所有其他设备接收。

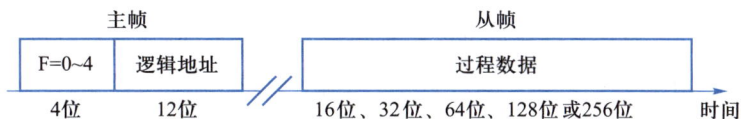

图 6-5　MVB 过程数据报文结构

消息数据是对 F 代码等于 12 并含有一个设备地址的主帧的响应,报文长度固定为 256 位。消息数据包含有 12 位的目标地址,所有设备都对目标地址译码,但仅是被选择的目标设备才接收该帧,如图 6-6 所示。

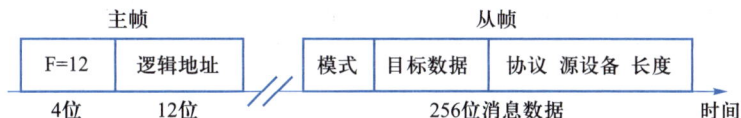

图 6-6　MVB 消息数据报文

监视数据是对 F 代码为 8、9、13、14 和 15 的主帧的响应,其长度为 16 位,报文帧结构如图 6-7 所示。其中,F 代码=15 为读设备状态,总线主可以轮询检查各设备的状态。

图 6-7　MVB 监视数据报文帧结构

2. MVB 介质和介质访问

MVB 物理层提供三种不同的传输介质,传输速率均为 1.5Mb/s。

① 电气短距离介质(ESD),应用于 20 m 范围以内,这种介质基于采用 RS485 用于传送的差动收发器,每段最多可支持 32 个设备。适用于封闭小室内,因为在发送器和接收器之间无须电气隔离。

② 电气中距离介质(EMD),在 200 m 范围内应用,多在闭式列车组中使用,MVB 可以穿越几节车厢,使用电气中距离介质,无须中继器。该介质每段最多支持 32 个设备,采用屏蔽双绞线和变压器作为电气隔离,允许使用标准的 IEC1158-2 变压器和收发器。这种介质也常用来连接运行中经常连挂和解连的车辆。

③ 光纤介质(OGF),2 000 m 范围以内均可采用光纤介质,其具有抗高电磁噪声性能,主要应用在机车或动力车上。

MVB 介质访问控制采用主从方式,由唯一的主控制器以定时轮询的方式发送主控帧。总线上其他设备均为从属设备,需要根据收到的主控帧来回送从属帧。MVB 由专用主设备(总线管理器)进行管理,总线管理器是唯一的主设。为增加可用性,可能有多个总线管理器,它们以令牌方式传递主设备控制权。在一个给定的时间点上,仅有一个管理器在总线上工作。对于多个偶发性响应,主设备减少发送设备数量,直到其不发生冲突为止。

根据通信网上所传输数据的性质和实时性的要求,MVB 传送三种类型的数据:过程数据、消息数据和监视数据。过程数据是那些短而紧迫、传输时间确定、有界、呈周期性的数据,如列车运行的控制命令和运行状态信息;消息数据是那些非紧迫,但冗长且非周期的信息,如诊断信息、显示信息和服务功能信息,而且消息数据可以根据需要分帧传送;监视数据是网络自身管理、维护和初始化时在通信网中传输的数据。这些数据只有在网络重构或初始化时才传递,且传递时与其他两种数据不发生冲突。因此在列车运行时通信网络上传送的只有过程数据和消息数据,这两种数据用周期传送和非周期传送来区分。周期性和偶发性数据通信共享同一总线,但在各设备中被分别处理。周期性和偶发性数据发送由充当主节点的一个设备控制,这就保证了确定性的介质访问。为此,主节点在基本周期中交替产生周期相和偶发相,其周期格式如图 6-8 所示。

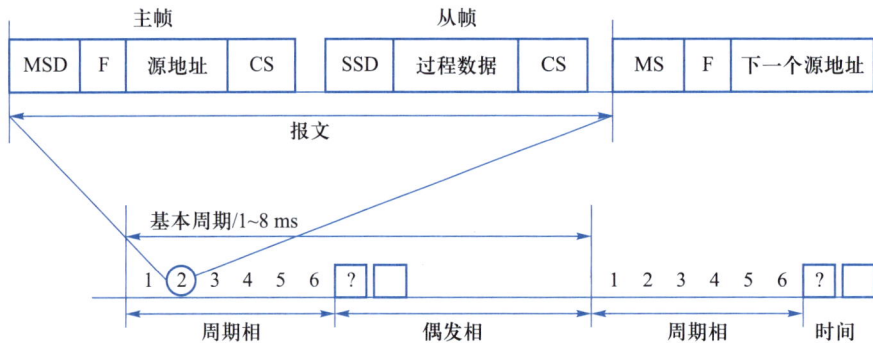

图 6-8　数据传输的周期格式

3. MVB 容错技术

MVB 采用介质冗余和总线管理器冗余,从而提高系统的可靠性。

① 介质冗余。总线控制器能在两对线上发送,但只从一对线上接收,载波检测逻辑持续监视另一对线,检查是否正常。电气和光纤介质可以全部备份,也可以部分备份。

② 总线管理器冗余。由于单一总线主可成为单点故障,总线主权需在几个总线管理器间转移,某一个时刻只有一个总线主。为提高可用性,总线主权可由两个或更多的总线管理器共享,它们依次执行总线主权。

在故障的情况下,总线主权从一个总线管理器转移到另一个总线管理器只需要几毫秒。为实现冗余,每过几秒总线主权就按令牌帧转移,所有总线管理器构成逻辑环,令牌传递机制保证在某个时刻只能有一个总线管理器成为总线主。

1.3　绞线式列车总线

绞线式列车总线(WTB)是为互联车辆而设计的串行数据总线,主要用来连接同一列车中不同车辆(或单元),实现整个列车的数据传输。

1. WTB 网络拓扑及报文

（1）WTB 网络拓扑结构

WTB 采用总线拓扑，可最多互联 32 个节点，长度最长可达 860 m，更长的距离和更多的节点（最多 62 个）也可以实现。WTB 总线由不同车厢携带的电缆段形成，WTB 网络拓扑结构图如图 6-9 所示。

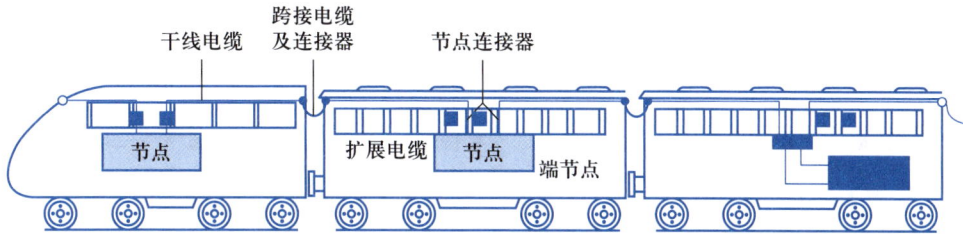

图 6-9 WTB 网络拓扑结构图

组成 WTB 总线的电缆段可以分为：沿车辆走的干线电缆（连贯的车辆只有一根干线电缆）；连接不同车辆干线电缆的跨接电缆；为到达各节点而对干线电缆进行延伸的扩展电缆。

每节车厢中与 WTB 相连接的为节点（网关），节点可以直接或是通过扩展电缆连到主干电缆上，因为电缆没有抽头，所以它没有残段（无端接电缆节），因而扩展电缆的长度不受信号反射的限制。位于总线中间的节点称中间节点，连接两个与它连接的总线节，有被断开的端接器；位于总线两端的节点称为端节点，端点需用与它连接的端接器来终止两个总线节以减少反射。

（2）WTB 报文

WTB 报文由一个主帧和一个响应发送的从帧组成，WTB 报文帧结构如图 6-10 所示。传输时总线主设备发出一个主帧，主帧以广播方式传输到几个从设备中，从设备被选定后响应一个从帧来与主帧匹配。

WTB 帧的数据传输采用曼彻斯特信号的反相定义，即用位元中间的正跳变表示"1"；位元中间的负跳变表示"0"。所有的帧编码相同，遵守 HDLC（ISO/IEC309）标准。WTB 的报文类型和 MVB 类似，此处不再赘述。

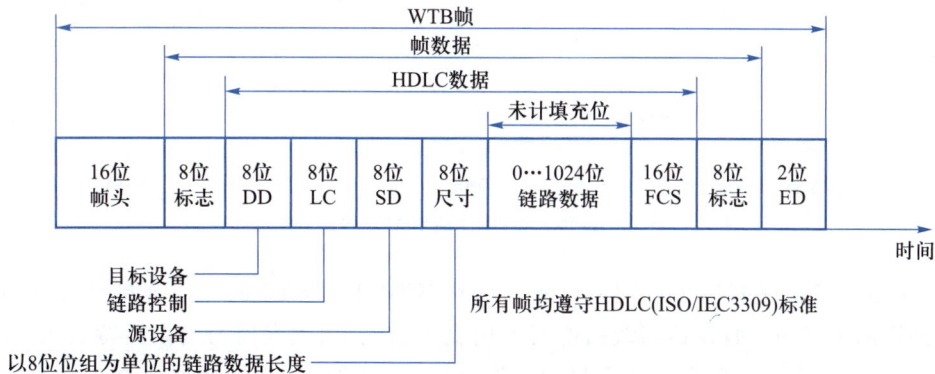

图 6-10 WTB 报文帧结构

2. WTB 介质和连接装置

WTB 介质连接各车辆，具有较高的机械稳定性，一般为具有屏蔽作用的双绞线。介质传输速率为 1 Mb/s,长度为 860 m。因每一车辆中可有一个以上的节点,所以最多可支持设置 32 个网络节点。

由于车辆的编组可根据实际需要进行重新组编,连接电缆满足在车辆的端部断开。设置的电缆接头有和全自动车钩一体的自动电缆接头,也有可手动插拔的电缆接头。

开式电缆段(两端只连接一段,另一端悬挂备用)和并行电缆(两端部连接好)都会引起电气上的不连续,所以 WTB 电缆不能分裂连到两个并行的连接器上。因此两个跨接电缆应连接不同的 WTB 总线,形成冗余布线,其布置图如图 6-11 所示。

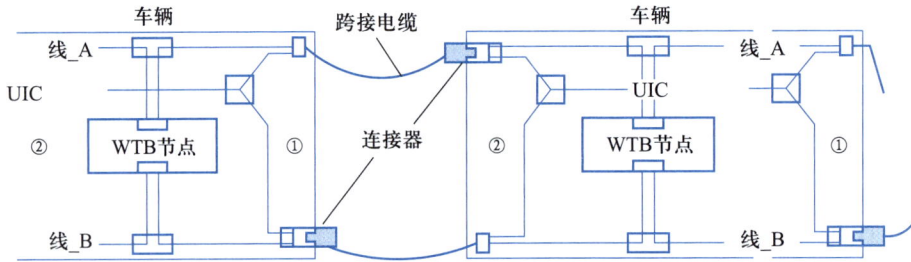

图 6-11 WTB 电缆冗余布置图

主干电缆的横截面积要求是 0.75 mm^2,跨接电缆的横截面积要求是 1.34 mm^2,扩展电缆的横截面积一般不超过 0.56 mm^2。跨接电缆节都是由两个导体、绞线式的、可屏蔽的、带保护套的电缆段组成的,两根导线每米至少应绞 12 次。

为了保障 WTB 总线信号传输的可靠性和不同应用场合的需求,WTB 总线屏蔽采用了两种不同的方法:接地屏蔽和浮动屏蔽。接地屏蔽是指屏蔽层直接接地,需要注意的是,每个节点的屏蔽层都要直接连接到该节点的地,如图 6-12 所示。浮动屏蔽是指屏蔽层通过一个 RC 回路连接到地,如图 6-13 所示,在应用这种方式的时候,参数一般选择 $R_S = 47.0(1\pm5\%)\,k\Omega$、并联电容 $C_S = 100(1\pm10\%)\,nF/750\,V$。

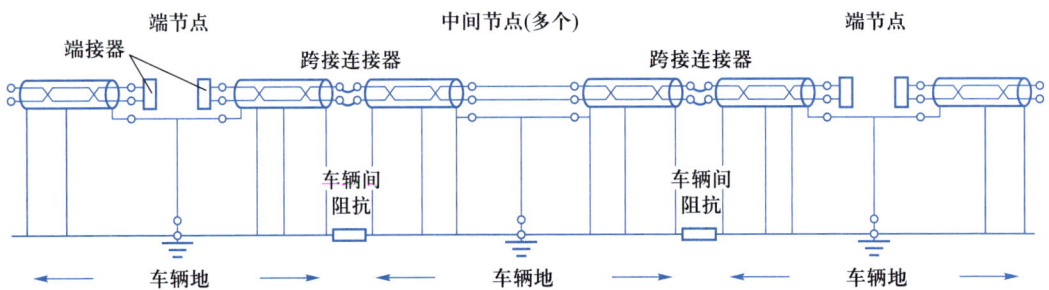

图 6-12 WTB 接地屏蔽示意图

WTB 的介质连接装置用于将网关设备连接到 WTB 上。WTB 的介质连接装置有两个收发器,用于前后两个方向。收发器与线路电气上用变压器隔离,收发器与曼彻斯特编码/译码器相连。每个收发器连在一个能发送和接收的通道上(或是主通道,或是辅助通道),两个通道可以相同。

如图 6-14 所示,表示 WTB 的介质连接装置。当总线开关打开时它不连总线节点,端接开关闭合时插入端接器,方向开关将主通道连到一个方向,并将辅助通道连到另一个方向。在列车中

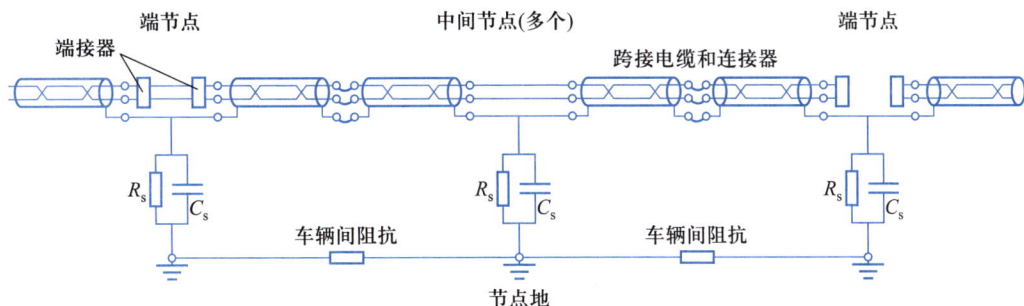

图 6-13　WTB 浮动屏蔽示意图

间的中间节点连接总线节点,端接器解连,它只使用主通道,而断开辅助通道。为克服车辆之间连接器触点的氧化或晶须,可选用加电清除电路,在总线上叠加直流电流对连接器触点进行电清除。

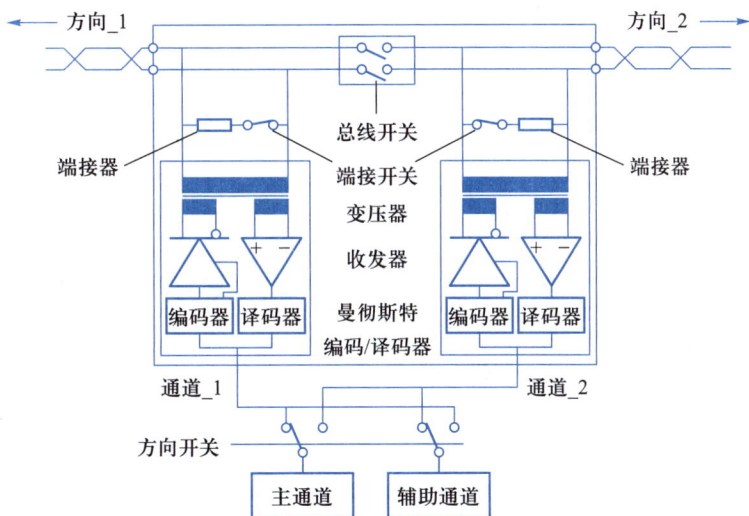

图 6-14　WTB 的介质连接装置

3. WTB 初运行和容错

当列车组成改变时,特别是每次车辆连挂或解连时,主设备要重新组态总线,这个过程称为初运行。在初运行过程中,节点和电缆段从电气上连接起来,形成一条两端都有终端连接器的单总线,新组进来的设备会被主设备重新命名编号。

与 MVB 总线一样,WTB 为了提高系统的可靠性,采用介质备份和总线主冗余。

① 如图 6-15 所示表示介质备份的 WTB 介质连接装置。WTB 支持介质备份方案,即电缆备份,但节点不冗余。节点总是在两路总线上发送,每个节点只从一路总线上接收,但监视另一路总线检测它是否在持续工作。

② 如图 6-16 所示表示总线主冗余示意图。多总线主冗余结构可保证在一个单一设备故障时不会妨碍其他设备工作。待机总线主方案允许在初运行后指定一个新的总线主,但是每个节点都监视端节点的存在来监视总线活动。如果没有活动,则认为总线主已丢失或线路被中断,经过一定延时后,待机节点成为总线主并开始对其他节点命名,总线在短时间内恢复到工作状态。

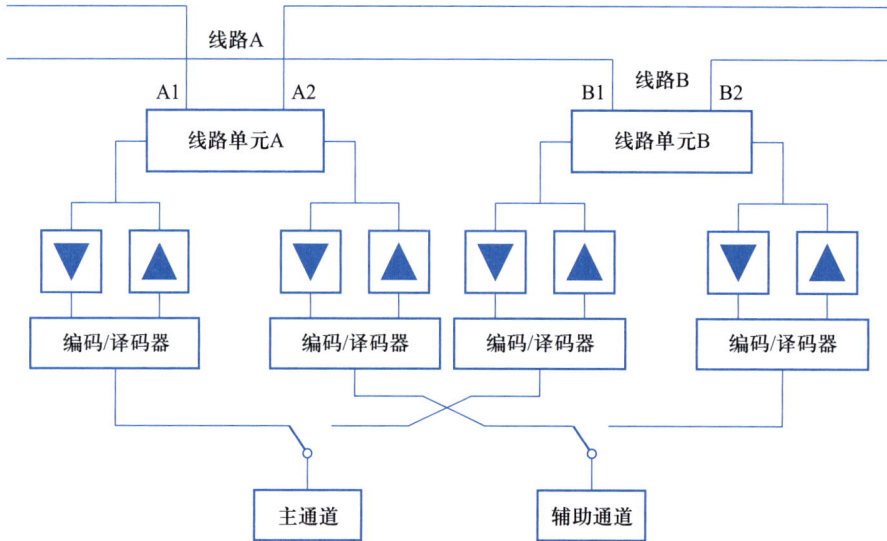

图 6-15　介质备份的 WTB 介质连接装置

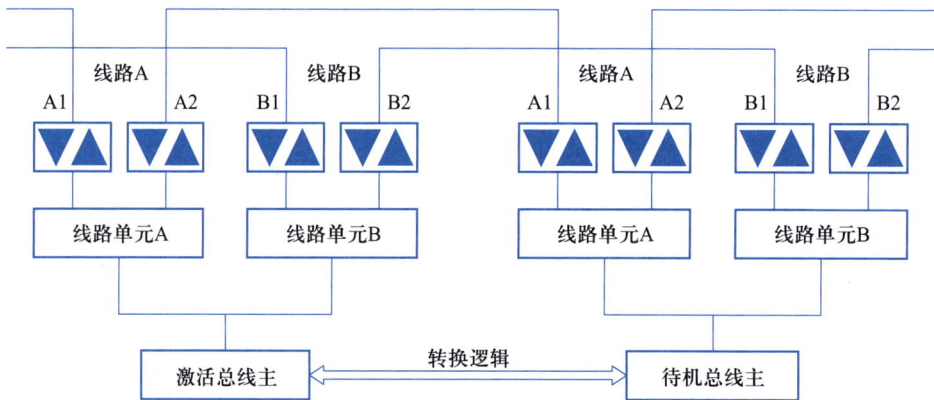

图 6-16　总线主冗余示意图

任务实施

1. 分组查阅资料并讨论 WTB 和 MVB 的主要特性及区别。
2. 分组查阅资料并讨论 WTB 和 MVB 在轨道交通车辆中的应用情况。

任务拓展

新技术引入——以太网技术在城市轨道交通中的应用

随着城市轨道交通列车信息化程度的提升, 城市轨道交通车辆使用的 WTB、MVB 或控制器局域网络(CAN)等技术已无法满足丰富的车辆状态信息传输需求。以太网技术具有应用广泛、数据传输率高、容易与信息网络集成、成本和费用低廉、可持续发展潜力大、支持多种物理介质和拓扑结构,以及软硬件资源丰富等优点。

列车以太网设备分布于列车的各个组成部分,列车网络拓扑按网络设备的所处层级来划分,可分为两级:列车级骨干网和车辆级局域网。列车级骨干网联结着不同编组或不同车辆,实现跨编组或跨车通信;车辆级局域网负责连接车辆内部终端。采用基于以太网的下一代列车网络控制系统的拓扑结构如图 6-17 所示。

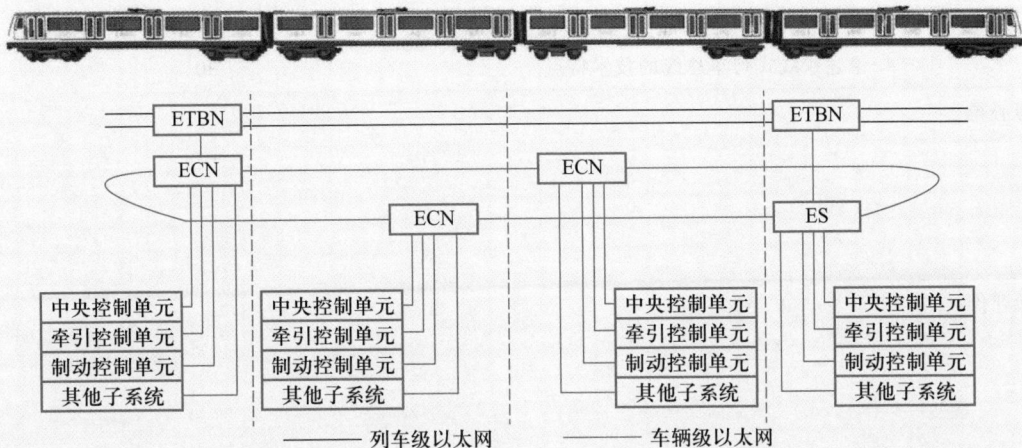

图 6-17　基于以太网的下一代列车网络控制系统的拓扑结构

下一代城市轨道交通列车网络控制系统设备主要包括:列车级以太网骨干节点(ETBN)、车辆级子网交换机 ECN、MVB 以太网网关、TRDP 网卡和以太网中继器。下一代系统的产品体系。列车级骨干网节点 ETBN 模块负责承担车辆级自动拓扑发现、自动组网、实现跨编组网络之间的互联协议(IP)转换、列车设备信息数据库存储及列车设备域名系统(DNS)服务等功能;车辆级交换机 ECN 模块负责承担网络终端的接入以及网络控制功能,通过与 ETBN 模块连接共同构成城轨列车网络。MVB—以太网网关可实现 MVB 与以太网间数据的双向转发,使目前广泛应用的MVB 网络设备能够使用以太网进行数据传输。以太网中继器可以连接两个局域网的电缆,重新再生电缆上的数字信号并发送出去,属于纯物理层的功能;TRDP 网卡为使用 TRDP 协议的终端网卡,可安装于中央控制单元(CCU)等设备。

列车级以太网骨干网节点(ETBN)连接着不同编组,采用双线冗余结构和 AETBN 冗余备份的方式工作,加强可靠运行的能力,并基于 IEC61375-2-5 协议中的列车拓扑发现协议(TTDP)规范,实现自动跨编组配置,以列车网络地址转换(R-NAT)保证跨编组同子网IP 节点之间,不会出现全网 IP 冲突问题;车辆级以太网交换机节点(ECN)负责与终端相连,构成车辆内部的环网,终端间使用 IEC61375-2-3 协议中规定的列车实时数据传输(TRDP)协议。

任务评价

项目名称	城市轨道交通车辆网络系统控制		学生姓名	
任务名称	列车通信网络系统认知		分值配比	考核得分
评价要点	1. 简要说出 TCN 的应用		15	
	2. 画出列车通信系统的系统架构		25	
	3.论述多功能车辆总线的技术特点		30	
	4. 论述绞线式列车总线的技术特点		30	

学习心得

教师评价

教师签名：

任务 2　列车控制和管理系统认知

任务导入

　　列车控制和管理系统(Train Control and Management System, TCMS),是列车的"大脑和神经",负责处理和分配列车运行中各种内外数据的系统,提供对所有列车车载子系统的各种功能控制和信息交换。TCMS 允许控制和监视任何子系统和功能,如车门系统、制动系统、PIS/PA 系统和视频监视系统等。如图 6-18 所示为列车控制和管理系统拓扑结构示意图。

　　通过本任务的学习,需要达到的目标如下:① 了解列车控制和管理系统的架构;② 了解列车控制和管理系统的设备;③ 掌握列车控制和管理系统的功能特点;④ 了解 HMI 界面及功能;⑤ 掌握列车监测诊断及显示功能。

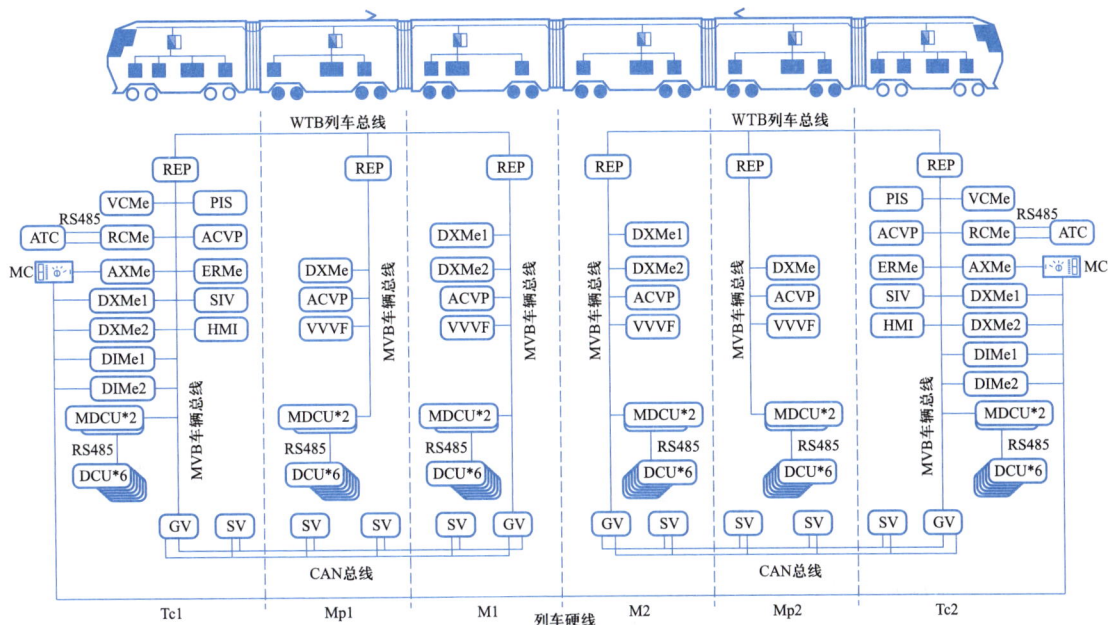

VCMe—车辆控制模块；ATC—信号系统；PIS—旅客信息系统；GV—网关阀；SIV—辅助供电系统；ACVP—空调系统；
ERMe—事件记录模块；VVVF—牵引系统；MC—司机控制器；SV—智能阀；DIMe—数字量输入模块；
DXMe—数字量输入输出模块；MDCU—主门控单元；DCU—门控单元；REP—中继器模块；HMI—显示单元；
RCMe—RS485通信模块；AXMe—模拟量输入输出模块

图 6-18　列车控制和管理系统拓扑结构示意图

微课

城市轨道交
通列车 TCMS
系统功能

知识准备

2.1　TCMS 系统组成认知

1. 系统概述

列车控制与管理系统显示单元(DDU)主要用于在列车的运行过程中显示车辆状态信息、故障信息和操作提示,同时完成行车数据记录。司机通过观察显示单元显示的状态及故障信息,进行必要的安全操作,完成城轨、动车组、机车车辆的运行控制。另外,司机通过显示单元也可以对车辆进行参数设置及功能测试。列车控制与监视系统显示单元是保证列车正常运营的重要因素,对保证行车安全有着重要意义。

整个列车网络监控系统包括车载硬件、操作系统、控制软件、诊断软件、监视软件和维护工具等。列车控制和管理系统,为所有子系统设备留有标准的通信接口,并具有成熟可靠的接口通信规范,使得所有车辆子系统都能可靠接入。

如图 6-18 所示为现阶段使用最广泛的列车控制与管理系统拓扑图,其由 TCMS 总线和多功能车辆总线组成,每节车厢的车辆总线采用一条总线连接车厢内的各个设备。在 6 辆编组的列车中,中央控制单元(CCU)位于 Tc 车,两个都是通信总线主设备,运行中互为热备份。

TCMS 与车辆各设备间采用硬线连接或网络通信;其中多数电气控制设备与 TCMS 间采用硬线连接,连接接口为 DIM、DOM、AIM 等,具有总线通信接口的设备,如牵引控制单元(TCU)、制动控制单元(BCU)、旅客控制系统(PIS)、采暖通风和空调控制单元(HVAC)、信号控制系统(ATC)、门控制单元(DCU)等与 TCMS 之间直接通过网络相连;其他具有 RS485、CAN 等总线的设备通过转接模块连接到系统。

2. 系统组成设备

(1)中央控制单元

TCMS 的 CCU 用于管理网络系统,具有车辆运行控制、监视以及 MVB 总线通信调度功能。因此,每辆带司机室的拖车(Tc)的司机室电气柜中都有 1 台 CCU。在正常运行情况下,其中 1 台 CCU 为主控制设备,另 1 台为备用设备,备用设备实时监视主控制设备状态;当主控制设备出现故障时,备用设备将代替主控制设备行使中央控制单元的功能,以保障整个地铁车辆网络的正常工作;2 台设备切换时间小于 2 s,不影响系统正常工作,不影响地铁车辆的正常运营。

(2)司机室人机界面(HMI)

每辆 Tc 车司机操作台上均安装 HMI,通过总线获取车辆设备信息,实时显示车辆参数,以及车辆故障信息,可供维护人员监视及操作的人机接口。人机接口还可作为部分车辆参数的输入接口,可以设置时间、车次、轮径等参数。

(3)车辆数据及事件记录器(ERM)

ERM 是地铁车辆信息采集和记录的关键设备,位于司机室电气柜中,以滚动存储的方式、先进先出(FIFO)的原则保存数据。在正常情况下,2 台 ERM 同时工作,互为备份,记录主 CCU 收发的重要数据,以及 MVB 总线上的故障信息。

(4)远程输入输出模块(RIOM)

RIOM 安装在每辆车的电气控制柜内。远程输入输出模块完成地铁车辆各种数字量信号采集、数字量开关信号输出、模拟量信号采集等工作。其中,模拟量 PWM、电压、电流采集范围可以根据外部负载的变化进行配置,满足车辆整体设计要求。RIOM 的数量可进行灵活配置,在满足车辆整体原理设计需求的基础上,预留了部分设计余量,充分满足后续功能扩展的需求。

(5)中继器(RPT)

中继器是满足 IEC61375 标准的设备,是冗余管理的 MVB — EMD 中继设备,为地铁车辆网络监控系统的可靠性提供了保障。中继器可以通过接收到的数据帧识别数据传输方向,将数据帧从一个网段中继传输到另一个网段。RPT 的主要功能有 MVB 信号再生及放大传输;侦测网络上的信号冲突并进行相应的处理。

2.2 TCMS 功能及特点

1. 系统与列车子系统联系

(1)牵引系统控制功能

TCMS 具有牵引控制功能。在牵引系统中,CCU 通过列车总线和车辆总线向牵引控制单元(TCU)传输指令信息,同时 TCU 通过 TCN 将牵引系统的状态信息、故障信息传递给 CCU,从而实现列车控制及监控系统对整车牵引系统的控制。TCMS 实现的主要功能如下:

① 牵引切断和重置功能,切断牵引和电制动;

② 驾驶模式管理功能,和 ATC 共同定义列车的几种运行模式;

③ 驾驶方向选择功能,牵引制动命令产生功能;

④ 高速断路器(HSCB)管理功能;

⑤ 故障和测试管理功能；

⑥ 时间同步管理，TCMS 广播参考时间，其他设备依次执行时间同步功能；

⑦ 诊断功能，定义在显示单元上显示的状态和默认值；

⑧ 牵引变流器的控制和管理；

⑨ 车辆速度计算，速度校准；

⑩ 牵引的状态和故障记录。

（2）制动系统控制功能

TCMS 具有制动控制功能。在制动系统中，TCMS 通过向制动控制单元的网关阀（Gateway Valve）传输指令信息，实现对整车制动系统的控制。其中，网关阀具有独立的网络接口，每节车有控制本地执行机构 EP2002 阀、执行主网关阀发送的指令。EP2002 阀之间有其内部专用的独立制动网络。TCMS 实现的主要功能如下：

① 紧急制动监测；

② 停放制动的缓解；

③ 制动力参考值和制动力测试；

④ BCU 设备的时间同步管理；

⑤ 诊断功能，定义在显示单元上显示的状态和默认值；

⑥ 实际制动力的监视和自检。

（3）广播系统控制功能

TCMS 具有对列车广播系统（PA）控制的功能。Tc 车各有一个 PA 控制器，一个为主机，一个为从机。Tc 车的 PA 控制器通过通信连接到 TCMS 上。TCMS 实现的主要功能如下：

① 监测主 PA 系统；

② 预报站，设置起始站和终点站；

③ 乘客紧急手柄监测；

④ 乘客紧急报警呼叫监测；

⑤ PA 设备时钟同步；

⑥ 诊断功能，定义在显示单元上显示的状态和默认值。

（4）自动控制系统控制功能

TCMS 具有对信号控制（ATC）系统的监控功能。Tc 车各有一个 ATC 系统的控制器，一个为主 ATC 控制器，一个为从 ATC 控制器。ATC 系统控制器通过车辆总线将故障信息和状态信息传递给中央控制单元和人机接口单元。TCMS 实现的主要功能如下：

① 运行模式管理；

② 时间同步管理；

③ 站点信息管理；

④ 诊断功能，定义在显示单元上显示的状态和默认值。

（5）烟火报警系统控制功能

TCMS 具有对烟火报警系统（FAS）控制的功能。Tc 车各有一个 FAS 控制器，一个为主机，一个为从机。烟火报警系统主机、从机以及探测器之间均通过内部总线的方式组成火灾报警控制系统的内网。火灾报警系统主机和从机采用通信总线与通信。当接收到来自烟火报警控制器的防火区域火灾信号后，火警灯亮，报火警音，显示单元同时显示火警的报警部位。TCMS 实现的主要功能如下：

① 火灾报警警告；

② 判断火灾报警系统主机；

③ 监视火灾探测器状态；

④ 蜂鸣器消音。

（6）门控系统控制功能

TCMS 具有对车门控制系统的监控功能。各车均有两个具备网络接口且能与 TCMS 进行通信的门控器（EDCU），其中一个为主门控器，另一个作为从门控器，当主门控器与 TCMS 通信失败时，从门控器将接管主门控器的功能。与此同时，门控系统的状态信息通过门控器传送给列车TCMS，用于显示以及故障记录功能。

（7）空调系统控制功能

TCMS 具有对空调系统的控制功能。各车配有一个空调控制器，同时控制两台空调机组，空调控制器通过通信接口连接到 TCMS 总线上。

2. 系统的特点

TCMS 用于自动化列车运行和子系统诊断，能增加可靠性并加快反应时间，使列车更高效，更节约成本。其主要特点如下：

（1）高效的集成

TCMS 的核心架构采用 TCN 标准，允许在全列车范围内的信息交换。通过一个或一些通用网络将所有的列车子系统连接在一起，实现集中化的控制。实际应用中，TCN 由列车计算机组成，通常被称为网关，彼此相连，同时连接各个列车子系统。网关支持多接口技术，包括 WTB、MVB、CAN、串行链路和以太网，以及输入/输出接口模块（模拟输入、高速模拟输入、数字输入/输出、数字继电输出、模拟输出、Pt-100 温度传感器输入），还有可用的远程输入/输出模块（RIOM）。

（2）列车自动化

TCMS 可用于自动化列车子系统。在大多数现代列车上，车载子系统会产生大量的数据，这些数据对于安全性（速度、制动、故障等）和运行目的（系统状态、能耗、视频记录等）十分重要。TCMS 可以收集并分析这些数据，还能发送逻辑命令和警告。这些信息可以在子系统之间自动交换，也可以实时地传送给列车司机、列车长、远程人员甚至乘客。

TCMS 是一台多用途列车计算机，可用于诊断、自动化列车的初运行、PIS/PA 系统管理、乘务员 HMI 管理、制动和牵引监测、SIL 和安全应用、车队管理、HVAC 管理、车门管理、照明管理、CCTV 系统管理、水箱液位监测、电池充电监测、车—地通信管理等多种应用。这些应用可以通过同一台列车计算机执行，也可以实现物理上分立的列车计算机。此计算机用于网关功能，称为车辆控制单元（VCU），是一种紧凑且低成本的解决方案。

（3）更多的控制权

TCMS 是建立在开源软件平台（Linux）上的强大且高灵活性的系统。该系统可以自由开发用户需要的应用程序，也可以集成第三方硬件和软件到平台，用户具有更多的控制权。

在硬件方面，TCMS 是模块化的，即可以开发定制系统用来完美满足不同用户的需要。通过简单选择所需的接口，以较低的成本来确保系统满足用户的所有需求，当需求提高时，可以通过增加模块方便地进行系统升级。

（4）质量和可靠性

出众的质量和高可靠性,确保了最小化的维护需求和最大化的列车可用性,从而降低了生产和维护成本,使其可以广泛地应用于高速列车、城际列车、有轨电车、轻轨和地铁列车。

2.3　HMI 界面及功能

HMI 界面分别面对司机和维护人员进行设置,故障项目、故障代码和故障等级将显示在司机室 HMI 的显示屏上,并发出报警提醒司机注意。HMI 界面如图 6-19 所示,HMI 界面按钮功能释义如表 6-3 所示。列车故障和事件信息存储到事件记录仪 ERMe 中,同时通过通信系统的无线通道向运行控制中心(OCC)的主控系统传送,实现车地无线通信功能。

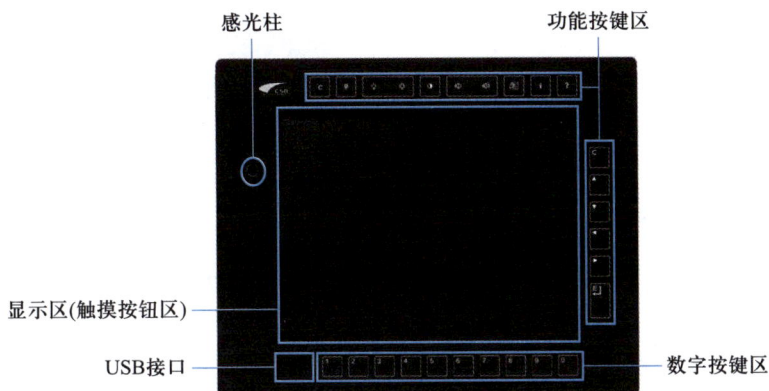

图 6-19　HMI 界面

表 6-3　HMI 界面按钮功能释义

图标	释义	图标	释义
	显示器最高温度		音量调节
	关闭背光灯		事件查询
	背光调节		信息查询
	昼夜切换		帮助

续表

图标	释义	图标	释义
C	取消	▶	右
▲	上	▣	确认
▼	下	▥	0~9 数字键
◀	左	✳	感光

如图 6-20 所示为 HMI 导航界面。该人机交互界面中分为 A、B、C、D 四个区,分别是基本信息区、列车运行显示区、故障和模式显示区和界面切换区。

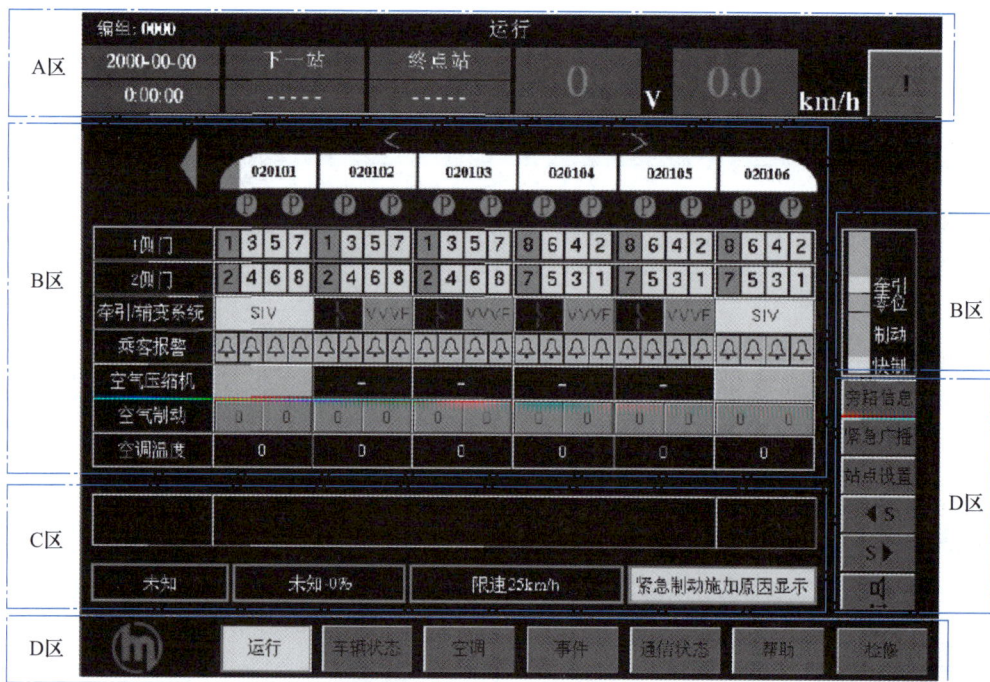

图 6-20　HMI 导航界面

基本信息区包括编组信息、当前日期、当前时间、下一站、终点站、实时网压值和当前车辆运行速度等信息。

列车运行显示区包括列车编组、列车号、列车运行方向、牵引/辅助状态、受电弓状态、制动相关状态、级位显示区、乘客报警系统、门和空调等信息。例如,在运行主界面按下"站点设置"进入站点设置界面,然后在站点菜单中对始发站、下一站和终点站均设置完成后,点击设定按钮完成站点设置。

故障和模式显示区第一行显示故障等级、故障内容和故障代码,故障和模式显示区第二行显示列车运行模式、级位、限速值和紧急制动施加状态显示。

界面切换区中,HMI 硬件上电后默认进入司机操作界面——"运行界面",通过按压界面切换区的软按钮进入相应的各功能模块区域,包括"运行""车辆状态""空调""事件""通信状态""帮助""检修"导航窗口。例如,点击模式切换区的软按钮"车辆状态"进入车辆状态界面,显示此时车辆基本信息。

2.4　TCMS 故障诊断显示

1. 系统故障等级

所有子系统通过 MVB 总线或者以太网(针对不具备 MVB 接口的子系统)将评估分级的故障传送至列车 CCU。CCU 收集子系统分级故障进行整车故障评估,评估后的故障(1、2、3级故障)将在 HMI 界面进行显示。关键的子系统状态和故障将通过 ATC 上传至 OCC,一方面所有车载 HMI 的故障消息通过数据采集与监视控制系统(FSCADA)上传至 OCC;另一方面,子系统通过以太网将详细故障存储在诊断存储单元(NAS)。车载诊断功能实现框图如图 6-21 所示。

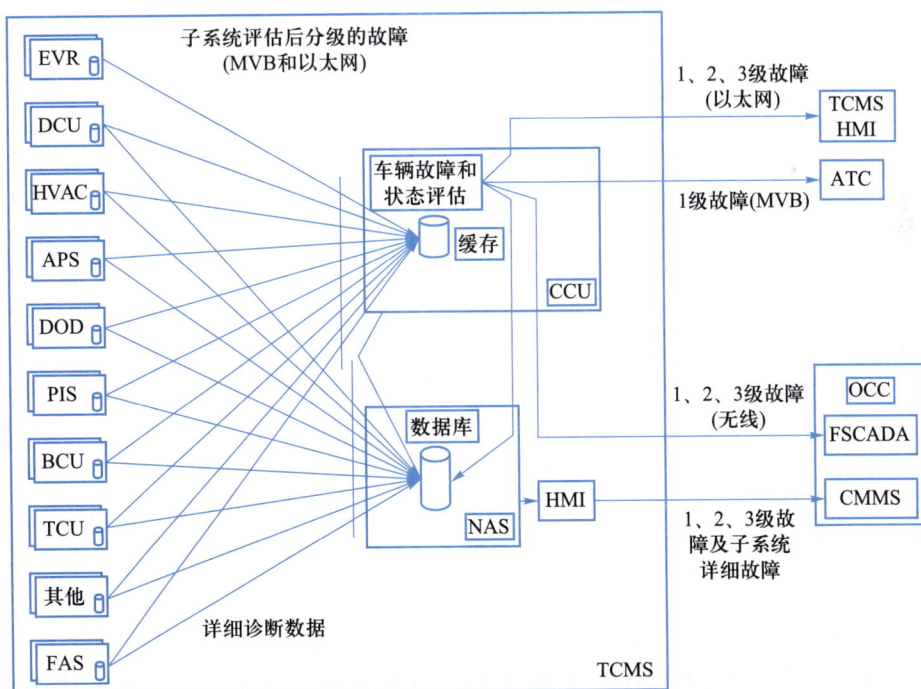

图 6-21　车载诊断功能实现框图

一个故障发生时,诊断系统输出故障内容及故障的等级到显示器上,并对所有故障都有声光信息显示给驾驶员。故障等级分为子部件故障等级和列车故障等级。故障等级是根据故障对系统功能或列车运行安全的影响程度来定义的,列车故障等级可作为驾驶员处理故障列车的指导。

（1）子部件的故障等级

① 3 级故障,即轻微故障,是指不影响子系统功能的故障,不影响列车运营,只降低列车的舒适性。

② 2 级故障,即中等故障,是指限制子系统功能的故障,需要列车在运行至终点后回库检修。

③ 1 级故障,即严重故障,是指严重影响子系统功能的故障或子系统故障,会降低列车的操作性能,影响乘客乘坐安全,发生严重故障必须尽快停止运营。

并非所有的子系统都有三个故障等级,它取决于各个系统的故障类型。如 DCU、EBCU 有三个故障等级,即轻微故障(包括速度传感器等检测设备的故障)、中等故障(包括牵引参考值和负载信号丢失等故障)及严重故障(严重影响逆变器或气制动单元的故障,如短路或过电流等);DCU 或 EBCU 会自动封锁并定时自动检测,如故障原因消除,系统功能可自动恢复。例如,DC/AC 模块、DC/DC 模块只有严重故障和中等故障两个故障等级,中等故障是逆变器/转换器温度过高的故障;严重故障是部件故障,逆变器/转换器自动封锁。子系统故障在列车 HMI 显示屏可以查看到,相应的故障用红点标出,并对应各自的车辆编号。

（2）列车级的故障等级

① 3 级列车故障,即发生的故障不影响列车功能,列车可继续运行直到服务结束,回库后检修。

② 2 级列车故障,即发生的故障限制列车功能的发挥,列车将在下一次到达车辆段时退出服务,列车最多可运行一个来回。

③ 1 级列车故障,即发生的故障严重影响列车的功能,列车必须在下站退出运营。

部件故障到列车故障等级的评估升级由显示系统软件实现,评估升级的规则是以子部件故障的等级和发生的故障数量及其在列车中所占的比例来综合考虑的。另外,在存储器里还有当前故障的处理信息,可以为地面检修人员提供相应的故障信息,作为车辆维护保养的参考。

2. 故障诊断和 HMI 显示

微课

地铁火灾自动报警系统的原理和构成

故障诊断系统可对以下各系统进行诊断:牵引控制单元(TCU)、气制动电子控制单元(EBCU)、空调控制单元、辅助系统(包括 DC/AC 逆变器和 DC/DC 转换器)、车门、空气压缩机、诊断系统本身和直流 110 V 控制电路。其中故障诊断系统从 TCU 得到的信号除故障信号外,还有空转信号和一些模拟量的实际值,如网压、牵引力和速度。直流 110 V 控制电路的信号主要有牵引方向、牵引/制动命令、运行模式、高速断路器状态、受电弓状态、主风缸压力状态和半自动车钩的连接等,这些信号主要作为环境参数出现。

"事件"是所有诊断机制的触发源,一个事件可以是如下类型:子系统故障的发生、子系统故障的消失、重要信息的出现、重要信息的消失。当一个触发源出现时,列车信息中央故障存储单元(CFSU)通过总线获取、分类检测并处理环境参数及时间标准,然后给出相应的代码传输到列车总线主控端的显示器中进行故障列表显示并存储。

司机操纵台上的显示器是故障诊断系统的 HMI 界面。它以图形或文字信息的方式将列车的运行状态和故障信息提供给司机,故障显示时还伴有报警声。显示页面可分成两个等级:一个是驾驶模式;另一个是检修模式,用密码加以限制。驾驶模式下的屏幕显示内容主要是列车当前的状态和当前的故障信息。如图 6-22 所示为 HMI 运行状态页,在 ATO 模式下运行时,显示屏内容锁定在这个屏幕下,每个界面有固定的按键用来对其进行更改,还有用于控制报站或输入相关参数的按键。运行界面中包含下一站、终点站、网压、实时速度、驾驶模式、门释放信号图标、空压机状态、空调温度等信息。这些信息由列车信息系统提供信号,显示屏通过调用数据库中采集的信息进行显示。检修模式下的显示内容主要是列车发生的故障或信息的记录,包括故障名称、故障等级、发生和消失的时间等相关参数。在如图 6-23 所示的故障信息页中,故障信息可以调出。

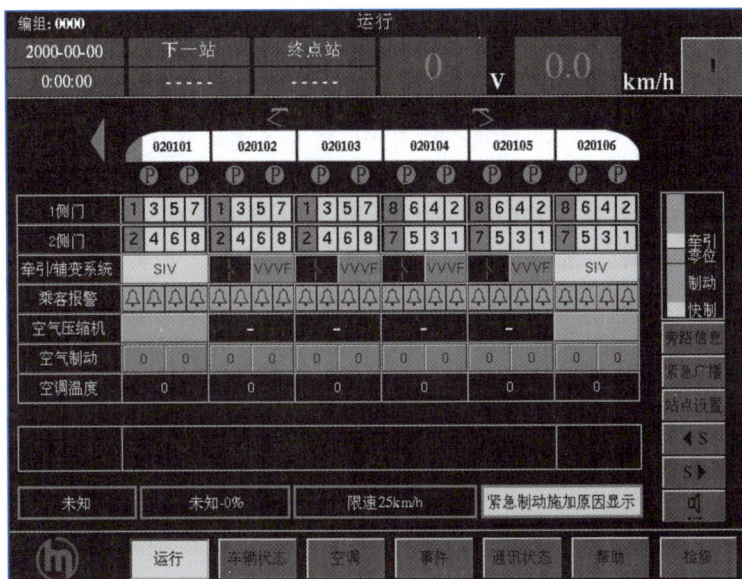

图 6-22　HMI 运行状态页

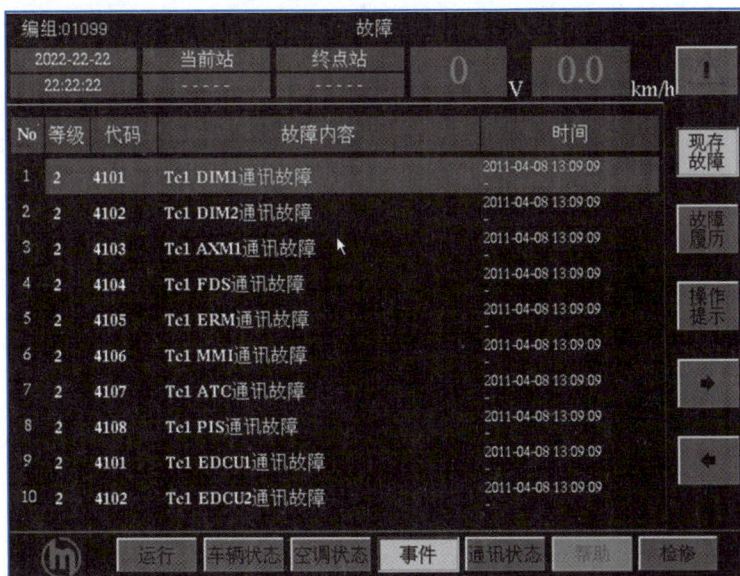

图 6-23　HMI 的故障信息页

🧑‍🏫 任务实施

1. 小组讨论列车控制与管理系统的各个设备,请说出各个设备在整个系统中所承担的作用。
2. 头脑风暴:列车控制和管理系统是如何将列车各个车载系统联系起来的?

🧑‍🏫 任务拓展

案例分析——TCMS 故障实例

(1) VCMe 故障

故障描述:人机接口单元报"无通信"故障,BE 黄灯常亮。故障处理工器具和物料:螺钉旋具刀、内六角螺钉扳手、VCMe 模块。处理方法:① 确认所有 DXMe、AMMe、ERMe、VCMe、HMI 模块的 MB 插头及 ACU 箱通信插头、BCU 箱通信插头、TCU 箱的通信插头锁紧;② 确认 REP 的 MB 终端连接器锁紧;③ 确认所有 MVB 连接器锁紧;④ 重启列车控制和诊断系统;⑤ 如果故障依旧,请更换 VCMe。

(2) HMI 通信故障

故障描述:人机接口单元报"无通信"故障。故障处理工器具和物料:螺钉旋具刀、内六角螺钉扳手、HMI 模块。处理方法:① 确认 VCM 得电且指示灯显示通信正常;② 确认 HI 的 MVB 通信插头锁紧;③ 更换 HMI 单元。

🧑‍🏫 任务评价

项目名称	城市轨道交通车辆网络系统控制		学生姓名	
任务名称	列车控制和管理系统认知		分值配比	考核得分
评价要点	1. 画出 TCMS 拓扑结构图		15	
	2. 说出 TCMS 包含哪些设备		15	
	3. 论述 TCMS 功能		30	
	4. 论述 TCMS 特点		20	
	5. 认知 HMI 界面信息		20	

学习心得

教师评价

教师签名：

任务 3　列车乘客信息系统认知

任务导入

乘客信息系统(Passenger Information System,PIS)是为乘客提供各类信息的服务系统。现代城市轨道交通系统的运营管理越来越注重对乘客服务质量的提高,而乘客信息系统就是依托多媒体网络技术,以计算机技术为核心,以车载播报和显示终端为媒介向乘客提供信息服务的系统。如图 6-24 所示为乘客信息系统组成,包括车载广播、车载电视、紧急通话、视频监控、数据通信等部分。

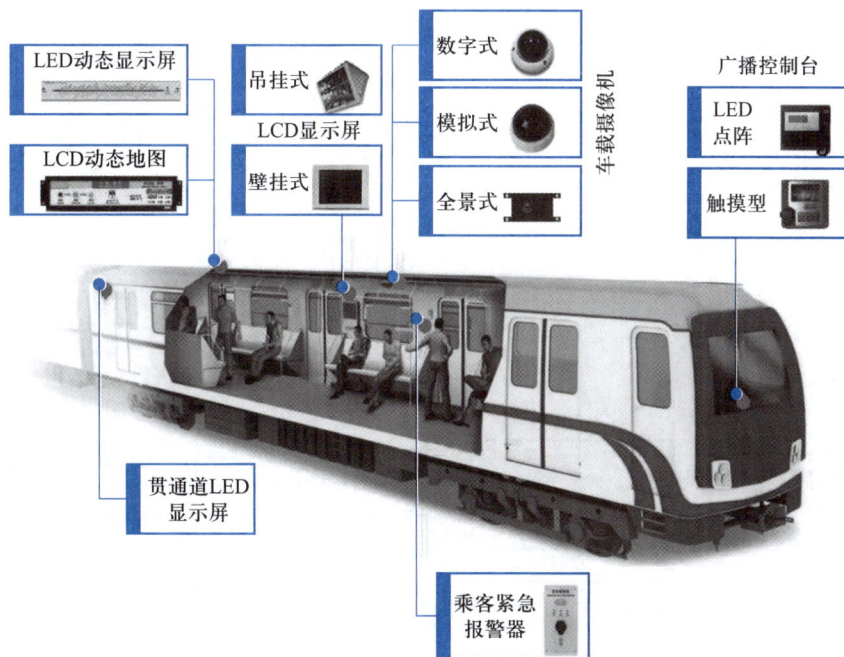

图 6-24　乘客信息系统组成

通过本任务的学习,需要达到的目标如下：① 了解乘客信息系统的组成;② 理解乘客信息系统的功能;③ 掌握乘客信息系统的操作方法。

🔷 知识准备

3.1 PIS 设备组成

城轨列车乘客信息系统(PIS)由列车广播(PA)系统、媒体播放系统和车载视频监控系统三部分组成。乘客信息系统组成如图 6-25 所示。

1. 列车广播系统

列车广播系统的主要设备有司机室广播主机、客室广播分机、广播控制盒、鹅颈话筒、乘客紧急报警装置、扬声器、噪声检测器、动态地图显示单元、贯通道 LED 显示屏等。列车广播系统通过贯穿所有司机室和各个客室的广播音频线、对讲音频线和 CAN 通信线来完成广播音频信号以及对讲音频信号的传输,并在相应的 LED 显示终端显示相应的乘客信息。如图 6-26 所示为列车广播系统设备拓扑结构图。

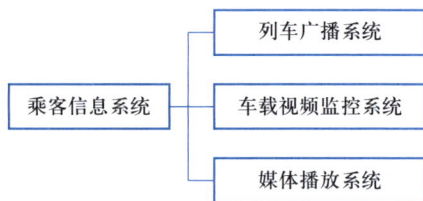

图 6-25　乘客信息系统组成

🔷 微课
城市轨道交通列车乘客信息系统

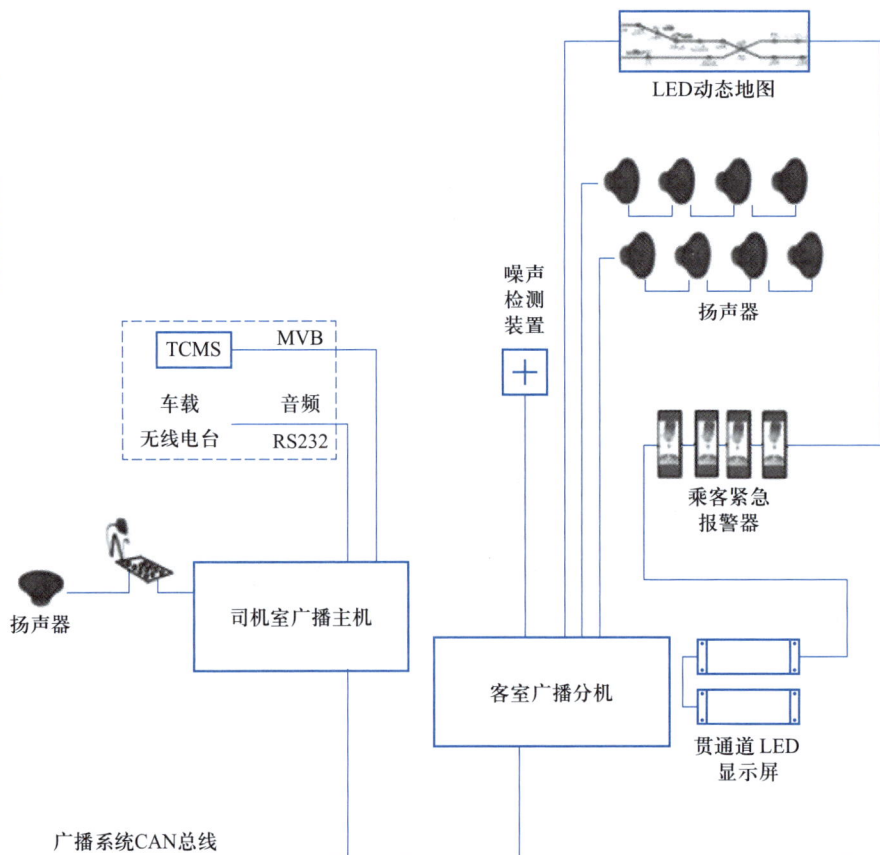

图 6-26　列车广播系统设备拓扑结构图

（1）司机室广播主机和客室广播分机

如图 6-27 所示为司机室广播主机。它是广播系统的核心设备,主要由工业级车载电源（PSU）、接口模块（I/O）、中央控制模块（PISC）、广播音频处理模块（CAPU）及 MVB 通信接口模块构成。其完成广播系统的通信控制、音频处理及车辆的接口;完成系统内部故障的检测及系统的自诊断功能。在客室内部还有客室广播分机（与司机室广播主机结构类似）,一般安装在每节车二位端客室左侧电气柜,广播分机主要是将 110 V 的直流电转换为各单元所需的直流 24 V 和直流 5 V 供电电源,对本节车厢内的设备进行管理与通信,对广播的音频信号进行放大,驱动扬声器发出声音。

图 6-27 司机室广播主机

（2）鹅颈话筒与广播控制盒

在有蓄电池供电的情况下,列车广播系统提供驾驶室间通话功能,列车的两端驾驶室可以通话,驾驶室内部的通信为全双工通信,而且通话是专用通道,不会被客室听到。当一方想要建立通话时,按下司机室操纵面板上的按钮,该按钮的指示灯闪烁,被呼叫驾驶室对讲按钮指示灯也闪烁,当对方确认接通后,指示灯处于常亮状态,线路接通进入对讲状态。对讲结束后,再次按下对讲按钮,指示灯熄灭,通话结束。鹅颈话筒是司机与司机通话、司机对乘客广播、司机与乘客紧急通话的输入接口,如图 6-28(a) 所示。

广播控制盒如图 6-28(b) 所示,用于司机对广播系统的手动控制,包括预报站、到站广播控制、紧急广播控制等。面板上配有按键用来司机与司机通话、司机与乘客紧急报警通话、司机对乘客进行口播等。

(a) 鹅颈话筒   (b) 广播控制盒

图 6-28 鹅颈话筒与广播控制盒

（3）扬声器和噪声检测器

每个司机室安装有 2 个扬声器，每节客室安装有 8 个扬声器（Tc 车 7 个），分别在各个车门旁的座位上方，两路扬声器成对称分布，每 4 个扬声器组成一个链路，当一路扬声器出现故障时，另一路扬声器仍然可以继续工作，从而保障了客室广播的正常进行，且客室内的每个角落都能听到广播的内容，扬声器如图 6-29（a）所示。

噪声检测器如图 6-29（b）所示，由噪声采集器、放大器、电压电流转换器构成，通过实时采集客室内噪声并且回传到客室噪声控制系统中，噪声控制系统处理后会对广播输出音量进行自动调节。

(a) 扬声器　　　　　　　　(b) 噪声检测器

图 6-29　扬声器和噪声检测器

（4）乘客紧急报警装置

乘客紧急报警装置（PECU）如图 6-30 所示，安装于客室内部，用于车厢内出现紧急情况时乘客向司机室紧急报告。可进行乘客与司机之间的全双工通话，同时向列车监控系统提供报警。当有多个报警发生时会自动处于排队状态，一个通话结束另一个通话会自动接入；当乘客报警 2 min 后仍无应答，本次报警自动结束。

（5）LED 动态地图信息显示屏

采用双色 LED 设计，可以显示 3 种颜色表示不同的信息，每只灯都可以作为一个站点。显示方式：红色表示已经经过的车站，绿色表示尚未到达的车站，橙色闪烁表示此时经停的车站，出站后下一站的绿色闪烁表示即将到达的车站，其余站点灯以流水灯状态显示列车行进方向。LED 动态地图信息显示屏如图 6-31 所示。

图 6-30　乘客紧急报警装置

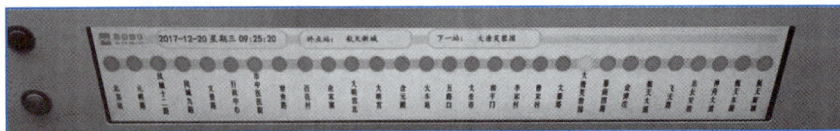

图 6-31　LED 动态地图信息显示屏

（6）贯通道显示屏

客室两端的贯通道 LED 显示屏如图 6-32 所示，上部可显示到站信息或者警示提示，信息多可采用滚动显示,能中英文显示到站站名、预报下一站站名及相关的运营服务信息。

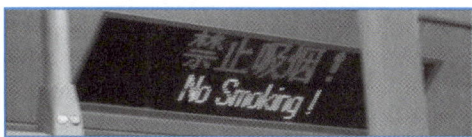

图 6-32　贯通道 LED 显示屏

2. 车载视频监控系统

车载视频监控(CCTV)系统是集实时图像、声音、控制、报警于一体,通过网络平台将各车厢现场画面进行统一管理、统一运用的综合监控系统平台,车载视频监控系统画面如图 6-33 所示。

图 6-33　车载视频监控系统画面

车载视频监控系统的主要设备包括媒体服务器、媒体网关、LCD 触摸屏、摄像机。

(1) 媒体服务器

媒体服务器能够接收媒体网关数字信号并通过监控程序进行软解码,进行图像实时显示,视频录像的存储,提供触摸屏 DC12V 电源。车载 CCTV 系统的媒体服务器如图 6-34 所示。

(2) 媒体网关

媒体网关是车载 CCTV 系统中完成视频数据采集、紧急图像记录和网络传输的设备,也是 LCD 媒体播放系统中视音频解码及 VGA 信号分屏输出的设备。该设备基于嵌入式系统设计,由直流 110 V 电源转换模块、网络交换机模块、视频编码模块、压缩处理模块、VGA 信号解码模块和 VGA 分屏输出模块组成,具有很强的处理能力和较好的可扩展性。媒体网关如图 6-35 所示。

图 6-34　媒体服务器

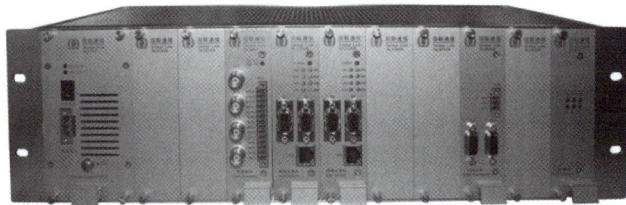

图 6-35　媒体网关

（3）LCD 触摸屏

LCD 触摸屏如图 6-36 所示。LCD 面板内置电阻式触控面板，用于 CCTV 实时监控，以视频画面的方式及时有效地反馈列车各车厢内部情况，可用于实现视频回放、下载、单画面/四画面切换等功能操作。

图 6-36　LCD 触摸屏

（4）摄像机

在列车每单元 Mp 车车顶安装 1 个受电弓监视摄像机，用于实时记录受电弓的工作状态。头、尾车司机室各安装 1 台红外彩色半球摄像机，每个客室安装 2 个防爆半球形超低照度高分辨率彩色摄像机，客室摄像机焦距一般为 8 mm 镜头，驾驶室摄像机焦距一般为 2.5 mm 镜头，司机室摄像机视角一般为110°,客室摄像机视角一般为40°。安装在不同位置的摄像机如图6-37所示。

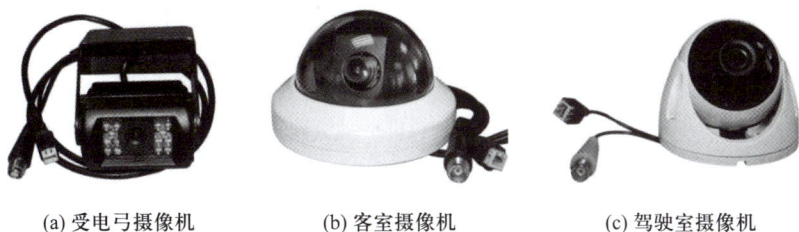

(a) 受电弓摄像机　　　　(b) 客室摄像机　　　　(c) 驾驶室摄像机

图6-37　摄像机

3. 媒体播放系统

媒体播放系统可实时播放新闻、广告等多媒体信息,包括视频、文字、图形等,并与广播系统通信,播放线路运营信息,地铁媒体播放系统如图6-38所示。媒体播放系统的主要设备包括媒体服务器、司机室交换机、分屏器、媒体网关和LCD显示屏。

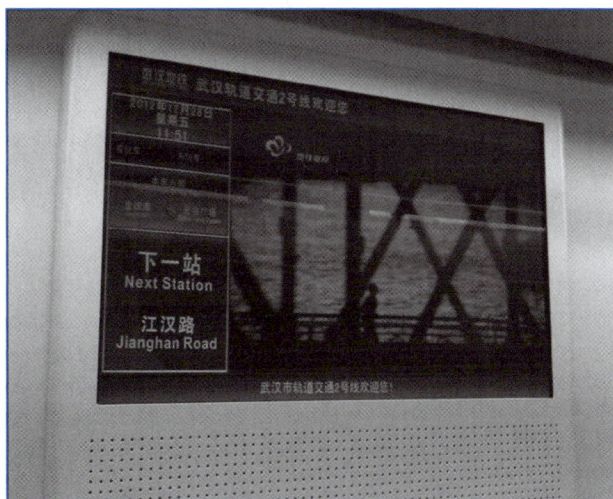

图6-38　地铁媒体播放系统

(1) 媒体服务器

媒体服务器可对多媒体信息进行存储、播放本地存储的视频节目,可通过从外部接口接收、更新相关多媒体信息。媒体广播系统的媒体服务器与车载视频监控系统的媒体服务器类似,如图6-34所示。

(2) 司机室交换机

在地铁信号系统中,采用具有高性能、高可靠性的工业级交换机来组建骨干网。在列车级与车厢级之间选用屏蔽双绞线作为传输介质连接100 Mb/s的以太网接口。这种方式可以提高整个系统的灵活性和便利性。司机室交换机如图6-39所示。

(3) 分屏器

分屏器可以在编解码处理之后发送到3~4个LCD显示器,分屏器内部集成电源模块及视频分配模块,能够实现音/视频信号的再现和持续传输,分屏器到LCD显示屏采用平衡信号传输,音/视频信号采用一根非屏蔽双绞线即可连接。分屏器如图6-40所示。

图 6-39　司机室交换机

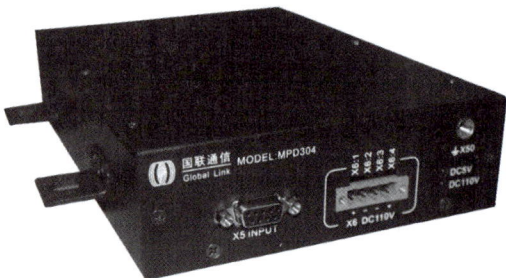

图 6-40　分屏器

（4）媒体网关和 LCD 显示屏

媒体网关将流媒体信号进行解码处理,然后发送到两侧的分屏器。

LCD 显示屏由单片机控制单元和显示单元两部分组成。车内 LCD 显示屏可按列车运营要求设置列车运行方向,并实时显示当前的站点,同时还能显示目前的车内温度,最大显示字符数为 8 个 16×16 的点阵字符。

3.2　PIS 系统功能

列车 PIS 能够完成列车广播、司机室和客室视频监控、车载设备状态监控、视频处理、媒体播放等功能。

1. 列车广播

（1）司机室对讲

在有蓄电池供电的情况下,列车广播系统提供司机室间的通话功能,列车的两端司机室可以通话,司机室内部的通信为全双工通信,而且通话是专用通道,不会被客室听到。当一方想要建立通话时,按下司机室操纵面板上的按钮,该按钮的指示灯闪烁,被呼叫司机室对讲按钮指示灯也闪烁,当对方确认接通后,指示灯处于常亮状态,线路接通进入对讲状态。对讲结束后,再次按下对讲按钮,指示灯熄灭,通话结束。鹅颈话筒是司机与司机通话、司机对乘客广播、司机与乘客紧急通话的输入接口。

（2）司机对乘客广播

在激活端,司机按下广播按钮,可通过鹅颈话筒对乘客广播,广播的声音可被客室及其他的驾驶室听到,而司机室本身则静音。广播过程中,广播提示灯处于常亮状态;广播结束时,再按广播控制按钮,广播提示灯熄灭。系统中预留了列车重新编组时的通信控制接口、列车音频总线接口及对讲音频总线接口。

（3）乘客与司机紧急通信

在每节客室安装 4 套乘客紧急报警（PECU）及对讲装置,用于车厢内出现紧急情况时乘客向司机报警,乘客与司机之间可进行全双工双向通话。当乘客报警时,在 CCTV 监控屏有报警点指

微课
地铁驾驶员与乘客的紧急对讲

示,广播控制盒有报警声提示。当多个 PECU 同时被触发时,系统对各个车厢的报警信号具有储存功能,一个车厢的报警被接通时,其他车厢的报警处于排队状态,当前一个车厢的报警挂断后,后面的报警会自动接入。

被乘客触发的 PECU,其所在的车厢编号会自动显示在司机室的 CCTV 系统触摸屏监视器上。监视器还能显示所有通话请求队列,司机可以选择任意一个对话请求。当乘客报警 2 min 后仍无应答,本次报警自动结束,同时 PECU 复位。

当乘客触发 PECU 报警与司机对讲时,广播系统会自动把当时乘客与司机的通话内容以数字语音的形式进行采集,并以先进先出的方式存储在司机室广播主机的 SD 卡内,直至司机复位紧急报警按钮时记录才结束。采集的语音文件命名规则为:年—月—日—时—分—秒,文件类型为 MP3。

PECU 的紧急报警信号与车载 CCTV 系统联动,可自动触发 CCTV 系统将报警 PECU 相应客室的两个摄像机的画面同时在司机室 LCD 触摸屏显示器上显示,并在运营控制中心指定的监视器进行显示。同时,系统将记录紧急报警的对讲通话内容,与报警点视频形成单独报警录像语音文件,存储在媒体服务器。

（4）无线电广播

列车广播系统与无线电装置配置有 RS232 和音频接口。RS232 接口可以接收无线电台的控制和实时文本信号,允许 OCC 无须司机操作就可以向驾驶室或客室乘客进行广播。在正常状态下,系统的默认方式是可以根据用户需要使用系统设置软件进行调整。司机也可手动控制实现 OCC 与司机的对讲和 OCC 向客室乘客进行广播。

（5）数字自动广播

自动化报站广播中央控制器通过列车控制和管理系统(TCMS)发来的实时速度信息和控制信号,或者来自车辆牵引控制系统的速度节点信号,结合开、关门信号控制数字信息处理器进行全自动数字化语音报站。

（6）乘客信息显示

动态地图显示(LDMU),在每个客室内设置门区电子地图显示屏,用于显示列车运行线路、方向、下一站、客室车门打开侧、换乘站以及相应线路的示意图,方便乘客乘行。

客室 LED 乘客信息显示(IDU),在每个客室内的贯通道上设置 LED 信息显示屏,用于显示列车行驶的相关信息:列车运行的线路、方向及终点站;列车将要到达的下一站;到站显示(与数字广播报站同步)。

2. 视频监控和处理

（1）监视功能

司机室摄像机用于监视司机驾驶台和门旁开关门按钮等区域;客室摄像机用于监视客室治安状况,还可覆盖乘客紧急报警器、车门紧急解锁以及电气柜等区域;在触摸屏上显示的视频可以是单摄像机画面,也可以是多摄像机的画面(4 画面)。司机监视可以选择为自动循环监视模式和人工监视模式进行画面轮换。

此外,每一列车的车载视频监视系统都能通过地面 PIS 网络把车上的监视音/视频实时地传到控制中心。控制中心值班员可实时调看上传的视频监视图像,实现实时监控。

（2）录像功能

媒体服务器接收到由媒体网关传送的视频数据后,需要将视频图像数据保存至本地存储介质,媒体服务器支持 14 路编码音/视频数据的同时存储,同一列车上的 2 个媒体服务器存储整列车 14 个摄像机的录像。

（3）视频上传

列车上的监视视频能通过无线局域网（WLAN）传到控制中心，供中心值班员调用。控制中心值班员可通过综合监控工作站和大屏，利用车辆专业地面服务器平台，实时调看本线各运行列车上的视频监视图像，实现对全线运行列车各区域的监视。

（4）车载设备状态监控

系统媒体服务器定期收集系统网络中各个设备的运行状态和故障警告信息。运行状态信息包括显示屏显示画面的开始、结束时间和触发类型等信息。故障警告信息包括硬盘存储空间不足、硬盘读写故障、网络中断、摄像机视频丢失、媒体网关故障等。所有运行状态和故障警告信息被送到媒体服务器进行汇总、存储，同时故障警告信息也会在司机室触摸屏上进行报警提示。

系统具有全部完整的应用操作日志信息记录，供司机及其他管理人员查询，系统具有日志导出、备份和删除功能，能够根据预先定义的周期自行进行日志的删除、清理操作。

3. 媒体播放

（1）多媒体信息播放功能

列车运行过程中，媒体服务器通过以太网接口与数字机顶盒连接，接收实时数字电视信号，媒体服务器对数字信号处理后，输出 1 路数字 TS 流视频信号以及同步音频信号至车内以太网络。每节车厢上的分屏器从网络上接收 1 路数字信号后，解码分配输出 2 路 VGA 视频信号，以及同步音/视频信号至车厢两侧的 LCD 显示终端上显示，从而使客室内所有的 LCD 显示屏都播放相同的多媒体信息。

媒体信息播放界面支持多窗口分屏播放模式，内容包括视频、图片、文本。每个区域可独立控制，具备单独的播出列表，为用户提供播放资讯的灵活扩展。没有实时信息时，系统自动播放媒体服务器内置硬盘中预先存储的信息，播放顺序按播出单依次进行。

（2）多媒体播放控制

为保证系统的稳定可靠，列车每个司机室各安装一台媒体服务器，两台服务器互为热备份。正常时，两台服务器同时启动，互为备份，当一台媒体服务器出现故障时，另一台媒体服务器自动接替其工作。

媒体服务器支持同一传送内容的断点续传功能，保证有序的接收信息内容，不破坏内容的完整性和数据质量。LCD 播放内容中断或不超过 10 s 的画面定格等不正常现象发生时，显示终端可在无接收信号时自动全屏播放固定图像，如"济南地铁 2 号线欢迎您"等。

（3）日志记录功能

LCD 媒体播放系统对所有接收的多媒体信息及应用操作信息有完整的日志记录，包括接收状态、接收时间、未接收或者接收失败记录。日志记录保存为文本格式。

（4）磁盘容量监控功能

LCD 媒体播放系统对媒体播放主机的磁盘空间容量进行监控，当 LCD 媒体播放系统非实时媒体信息的存储空间不足 5% 时，LCD 媒体播放系统将向列车控制管理系统（TCMS）发出报警。

3.3 PIS 系统检测

1. 扬声器检测

在司机室的广播控制盒上设有一个扬声器检测按钮，当操作人员按下此按钮时，整车的扬声器都循环播放测试音。检修人员从车头走到车尾,就可以轻易地发现哪节车厢的扬声器出现了故障,也可以关闭整车的扬声器测试,即改为单车厢扬声器测试。这样,检修人员可以方便地发现出现故障的扬声器并进行维护。

2. 显示系统检测

手动检测在司机室的广播控制盒上设有一个 LED 测试按钮,当检修人员按下此按钮后,整车的动态地图显示器均进入扫屏状态,即屏幕从左向右依次移动显示红色竖杠、绿色竖杠和黄色竖杠,当竖杠扫过时,没有亮的模块即为出现故障的模块。检修人员可以对故障 LED 进行针对性的更换,自检系统每天上电时,显示系统会自动进行检测。

3. 故障检测

每个激活司机室内的广播中央控制器具有实时检测系统内各个单元状态的功能,一旦故障发生,广播中央控制器将第一时间将故障信息传递给列车控制和管理系统。

乘客信息系统具有自检功能。当列车激活时,乘客信息系统进行自检。当乘客信息系统工作时,其硬件和软件故障在任何时候都能通过列车控制和管理系统检测,乘客信息系统设有故障诊断与故障数据存储的功能,最少能记录 100 条的故障或 3 天的故障数据。故障记录包括故障发生的部件和时间、故障等级和故障处理建议;乘客信息系统提供数据下载接口,能方便地将故障数据下载到 PTU 上。

4. 系统参数设置

广播中央控制器提供一个标准、统一的串行通信接口 RS232C,可与外部便携式计算机连接。通过乘客信息系统设置软件可设置乘客信息系统子单元参数、编码路线信息和动态地图描述信息等,带故障等级的故障数据、乘客信息系统各功能模块中的控制参数和保护参数都可以进行检查和调整。

3.4　PIS 系统的发展趋势

随着城市信息化进程的推进,PIS 的建立和功能拓展已经成为提升轨道交通服务水平的重要举措。同时,由于城市轨道交通已经逐步形成网络化运营态势,多条线路融会贯通,使得交会点越来越多,势必对乘客信息发布的信息量、及时性、智能化以及网络化管理提出更高的要求。因此,在未来的乘客信息系统里,能进行大量不同类别的信息处理,显示效果清晰、明确,支持多种发布方式,支持智能化综合管理和协助应急处理将成为发展趋势。

1. 显示终端

未来的信息显示方式将越来越多,除图像、文字、声音外,还将有大量的流媒体等多种信息的显示。因此,视觉和画质良好,更经济美观的显示终端设备将被大量采用。

2. 信息形式

未来会加大动态信息的宣传和普及力度。目前,国内轨道交通乘客信息系统大都未能与城市其他公共服务平台实现有效的数据交换和共享,因此城市轨道交通乘客信息系统应加强与其他系统间的信息联动力度。PIS 应该具有智能化的特点,能够智能化地处理故障。统一标准、统一制式、统一接口也是未来 PIS 发展的必然趋势。

3. 信息平台

目前,国内外的 PIS 大多是控制单条线路或某公司所管辖的线路。由于线路之间可能会存在换乘或最佳路径的选择,为乘客提供一个良好的信息平台是轨道交通发展的必然趋势。所以,未来的 PIS 中的各子系统应能实现信息互通、资源共享。

4. 信息发布

PIS 信息发布的方式将会多元化。多元化的特点主要体现在获取方式多元化和信息发布多元化。传统的信息发布方式以广播方式为主,这种模式不能满足日益增长的乘客需求,交互式信息发布才能够适应未来的发展。交互联动的特点则主要体现在信息获取的及时性、个性化和便捷化。

任务实施

小组讨论,乘坐地铁时车上哪些设备属于 PIS 的组成部分,其各自可实现的功能是什么。

任务拓展

案例分析——客室广播分机故障实例

故障描述:列车上电后客室广播分机不工作。故障处理工器具和物料:筒扳手、四角钥匙、扭力扳手、客室广播主机各模块。处理方法:① 检查 CPU 电源输入,借助万用表测量 CPU 电源输入"+""−"极是否接错,电压幅值是否正常,确保 CPU 工作电源输入有效;② 检查 CPU 电源模块是否正常,观察其 PSU 模块电源指示灯是否变亮,更换备用 PSU 电源模块,上电观察 CPU 是否能工作,如果更换 PSU 电源模块之后 CPU 工作说明电源模块故障,更换电源模块即可使设备恢复正常使用;③ CPU 工作电源正常条件下,分别检查 I/O、ICU、AMP 等各个模块电源输入是否正常,更换有故障的模块后 CPU 即可恢复正常工作;④ 如果上述步骤均不能找到或者排除故障,则需考虑更换 CPU。

任务评价

项目名称	城市轨道交通车辆网络系统控制		学生姓名	
任务名称	列车乘客信息系统认知		分值配比	考核得分
评价要点	1. 画出乘客信息系统拓扑结构图		15	
	2. 说出乘客信息系统有哪些设备		30	
	3. 论述乘客信息系统各设备的主要功能		35	
	4. 论述乘客信息系统检测哪些内容		10	
	5. 了解乘客信息系统未来发展趋势		10	

学习心得

教师评价

教师签名：

人物事迹

勇攀技术高峰的"高铁工匠"
——新时代榜样张雪松

一列动车只有全部动力同时发动，整个列车才能跑出风一般的速度。我个人愿意做一颗螺丝钉，党哪里需要我就拧在哪里，永不生锈，永不松动。

——张雪松

张雪松是中国第一代高铁工人，1992 年从唐山机车车辆技工学院毕业进入中车唐山公司工作，先后做过机械钳工、工具钳工、车辆钳工等。积极学习数控维修、数控加工、可编程控制器（PLC）、三维制图等技术，现已成长为中车唐山机车车辆有限公司高铁列车制造现场的复合型技术专家。

2005 年 5 月，张雪松带领全班员工反复摸索铝合金车体侧墙、端墙、车顶组装调修的组焊工艺，负责研究磁浮列车和高速动车组铝合金车体生产技术，并在一个月内造出试验车体。

2008 年 9 月，时速 350 km 的高速动车组开始在中车唐山机车车辆有限公司大批量生产。一次，用于铝合金车体大部件加工的 8 把专用机夹铣刀先后损坏，从国外采购来不及，外包修理没人能承接，动车组生产面临停工局面。张雪松连续钻研两个通宵，将价值 5 万多元的刀具全部修复，车体生产恢复正常。

张雪松说："高铁给人们出行带来了全新体验，我们也需要更多有更高水平的技术工人。新时代的产业工人不能再像以前那样只是付出体力劳动，而是要勇于站在新技术的前沿，敢于向世界先进技术发起挑战。"身为高端装备制造设备的"医生"，张雪松完成技术革新 109 项，制作工装卡具 66 套，撰写工艺文件和操作指导书 72 项，改进进口工装设备技术缺陷 20 多项，创造经济效益 300 多万元。张雪松还获得过全国道德模范、全国优秀共产党员、全国劳动模范等荣誉称号，是党的十八大和十九大代表。

对张雪松而言，"工匠精神"是一种心无旁骛、锲而不舍的技术追求，也是一种精益求精、追求卓越的职业态度。弘扬"工匠精神"，就是要精心打磨每一个零部件，生产优质的产品。

—————————— 项 目 小 结 ——————————

　　列车网络控制系统是城市轨道交通车辆的"中枢神经"系统,对于城市轨道交通车辆这样一种融合多种系统于一体的大型设备,一套"高效、可靠、灵活"的控制系统至关重要。

　　TCN 是由 MVB 多功能车辆总线和 WTB 绞线式列车总线两类总线组建成的列车级、车辆级和设备级三层结构形式,TCN 自身具备实时、可靠、安全、开放的特点,能够较好地满足城轨列车的通信需求,这就使 TCN 得到了越来越广泛的应用。TCMS 负责处理和分配列车运行中的各种内外数据,用于对列车车载系统的工作控制和信息交互;TCMS 由车辆中央控制单元、人机交互界面设备、车辆数据及事件记录器、远程输入输出模块和中继器等设备组成。PIS 是为乘客提供各类信息资讯的服务系统,包括车载广播、车载视频显示、紧急通话、视频监控和数据通信部分,PIS 从功能上分为列车广播系统、媒体播放系统和车载视频监控三方面。

　　城市轨道交通技术正朝着信息化、自动化、无人化发展。目前,北京地铁燕房线和大兴机场线、上海地铁浦江线及济南地铁 R2 线都已是全自动无人驾驶线路。可以预见,未来会有越来越多的无人驾驶线路开通,对 TCN 系统也将提出更高要求。

—————————— 习 题 与 思 考 ——————————

　　一、单选题

　　1. 当列车组成改变时,特别是每次车辆连挂或解连时,总线主要重新组态总线,这个过程称之为(　　　　)。

　　A. 初运行　　　　　　　B. 再连挂　　　　　　　C. 二次编组　　　　　　D. 轮询

　　2. TCMS 的中央控制单元是(　　　　)。

　　A. CCU　　　　　　　　B. HMI　　　　　　　　C. ERM　　　　　　　　D. RIOM

　　3. PIS 是指(　　　　)。

　　A. 乘客服务系统　　　　　　　　　　　　　B. 乘客信息系统

　　C. 司机操作系统　　　　　　　　　　　　　D. 信息显示系统

　　4. 列车子系统故障一般可分为几级(　　　　)。

　　A. 2　　　　　　　　　B. 3　　　　　　　　　C. 4　　　　　　　　　D. 5

　　5. MVB 的 3 类报文取决于主帧中的(　　　　)。

　　A. F 代码　　　　　　 B. 起始分界符　　　　 C. 地址或参量　　　　 D. 校验序列

　　二、多选题

　　1. 列车通信网络的三层结构包括(　　　　)。

　　A. 列车级控制　　　　 B. 车辆级控制　　　　 C. 设备级控制　　　　 D. 总线级控制

　　2. 列车控制和管理系统包括(　　　　)。

　　A. OCC　　　　　　　　B. HMI　　　　　　　　C. ERM　　　　　　　　D. RIOM

　　3. 地铁 PIS 的架构包括(　　　　)。

　　A. 列车广播系统　　　　　　　　　　　　　B. 车载视频监控系统

　　C. 媒体播放系统　　　　　　　　　　　　　D. 远程控制系统

4. TCN 架构中的两条总线是(　　　)。

A. 绞线式列车总线　　　　　　　　B. 多设备总线

C. 多功能车厢总线　　　　　　　　D. 控制器总线

5. 列车广播系统的广播方式有(　　　)。

A. 司机室对讲　　　　　　　　　　B. 驾驶员与乘客对讲

C. 乘客与驾驶员紧急通信　　　　　D. 数字自动广播

三、判断题(对的在括号中打"√",错的打"×")

1. TCMS 允许控制和监视任何子系统和功能。(　　　)

2. 列车控制和管理系统传输介质多为冗余介质,确保系统可靠性。(　　　)

3. 列车控制和管理系统(TCMS)是负责处理和分配列车运行中各种内外数据的系统,其提供一种对所有列车子系统的多点控制方式。(　　　)

4. 在 6 辆编组的列车中,列车中央控制单元(CCU)位于 Tc 车,且只有一个通信总线主设备。(　　　)

5. 乘客信息系统的中心子系统通过有线网络子系统与各车站相连,中心子系统至列车的信息传输采用无线方式。(　　　)

四、简答题

1. 简述 TCN 的架构。

2. 简述 TCMS 在列车安全运行中的作用。

参考文献

［1］杨鲁会,卢桂云.城市轨道交通车辆制动系统［M］.北京:中国铁道出版社,2012.

［2］应云飞,秦娟兰.城市轨道交通车辆制动系统［M］.陕西:西南交通大学出版社,2016.

［3］刘柱军.城市轨道交通车辆制动系统.第2版［M］.北京:人民交通出版社,2017.

［4］陶艳.列车网络控制技术原理与应用［M］.北京:中国电力出版社,2010.

［5］姜娜.WTB底层协议的研究与实现［D］.北京:北京交通大学,2007.

［6］石永帅.WTB与以太网网关的研究及其初运行模块的实现［D］.江西:华东交通大学,2013.

［7］王永翔.TCN底层协议建模与实现［D］.北京:北京交通大学,2009.

［8］李忠喜.CRH5A型动车组TCMS系统控制逻辑与故障导向安全的研究［D］.北京:中国铁道科学研究院,2015.

［9］华平,唐春林.城市轨道交通车辆电气控制［M］.北京:机械工业出版社,2015.

［10］庄勤俊.浅谈地铁车辆继电器使用情况及维护措施［J］.城市建设理论研究:电子版,2016(20):3.

［11］谢志平.地铁车辆的LCU应用及旁路设计［J］.机电工程技术,2019(8):13.

［12］梁汝军.城市轨道交通车辆继电器的选型及应用［J］.城市轨道交通研究,2013,16(12):4.

［13］周利.无触点逻辑控制技术在城轨车辆中的应用分析［J］.电力机车与城轨车辆,2014,37(3):4.

［14］王云灏,尹智勇,栾岚.基于LCU的地铁车辆控制电路改造研究［J］.铁道车辆,2019,57(6):5.

［15］吴丽.地铁车辆新技术的发展与应用简析［J］.现代城市轨道交通,2017(4):5.

［16］康劲松,陶生桂.电力电子技术.第2版［M］.北京:中国铁道出版社,2015.

［17］乐建锐,李恒瑞,王莉.LCU在深圳地铁9号线车辆中的应用［J］.铁道机车车辆,2018,38(5):5.

［18］郑树彬.城市轨道交通列车网络控制技术［M］.北京:中国铁道出版社,2017.

［19］徐小平,吴井冰,占春英.电客车维修员［M］.成都:西南交通大学出版社,2017.

［20］［1］贾文峥,胡雪霏,熊振兴,等.城市轨道交通智能维保发展现状及趋势［J］.都市快轨交通,2020,33(2):6.

郑重声明

高等教育出版社依法对本书享有专有出版权。任何未经许可的复制、销售行为均违反《中华人民共和国著作权法》，其行为人将承担相应的民事责任和行政责任；构成犯罪的，将被依法追究刑事责任。为了维护市场秩序，保护读者的合法权益，避免读者误用盗版书造成不良后果，我社将配合行政执法部门和司法机关对违法犯罪的单位和个人进行严厉打击。社会各界人士如发现上述侵权行为，希望及时举报，我社将奖励举报有功人员。

反盗版举报电话　（010）58581999　58582371

反盗版举报邮箱　dd@hep.com.cn

通信地址　北京市西城区德外大街 4 号

　　　　　高等教育出版社法律事务部

邮政编码　100120

读者意见反馈

为收集对教材的意见建议，进一步完善教材编写并做好服务工作，读者可将对本教材的意见建议通过如下渠道反馈至我社。

咨询电话　400-810-0598

反馈邮箱　gjdzfwb@pub.hep.cn

通信地址　北京市朝阳区惠新东街 4 号富盛大厦 1 座

　　　　　高等教育出版社总编辑办公室

邮政编码　100029